U0679528

2014—2015年
中国工业和信息化发展
系列蓝皮书

2014-2015年中国工业发展质量蓝皮书

The Blue Book on the Quality of Industrial Development in China（2014-2015）

中国电子信息产业发展研究院　编著

主　编／王　鹏
副主编／文　芳　徐光瑞

人民出版社

责任编辑：邵永忠
封面设计：佳艺堂
责任校对：吕　飞

图书在版编目（CIP）数据

2014 ~ 2015 年中国工业发展质量蓝皮书 / 王鹏 主编；
中国电子信息产业发展研究院 编著 . —北京：人民出版社，2015. 7
ISBN 978–7–01–014988–2

Ⅰ .① 2… Ⅱ .①王… ②中… Ⅲ .①工业发展—经济运行质量—白皮书—中国—
2014 ~ 2015 Ⅳ .① F424

中国版本图书馆 CIP 数据核字（2015）第 141401 号

2014–2015年中国工业发展质量蓝皮书
2014–2015NIAN ZHONGGUO GONGYE FAZHAN ZHILIANG LANPISHU

中国电子信息产业发展研究院　编著
王　鹏　主编

人民出版社 出版发行
（100706　北京市东城区隆福寺街 99 号）

北京艺辉印刷有限公司印刷　新华书店经销

2015 年 7 月第 1 版　2015 年 7 月北京第 1 次印刷
开本：710 毫米 ×1000 毫米　1/16　印张：19.25
字数：323 千字

ISBN 978–7–01–014988–2　定价：88.00 元

邮购地址　100706　北京市东城区隆福寺街 99 号
人民东方图书销售中心　电话（010）65250042　65289539

版权所有·侵权必究
凡购买本社图书，如有印制质量问题，我社负责调换。
服务电话：（010）65250042

代　序

大力实施中国制造2025　加快向制造强国迈进
——写在《中国工业和信息化发展系列蓝皮书》出版之际

制造业是国民经济的主体，是立国之本、兴国之器、强国之基。打造具有国际竞争力的制造业，是我国提升综合国力、保障国家安全、建设世界强国的必由之路。新中国成立特别是改革开放以来，我国制造业发展取得了长足进步，总体规模位居世界前列，自主创新能力显著增强，结构调整取得积极进展，综合实力和国际地位大幅提升，行业发展已站到新的历史起点上。但也要看到，我国制造业与世界先进水平相比还存在明显差距，提质增效升级的任务紧迫而艰巨。

当前，全球新一轮科技革命和产业变革酝酿新突破，世界制造业发展出现新动向，我国经济发展进入新常态，制造业发展的内在动力、比较优势和外部环境都在发生深刻变化，制造业已经到了由大变强的紧要关口。今后一段时期，必须抓住和用好难得的历史机遇，主动适应经济发展新常态，加快推进制造强国建设，为实现中华民族伟大复兴的中国梦提供坚实基础和强大动力。

2015 年 3 月，国务院审议通过了《中国制造 2025》。这是党中央、国务院着眼国际国内形势变化，立足我国制造业发展实际，做出的一项重大战略部署，其核心是加快推进制造业转型升级、提质增效，实现从制造大国向制造强国转变。我们要认真学习领会，切实抓好贯彻实施工作，在推动制造强国建设的历史进程中做出应有贡献。

一是实施创新驱动，提高国家制造业创新能力。把增强创新能力摆在制造强国建设的核心位置，提高关键环节和重点领域的创新能力，走创新驱动发展道路。加强关键核心技术研发，着力攻克一批对产业竞争力整体提升具有全局性影响、带动性强的关键共性技术。提高创新设计能力,在重点领域开展创新设计示范,推广以绿色、智能、协同为特征的先进设计技术。推进科技成果产业化,不断健全以技术交易市场为核心的技术转移和产业化服务体系,完善科技成果转化协同推进机制。完善国家制造业创新体系,加快建立以创新中心为核心载体、以公共服务平台和工程数据中心为重要支撑的制造业创新网络。

二是发展智能制造,推进数字化网络化智能化。把智能制造作为制造强国建设的主攻方向,深化信息网络技术应用,推动制造业生产方式、发展模式的深刻变革,走智能融合的发展道路。制定智能制造发展战略,进一步明确推进智能制造的目标、任务和重点。发展智能制造装备和产品,研发高档数控机床等智能制造装备和生产线,突破新型传感器等智能核心装置。推进制造过程智能化,建设重点领域智能工厂、数字化车间,实现智能管控。推动互联网在制造业领域的深化应用,加快工业互联网建设,发展基于互联网的新型制造模式,开展物联网技术研发和应用示范。

三是实施强基工程,夯实制造业基础能力。把强化基础作为制造强国建设的关键环节,着力解决一批重大关键技术和产品缺失问题,推动工业基础迈上新台阶。统筹推进"四基"发展,完善重点行业"四基"发展方向和实施路线图,制定工业强基专项规划和"四基"发展指导目录。加强"四基"创新能力建设,建立国家工业基础数据库,引导产业投资基金和创业投资基金投向"四基"领域重点项目。推动整机企业和"四基"企业协同发展,重点在数控机床、轨道交通装备、发电设备等领域,引导整机企业和"四基"企业、高校、科研院所产需对接,形成以市场促产业的新模式。

四是坚持以质取胜,推动质量品牌全面升级。把质量作为制造强国建设的生命线,全面夯实产品质量基础,提升企业品牌价值和"中国制造"整体形象,走以质取胜的发展道路。实施工业产品质量提升行动计划,支持企业以加强可靠性设计、试验及验证技术开发与应用,提升产品质量。推进制造业品牌建设,引导企业增强以质量和信誉为核心的品牌意识,树立品牌消费理念,提升品牌附加值和软实力,加大中国品牌宣传推广力度,树立中国制造品牌良好形象。

五是推行绿色制造,促进制造业低碳循环发展。把可持续发展作为制造强国建设的重要着力点,全面推行绿色发展、循环发展、低碳发展,走生态文明的发展道路。加快制造业绿色改造升级，全面推进钢铁、有色、化工等传统制造业绿色化改造，促进新材料、新能源、高端装备、生物产业绿色低碳发展。推进资源高效循环利用，提高绿色低碳能源使用比率，全面推行循环生产方式，提高大宗工业固体废弃物等的综合利用率。构建绿色制造体系，支持企业开发绿色产品，大力发展绿色工厂、绿色园区，积极打造绿色供应链，努力构建高效、清洁、低碳、循环的绿色制造体系。

六是着力结构调整，调整存量做优增量并举。把结构调整作为制造强国建设的突出重点，走提质增效的发展道路。推动优势和战略产业快速发展，重点发展新一代信息技术产业、高档数控机床和机器人、航空航天装备、海洋工程装备及高技术船舶、先进轨道交通装备、节能与新能源汽车、电力装备、新材料、生物医药及高性能医疗器械、农业机械装备等产业。促进大中小企业协调发展，支持企业间战略合作，培育一批竞争力强的企业集团，建设一批高水平中小企业集群。优化制造业发展布局，引导产业集聚发展，促进产业有序转移，调整优化重大生产力布局。积极发展服务型制造和生产性服务业，推动制造企业商业模式创新和业态创新。

七是扩大对外开放，提高制造业国际化发展水平。把提升开放发展水平作为制造强国建设的重要任务，积极参与和推动国际产业分工与合作，走开放发展的道路。提高利用外资和合作水平，进一步放开一般制造业，引导外资投向高端制造领域。提升跨国经营能力，支持优势企业通过全球资源利用、业务流程再造、产业链整合、资本市场运作等方式，加快提升国际竞争力。加快企业"走出去"，积极参与和推动国际产业合作与产业分工，落实丝绸之路经济带和 21 世纪海上丝绸之路等重大战略，鼓励高端装备、先进技术、优势产能向境外转移。

建设制造强国是一个光荣的历史使命，也是一项艰巨的战略任务，必须动员全社会力量、整合各方面资源，齐心协力，砥砺前行。同时，也要坚持有所为、有所不为，从国情出发，分步实施、重点突破、务求实效，让中国制造"十年磨一剑"，十年上一个新台阶！

工业和信息化部部长 苗圩

2015 年 6 月

前　言

2014 年，我国全部工业增加值 22.8 万亿元，比上年增长 7.0%，工业规模仍稳居全球首位；其中，规模以上工业增加值增长 8.3%，整体仍然保持中高速增长。然而，随着规模总量的持续扩大，加之国际市场不确定性增多，我国经济发展逐步进入新常态。工业作为国民经济的支柱以及发展实体经济的主战场，是稳增长、转方式、调结构的主心骨，必然在新常态下呈现新的特征。综合来看，所谓"工业新常态"，是经济规模发展到一定阶段后，随着外部环境发生重大变化和内部要素结构出现重大调整，工业经济步入速度更加稳健、结构更加合理、动力更加多元、路径更加生态的符合新形势下我国经济发展内在需求的一种状态。这种状态并不是处于持续上升或下降的变化趋势，而是一种中长期相对稳定的状态，即在相对合理的区间内呈现周期性波动。

在迈向新常态的过程中，我国工业发展既面临着诸多机遇，如各项改革逐步深化不断激发市场活力、创新体系逐步完善加速结构优化升级、经济增长动力显著提升工业发展成效等，也面临着不少挑战，如经济减速大背景下各种隐性矛盾将逐渐显露、长期提质增效目标下短期内产业将面临阵痛、供需双趋紧约束下企业经营压力将不断加剧等。为解决工业发展难题，破解各种要素约束瓶颈，国家工业和信息化部（以下简称工信部）组织编写《中国制造 2025》规划，意在通过创新驱动、智能转型、强化基础、绿色发展，加快从制造大国转向制造强国。在此过程中，工业发展模式也将从规模速度型向质量效益型转变，准确理解和科学评价工业发展质量成为当前以及未来一段时期内考评工业发展水平的重要议题。

工业发展质量，是指一定时期内一个国家或地区工业发展的优劣状态，综合反映了速度、结构、效益、创新、资源、环境及信息化等方面关系的协调程度。

本书紧密结合中国特色新型工业化道路的内涵《工业转型升级规划（2011—

2015年)》和《中国制造2025》的主要目标，充分吸纳十八大和十八届三中全会关于调整考核体系、更加注重质量效益的思想精髓，在深刻理解"工业新常态"内涵及特征的基础上，全面剖析了工业发展质量的内涵和评价工业发展质量的重要意义，明确了构建评价体系的基本原则和主要思路，探索性地提出了一套由速度效益、结构调整、技术创新、两化融合、资源环境和人力资源六大方面共计22项指标构成的工业发展质量评价体系。根据上述评价体系，我们对2005—2013年全国及地方省区市的工业发展质量进行了评价，并利用调整后的指标体系对2013年工业主要行业的发展质量进行了评价。结果显示：从全国整体来看，2005—2013年，全国工业发展质量稳步提升，结构调整取得显著进展，两化融合水平明显提高，人力资源素质快速提升，技术创新稳步增长，但资源环境和速度效益增长相对较慢；从地方省区市来看，2005—2013年，30个省（区、市）的工业发展质量全部实现增长，但增速差异较大，区域特征十分明显，东部发达地区工业发展质量提升相对较慢，但整体实力表现突出，中西部地区整体实力处于全国中下游水平，但增速较高，表现出强劲的增长势头；从行业来看，医药、计算机、仪器仪表等高端制造业的发展质量较好，而煤炭、石化等资源型高耗能行业和纺织服装等劳动密集型产业的发展质量表现不佳，工业转型升级仍面临不小的挑战。

在研究过程中，我们深刻体会到，工业发展质量的内涵十分丰富，构建一套相对合理的评价体系并对全国、各省（区、市）以及工业行业进行评价，是一项极富挑战性和创造性的工作，具有现实意义。《中国工业发展质量蓝皮书》前两版问世以来，引发了学术界的广泛关注和热烈反响，《2014—2015年中国工业发展质量蓝皮书》在认真吸收和采纳了部分专家机构和学者具有建设性的建议和意见的基础上，通过对2013年中国工业发展质量的分析和热点问题的透析，期望能够引起更多国内外学术界有识之士共同关注。

囿于时间、精力、能力有限，虽谨慎思慎为、几经推敲，但不足之处实属难免，恳请业界同仁不吝赐教。

目　录

行　业　篇

区　域　篇

综合 篇

第一章　理论基础

第一节　研究背景和文献综述

改革开放 30 多年来，我国经济发展取得了显著成绩，2014 年 GDP 达到 63.6 万亿元，稳居世界第二经济大国 [1]。在经济高速增长的过程中，工业对经济增长的贡献率长期处于较高水平，20 世纪 90 年代，始终保持在 60% 左右，本世纪以来虽有所降低，但仍保持在 40% 以上，2012 年达到 40.6%。近两年，我国工业虽然增速放缓但从全球角度来看增速依然处于高位，2014 年全部工业增加值达到 22.8 万亿元，比上年增长 7.0%，对经济增长的贡献率为 35.4%，规模以上工业比上年增长 8.3%。

当前，我国经济发展正逐步迈入新常态，新常态是 2014 年 5 月由习近平总书记在河南考察时首次提出，同年 11 月，总书记在亚太经合组织（APEC）工商领导人峰会上从速度、结构和动力方面阐述了宏观经济新常态的三大特征。12 月，中央又对新常态进行了全面、深刻、系统的界定，认为我国经济发展进入新常态，经济增速转向中高速增长，经济发展方式转向质量效率型集约增长，经济结构转向调整存量、做优增量并存的深度调整，经济发展动力转向新的增长点。工业作为国民经济的支柱以及发展实体经济的主战场，是稳增长、转方式、调结构的主心骨，必然在新常态下呈现新的特征，并在宏观大背景下面临新的机遇和挑战。工业新常态是指当经济规模发展到一定阶段后，随着外部环境发生重大变化和内部要素结构出现重大调整，工业经济步入速度更加稳健、结构更加合理、动力更加多元、路径更加生态的符合新形势下我国经济发展内在需求的一种状态。这种

---

[1]　根据世界银行统计数据，2010年中国GDP超越日本成为全球第二大经济体，2013年美国、中国和日本GDP分别为16.77万亿、9.24万亿和4.92万亿美元，中国GDP总量继续保持全球第二。

状态并不是处于持续上升或下降的变化趋势，而是一种中长期相对稳定的状态，即在相对合理的区间内呈现周期性波动。从机遇看，一是各项改革逐步深化不断激发市场活力，包括财税改革拓宽工业增长领域、金融改革加速工业结构调整、企业改革激发国企内在活力、价格改革推动资源集约型发展；二是创新体系逐步完善加速结构优化升级，包括产业创新加速工业国际化进程、企业创新增强工业核心竞争力、市场创新开辟更广阔的发展空间；三是经济增长动力显著提升工业发展成效，包括高铁出口助推装备及相关产业发展、城市消费成为扩大内需主要动力、智能装备投资显著提升工业化水平。从挑战看，一是经济减速大背景下各种隐性矛盾将逐渐显露，包括，金融领域发生风险概率加大、产能过剩风险进一步加剧、国家经济新常态和地区诉求间的矛盾日益凸显；二是长期提质增效目标下短期内产业将面临阵痛，包括传统产业就业压力将持续增强、主要依靠传统资源类产业的地区将经历转型阵痛、创新能力不足成为工业发展"软肋"；三是供需双趋紧约束下企业经营压力将不断加剧。

工业化是伴随经济发展的一般过程，其进程的快慢和程度决定了经济发展阶段和水平。关于工业化进程，中国社会科学院《中国工业化进程报告》指出，2005年中国已经进入工业化中期阶段，从一个农业经济大国转变为工业经济大国，但还称不上是工业经济强国。为加快走中国特色新型工业化道路的步伐，进一步调整和优化经济结构、促进工业转型升级，实现我国工业由大到强，2011年12月30日，国务院印发了《工业转型升级规划（2011—2015年）》，这是改革开放以来由国务院发布实施的第一个针对整个工业的中长期规划。党的十八届三中全会进一步明确提出，要完善发展成果考核评价体系，纠正单纯以经济增长速度评定政绩的偏向，加大资源消耗、环境损害、生态效益、产能过剩、科技创新、安全生产、新增债务等指标的权重，更加重视劳动就业、居民收入、社会保障、人民健康状况。2014年12月的中央经济工作会议指出，经济发展进入新常态，要更加注重满足人民群众需要，更加注重市场和消费心理分析，更加注重引导社会预期，更加注重加强产权和知识产权保护，更加注重发挥企业家才能，更加注重加强教育和提升人力资本素质，更加注重建设生态文明，更加注重科技进步和全面创新。为进一步加快从制造大国转向制造强国，国家工信部组织编写《中国制造2025》规划，该规划为中国制造业未来10年设计顶层规划和路线图，通过努力实现中国制造向中国创造、中国速度向中国质量、中国产品向中国品牌三大转变，推动中国到 2025 年迈入制造强国行列。

本书认为，工业是发展实体经济的主战场，提高工业经济发展质量和效益，对于中国宏观经济的持续稳定增长具有重要作用。面对近几年持续不断的雾霾天气，工业的绿色可持续发展再次引起广泛关注。

从国际来看，工业的绿色可持续发展始终受到很多工业化先行国家的重视，20 世纪 90 年代，英美等国家提出的绿色 GDP、绿色经济等，其最终目的都是为了规范经济发展路径，保障经济的可持续发展。联合国工业发展组织定期发布《工业发展报告》和《全球制造业增长报告》，旨在通过形势分析和竞争力评估，引导全球工业持续增长。

从国内来看，我国学者和研究机构针对经济可持续发展也进行了大量研究，如王永瑜和郭立平（2010）将经济体系与资源环境置于同一个系统之内，对"绿色经济"模型的构建理论、模拟方法等若干理论与方法问题进行了深入研究。中国社会科学院工业经济研究所课题组（2011）从剖析工业绿色转型升级面临的体制机制障碍入手，绘制了中国工业绿色转型升级的路线图，通过详细分析工业绿色转型的成本收益，提出了促进工业绿色转型升级的机制创新和政策支撑体系的相关对策建议。此外，向书坚和郑瑞坤（2013）、王军和耿建（2014）、钱争鸣和刘晓晨（2014）等学者针对绿色经济发展指数、绿色经济效率等问题进行了研究。

近几年，官方发布的分析报告明显增多，特别是关于综合发展、创新发展、循环发展等方面的研究成果不断问世。

为了引导各地长期以来以 GDP 高增长为目标的发展模式，2011 年国家统计局统计科学研究所发布了《2010 年地区综合发展指数报告》，该报告从经济发展、民生改善、社会发展、生态建设和科技创新五个方面对 2000—2010 年各地区综合发展指数（CDI）进行了测算，不仅给出了各地区的综合排名，也指出了其优势和不足。测算结果表明，2000—2010 年我国各地区的综合发展指数呈稳步提升态势，东部地区的综合发展指数明显高于其他地区，而西部地区综合发展指数的增长速度最快，2010 年各地区综合发展指数比上年均有所提高。为了更加符合我国实际，2013 年国家统计局科研所又更新了统计体系，从经济发展、民生改善、社会发展、生态建设、科技创新和公众评价（暂未开展）六大方面构建了发展与民生指数评价指标体系，连续发布了 2012 年和 2013 年我国地区发展与民生指数（DLI）统计监测结果。其最新监测结果显示，2013 年我国东、中、西部及东北地区发展与民生指数分别为 73.17%、62.35%、60.08% 和 63.53%，均比上年稳步提升。

为落实党的十八大报告提出的"实施创新驱动发展战略"精神，客观反映我国建设创新型国家过程中的创新能力，2013 年国家统计局社科文司发布了《中国创新指数（CII）研究》报告，构建了评价创新能力的指标体系，并结合实际数据对 2005—2011 年中国创新指数（China Innovation Index，CII）及 4 个分指数（创新环境指数、创新投入指数、创新产出指数和创新成效指数）进行了初步测算。2015 年 3 月，最新一期监测结果显示，2013 年中国创新指数为 152.8（以 2005 年为 100），比上年增长 3.1%。分领域看，创新环境指数、创新投入指数、创新产出指数和创新成效指数分别为 150.1、154.1、168.4 和 138.4，分别比上年增长 4.2%、1.3%、2.6% 和 4.6%。表明我国创新环境持续优化，创新投入力度继续加大，创新产出能力不断提高，创新成效显著增强。

2013 年 9 月，国家统计局经济景气监测中心联合北京师范大学、西南财经大学等研究机构的专家学者，发布《2013 中国绿色发展指数报告——区域比较》。报告构建了由经济增长绿化度、资源环境承载潜力和政府支持力度三部分构成的绿色发展指数，得到测算结果表明，参与测算的 30 个省区市中有 17 个绿色发展水平在全国平均线以下，分地区看，东部 10 个省区市中有 7 个排在全国前 10 位，绿色发展优势较明显；西部 11 个省区市中有 3 个排在全国前 10 位，3 个位居后 10 位，资源环境表现较为突出；中部 6 个省区市中有 4 个排在 20 位之后，表现最好的江西也仅排在全国第 16 位，相对缺乏优势；东北三省排名均在 20 位之后，绿色发展水平有待改善。

为贯彻落实十八届三中全会加快生态文明制度建设、完善发展成果考核评价体系的有关要求，2015 年 3 月，国家统计局研究建立了循环经济综合评价指标体系，并据此对我国循环经济发展状况进行了测算。测算结果表明，以 2005 年为基期计算，2013 年我国循环经济发展指数达到 137.6，平均每年提高 4 个点，循环经济发展成效明显。其中，资源消耗减量化稳步推进、废物排放减量化效果明显、污染物处置水平大幅提高、废物回用进展较慢。

综合来看，当前以及未来相当长的一段时期内，关注以质量和效益为核心的综合发展水平更加重要。从我国经济发展所面临的形势看，当前亟须构建一套科学合理的评价体系，来客观反映和评价中国工业发展质量，引导并推动工业结构优化升级，实现发展方式的根本性转变。

第二节　工业发展质量的概念及研究意义

一、概念及内涵

与绿色经济相比，工业发展质量的内涵更为丰富。工业发展质量不仅仅关注经济发展的生态效益，还要关注结构、创新、民生等多个方面。赛迪智库认为，综合来看，工业发展质量是指一定时期内一个国家或地区工业发展的优劣状态；具体来看，工业发展质量是在保持合理增长速度的前提下，更加重视增长的效益，不仅包括规模扩张，还包括结构优化、技术创新、资源节约、环境改善、两化融合、惠及民生等诸多方面。现阶段其内涵主要体现在以下六个方面。

第一，速度和效益有机统一。工业发展要以一定的增长速度为基础，这对于尚处在工业化加速发展阶段的国家尤为重要。然而，片面追求增长速度，将导致资源难以支撑、环境难以承载、产业结构失衡等一系列严重问题，甚至影响到工业乃至国民经济整体的可持续发展。效益是工业实现良性循环和健康发展的关键。因此，实现速度和效益的有机统一，是提升工业发展质量的着力点和关键点。

第二，结构持续调整和优化。工业结构反映了生产要素在行业、企业、地区之间的配置状况和工业的总体发展水平。工业结构的优化升级是工业发展质量提升的重要体现。提高工业发展质量，必须要统筹处理好劳动密集型产业和资本技术密集型产业、重化工业与轻工业、大企业大集团与中小企业、东部地区与中西部地区、国有经济与非国有经济等重要关系。

第三，技术创新能力不断提高。工业发展质量的一个重要方面是产业技术创新能力不断提高。提高产业技术创新能力，是走内涵式发展道路和推动工业转型升级的根本要求。当前，技术创新能力不强已成为制约我国工业发展的重要瓶颈。提高工业发展质量，要求加大科研投入、加快技术进步、加强科技成果产业化，不断提高产业技术创新能力。

第四，资源节约和环境友好。实现工业经济与资源环境的和谐发展，是缓解资源约束矛盾的根本出路，是减轻环境污染的有效途径，是提高经济效益的重要措施。提升工业发展质量，必须提高资源的集约和综合利用水平，有效控制污染物排放，在资源节约、环境友好的基础上，增强工业可持续发展能力。

第五，两化融合不断深化。以信息化带动工业化，以工业化促进信息化，是走新型工业化道路的内在要求。信息技术、信息产品、信息资源、信息化标准等信息化要素，在工业技术、工业产品、工业装备、工业管理、工业基础设施、市场环境等各个层面的渗透与融合，可以大大提升企业的生产、经营和管理水平，从而提升工业的效益和发展质量，加快推进工业经济发展方式转变。

第六，人力资源结构优化和待遇提升。我国是一个人口大国，拥有丰富的高素质人才和劳动力资源。经济增长从主要依靠物质资源投入向主要依靠充分利用人力资源优势转变是走中国特色新型工业化道路的应有之义。提高工业发展的质量，既要充分依托我国在人才和劳动力资源方面的巨大优势，同时，还要着眼于解决广大人民群众的就业问题，并不断提高我国工业从业人员的工资报酬水平，使企业职工能够分享工业发展的成果。

二、发展质量的评价意义

党的十八大明确提出了关于全面深化改革的战略部署，为认真贯彻落实这一战略，十八届中央委员会第三次全体会议通过了《中共中央关于全面深化改革若干重大问题的决定》（以下简称《决定》）。《决定》明确提出要完善发展成果考核评价体系，纠正单纯以经济增长速度评定政绩的偏向，加大资源消耗、环境损害、生态效益、产能过剩、科技创新、安全生产、新增债务等指标的权重，更加重视劳动就业、居民收入、社会保障、人民健康状况。结合实际情况来看，我们认为，未来我国工业发展不能也不应追求过高的增速，而应将重点放在优化产业结构，着力提高发展的质量和效益上。加强对工业发展质量的评价和研究，是推进工业转型升级的重要基础性工作之一，也是深入贯彻落实十八届三中全会相关精神、实现《中国制造2025》发展目标的重要实践性工作之一，对经济新常态下我国工业实现健康平稳增长具有重要意义。

第一，研究和评价工业发展质量是科学衡量工业转型升级效果的迫切需要。加快工业转型升级已成为推进我国经济结构调整和发展方式转变的重大举措。工业转型升级主要体现在自主创新、结构优化、两化深度融合、绿色低碳等诸多方面，其核心目标就是要实现工业发展质量的不断提升。然而，单一的指标难以准确、客观衡量转型升级的效果，当前亟须构建一套能够全面准确衡量工业发展质量和效益的指标体系，引导各地政府和企业走内生增长、集约高效的发展道路。

第二，研究和评价工业发展质量是正确引导地方工业实现科学发展的有效手段。长期以来，规模、速度等指标多被用来考核某一行业或地区工业发展效果，不仅形成了普遍重视产值和增速的情况，还造成了资源浪费、环境污染、竞争力不强等深层次问题。加强对工业发展质量和效益的评价，有利于引导各级政府通过加大创新投入、优化产业结构、推进节能减排等措施，下更大功夫优化产业结构，改善工业整体素质，提高可持续发展能力，引导地方将工作重心转移到发展方式转变上来。

第三，研究和评价工业发展质量是准确把握工业经济运行规律的内在要求。加强对工业发展质量的评价，有利于我们全面分析工业经济运行的中长期特点、趋势和影响因素，有利于深刻剖析工业经济发展中的深层次问题和矛盾，准确把握工业经济运行的客观规律，进而研究提出各地工业发展的定位和目标任务，充分发挥政府的调控、规制、监管、服务职能，强化规划、标准、政策的引导作用，更加积极主动地开展工作，提高决策的科学性与合理性。

第二章　政策分析

2014 年是全面深化改革的开局之年，也是中国经济步入新常态发展的关键年，工业经济领域迎来了全面深化改革、结构深度调整的发展阶段。国家层面针对工业发展的重要领域出台了一系列相关政策，下文主要针对质量发展、集成电路、新能源汽车、环境保护等四个方面进行政策相关介绍和分析。

第一节　贯彻实施质量发展纲要

为贯彻《质量发展纲要（2011—2020 年）》，明确 2014 年的质量工作重点，大力推动提质增效，打造中国经济升级版，国务院办公厅于 2014 年 4 月 21 日发布了《贯彻实施质量发展纲要 2014 年行动计划》（以下简称《行动计划》）。《行动计划》在加强食品农产品、消费品、电子产品、工程和设备制造等领域质量安全监管以及大气环境质量改善等方面提出要求，并且提出建设优胜劣汰的质量发展市场机制，完善质量升级的配套措施，强化质量治理体系和能力建设等要求。

党的十八大提出"将推动经济发展的立足点转到提高质量和效益上来"，2014 年 5 月，习近平总书记提出"推动中国制造向中国创造转变、中国速度向中国质量转变、中国产品向中国品牌转变"的三个转变，都要求中国加快质量建设步伐。行动计划虽然只是一年的工作计划，但是在很多方面具有开拓性。比如从 2014 年开始对省级政府质量工作进行考核，开展群众性质量活动、探索电子商务质量监管、围绕雾霾等大气环境提出硬约束等。这些为工业经济发展环境和工业发展质量都带来了新的机遇和挑战。

第二节　推进集成电路产业发展

一、发布《国家集成电路产业发展推进纲要》

在《国务院关于印发鼓励软件产业和集成电路产业发展若干政策的通知》(国发〔2000〕18 号）和《国务院关于印发进一步鼓励软件产业和集成电路产业发展若干政策的通知》(国发〔2011〕4 号）支持集成电路发展的基础上，2014 年 6 月，工信部、发改委、科技部、财政部联合编制，国务院印发的《国家集成电路产业发展推进纲要》（以下简称《纲要》）正式发布，进一步加快推进我国集成电路产业的发展。《纲要》提出了工作的指导思想、基本原则、主要目标、重点领域以及相关政策措施。明确了四大任务：着力发展集成电路设计业、加速发展集成电路制造业、提升先进封装测试业发展水平、突破集成电路关键装备和材料。提出到 2020 年，进一步缩小与国际先进水平的差距；到 2030 年，集成电路产业链主要环节达到国际先进水平，一批企业进入国际第一梯队，实现跨越发展。

此次纲要与之前的 18 号文、4 号文最大的区别独立于软件之外，单独针对集成电路产业，并涉及集成电路产业的各个主要环节。纲要确定成立领导小组，区别以往专项作业的模式，进一步强化了顶层设计。纲要提出成立国家级的产业投资基金，并强调要加大金融的支持力度，确保在资本运作方面给予足够的保障。而紫光、中芯国际等公司的一系列跨境并购和再融资等活动正是这一举措的结果。纲要提出要加强安全可靠软硬件的推广应用，为未来的市场提供保障，该纲要的发布体现集成电路产业在信息产业尤其是涉及信息安全方面的重要地位在不断提升。

二、成立国家集成电路产业投资基金

为进一步落实《纲要》，2014 年 9 月，在工信部和财政部的指导下，由多家机构共同发起的国家集成电路产业投资基金（以下简称基金）正式设立。预计基金一期规模达 1200 亿元，将以中央财政资金为引导，主要吸引大型企业、金融机构及社会资本进入，以 1：9 或者更高的杠杆来撬动社会资本投资集成电路产业，重点投资领域是集成电路芯片制造业，同时兼顾芯片设计、封装测试以及设备和

材料等领域，采取市场化运作、专业化管理的方式进行运作和管理。

集成电路是投资比较大的领域，无论是研发还是制造生产都需要大量的资金投入，我国集成电路产业由于起步晚，核心技术缺乏，资金投入也有限，一直成为我国信息产业的一大掣肘。基金的设立，显示出我国未来集成电路产业的发展逐步调整为全局统筹，一定程度上改变了松散无序的发展模式。基金为需要重点支持的领域提供资金来源，使得通过资本运行快速提升集成电路领域的地位变成现实。基金的设立拉动了地方集成电路基金的设立，2014 年，陆续有包括北京、上海、天津、安徽、四川、山东、甘肃等地方启动相关基金的设立工作。最后，基金的设立为未来重点产业的发展开创了新的投融资和政府支持方式，可以预见不久将有更多产业成立投资基金。

第三节　新能源汽车推广应用

一、下发《关于进一步做好新能源汽车推广应用工作的通知》

在 2013 年发布《关于继续开展新能源汽车推广应用工作的通知》的基础上，2014 年 1 月，财政部、科技部、工信部和发改委再次联合发布规定，对补贴标准进行调整，其中，将纯电动乘用车、插电式混合动力乘用车、纯电动专用车、燃料电池汽车的补贴标准调整为：2014 年在 2013 年标准基础上下降 5%，2015 年在 2013 年标准基础上下降 10%，从 2014 年 1 月 1 日起开始执行，以此减缓补贴标准下滑的进度。

二、进一步推动新能源试点城市建设

2014 年 2 月，财政部、科技部、工信部、发改委联合发布《关于支持沈阳长春等城市或区域开展新能源汽车推广应用工作的通知》，明确内蒙古城市群、沈阳市、长春市、哈尔滨市、江苏省城市群等 12 个城市和区域共计 26 个城市为第二批新能源汽车示范城市。至此，全国范围内新能源汽车推广应用城市的数量达到了 40 个，涉及的城市数量达到 88 个。

三、发布《政府机关及公共机构购买新能源汽车实施方案》

2014 年 7 月，发改委等五部委联合发布了《政府机关及公共机构购买新能源汽车实施方案》，该方案提出，2014 年至 2016 年，中央国家机关和纳入新能

源汽车推广应用城市的政府机关、公共机构，购买的新能源汽车占当年配备更新总量的比例不低于30%，并在以后将逐年提高。

四、下发《关于电动汽车用电价格政策有关问题的通知》

2014年7月，国家发改委下发《关于电动汽车用电价格政策有关问题的通知》，明确对电动汽车充换电设施用电实行扶持性电价政策。对经营性集中式充换电设施用电实行价格优惠，执行大工业电价，并且2020年前免收基本电费。居民家庭、住宅小区等充电设施用电，执行居民电价。

五、印发《关于加快新能源汽车推广应用的指导意见》

2014年7月，国务院办公厅印发了《关于加快新能源汽车推广应用的指导意见》（以下简称《意见》），该意见的发布是为了全面贯彻落实《国务院关于印发节能与新能源汽车产业发展规划（2012—2020年）的通知》（国发〔2012〕22号），加快推进新能源汽车的推广应用，有效地缓解能源和环境压力。意见明确，要以纯电驱动作为新能源汽车发展的主要战略方向，重点发展纯电动汽车、插电式混合动力汽车和燃料电池汽车。意见提出了6个方面25条具体政策措施，6大方面主要是加快充电设施建设、积极引导企业创新商业模式、推动公共服务领域率先推广应用、进一步完善政策体系、破除地方保护、加强技术创新和产品质量监管。意见要求进一步强化组织领导、统筹协调，要求地方政府制定细化支持政策和相关配套措施，明确各项工作要求和时间进度。

六、发布《免征车辆购置税的新能源汽车车型目录》

2014年8月，财政部、国家税务总局、工信部发布联合公告，决定自2014年9月1日到2017年12月31日，对购置的新能源汽车免征车辆购置税，新能源汽车必须在由工信部和国家税务总局通过发布的《免征车辆购置税的新能源汽车车型目录》中。该目录对各类新能源车做了明确规定，涉及纯电动汽车、插电式混合动力汽车和燃料电池汽车等车型，对每种形式的新能源汽车都设立了相关要求。

七、印发《京津冀公交等公共服务领域新能源汽车推广工作方案》

2014年10月，发改委、财政部、工信部、环保部、住建部、科技部和国家能源局7个部门联合印发《京津冀公交等公共服务领域新能源汽车推广工作方案》，方案提出到2015年底，京津冀公交车中新能源汽车比例不低于16%，京津两地出租车中新能源汽车比例不低于5%。同时计划在京津冀地区的公共交通服务领域共推广20222辆新能源汽车，新建充/换电站94座，充电桩新增1.62万个。

八、下发《关于新能源汽车充电设施建设奖励的通知》

2014年11月，财政部、科技部、工信部、发改委四部门联合下发《关于新能源汽车充电设施建设奖励的通知》，中央财政计划安排资金，对新能源汽车推广城市或城市群给予充电设施建设奖励。

以上一系列政策的出台，正值我国新能源汽车发展进入瓶颈期，在充电设施不完善、地方保护主义严重、推广应用进度滞后的大背景下，新能源汽车行业亟须推广应用的促进政策出台，尤其是在基础设施完善方面，更需要政策的支持。这一轮密集出台的政策，依托试点城市或城市群，并将充电设施建设放在重要的位置，为新能源汽车的推广应用提供良好的环境。

第四节　环境保护相关政策出台

一、新《环境保护法》

新《环境保护法》通过审议，2015年1月1日起执行。新环保法突出政府责任、监督、法律责任。其中，明确重点排污单位主动公开主要污染物名称、排放方式、排放浓度和总量等信息，对依法编制环境影响报告书的建设项目，建设单位应当在编制时向公众说明情况，充分征求公众意见；并且在除涉及国家秘密和商业秘密的之外，应当全文公开。新环保法要求企事业单位在执行国家或地方标准的同时，还要遵守重点污染物排放总量控制指标。同时增加"未依法进行环境影响评价的建设项目，不得开工建设"。

工业是落实新环保法的重要领域，一方面工业是能源消耗和主要排放的重要领域，另一方面又为环境保护提供技术装备，新环保法的实施，会给工业企业带来更大的挑战，也为工业的绿色发展提供新要求和新动力，促进工业的转型升级。

二、发布《国家鼓励发展的重大环保技术装备目录（2014年版）》

为贯彻落实《国务院关于加快发展节能环保产业的意见》（国发〔2013〕30号），加强环保技术装备的研发与产业化的对接，加快新技术、新产品、新装备的推广应用，提高中国环保技术装备水平，引导环保产业发展，工业和信息化部会同科技部、环保部共同编制发布《国家鼓励发展的重大环保技术装备目录（2014年版）》（以下简称《目录》）。《目录》制定过程中，向行业内570多家企事业单位共征集了1200项技术装备，并在此基础上，广泛征求有关部门及协会、企业、专家的意见，经过两轮的评审和公示，最终形成2014年版目录。目录包括107项技术装备，包括开发类22项、应用类31项、推广类54项；涵盖大气污染防治、水污染防治、固体废物处理、噪声与振动控制、资源综合利用、环境监测专用仪器仪表、环境污染防治专用材料和药剂、环境污染应急处理八个领域。

目录以需求为导向，强化供需对接，引导环保装备制造企业与科研院校开发合作，研制符合市场需求适应中国污染物特征的环保技术装备；并进行不同领域的分类引导，加强供需对接，形成合力推动产业化发展，通过打造行业龙头企业和培育专精特新企业，最终形成龙头牵引、中小企业配套的企业生态格局。通过政策引导社会资金转向环保，明确进入该领域的切入点；通过鼓励《目录》依托单位，指导用户积极采购该目录所列相关技术装备，对环保技术装备领域的发展具有很强引导性，并对推动环境保护工作的进展具有积极作用。

三、下发《关于调整排污费征收标准等有关问题的通知》

2014年9月，发改委、财政部、环保部联合下发《关于调整排污费征收标准等有关问题的通知》（以下简称《通知》）。《通知》中明确下一步调整排污费征收标准：调整排污费征收标准，促进企业治污减排；加强污染物在线监测，提高排污费收缴率；实行差别收费政策，建立约束激励机制；加强环境执法检查，主动接受社会监督。

为了调动治污减排的积极性，《通知》改变了原有单一收费标准，对排放浓度值高于国家或地方规定的，或者污染物排放量高于规定总量指标的，按照各省（区、市）规定的征收标准，加一倍征收排污费；这两种情况同时存在的，加两倍征收排污费，这样从一定层面上促进了企业治污减排的积极性。同时《通知》中对于要求各地推广政府购买第三方专业服务的举措，也从一定层面上保证了监控数据的真实准确性，提高排污费收缴的同时，监督企业切实落实治污减排工作。这些举措都将促使企业真正实现绿色化转型，逐步实现环境保护的要求。

第三章 评价体系

第一节 研究思路

　　党的十八届三中全会指出，要完善发展成果考核评价体系，纠正单纯以经济增长速度评定政绩的偏向，加大资源消耗、环境损害、生态效益、产能过剩、科技创新、安全生产、新增债务等指标的权重。《国民经济和社会发展第十二个五年规划纲要》明确提出，要"弱化对经济增长速度的评价考核，强化对结构优化、民生改善、资源节约、环境保护、基本公共服务和社会管理等目标任务完成情况的综合评价考核"。为深入贯彻落实这些国家宏观经济发展要求，更好地满足《工业转型升级规划（2011—2015 年）》提出的"坚持把提高发展的质量和效益作为转型升级的中心任务"等基本要求，全面落实《中国制造 2025》发展规划的战略目标，以构建工业发展质量评价指标体系为途径，以科学监测我国工业经济的发展质量，准确分析工业经济运行实力与潜力为目标，实现工业发展方式转变，工业结构整体优化提升。

　　评价体系的构建需要认真研究、不断尝试和逐步完善，必须在明确工业发展质量内涵的基础上，选取能够反映现阶段我国工业发展水平和能力的指标，对数据进行处理，并对初步测算结果进行分析与验证，然后根据验证结果再对指标体系进行必要的修改和调整，确立适合我国国情和工业化发展阶段的评价指标体系，最终用于全国及地方省区市的工业发展质量评价（见图 1）。

```
┌─────────┐   ┌─────────┐   ┌─────────┐   ┌─────────┐   ┌─────────┐
│ 指标选取 │──▶│ 权重确定 │──▶│ 数据处理 │──▶│ 验证与调整 │──▶│ 指数应用 │
└─────────┘   └─────────┘   └─────────┘   └─────────┘   └─────────┘
     ▲             ▲             ▲             ▲             ▲
┌─────────┐   ┌─────────┐   ┌─────────┐   ┌─────────┐   ┌─────────┐
│依据原则  │   │采用主客观综│  │1.指标计算│   │1.对试评结果进│ │地区：评价全国│
│选取指标  │   │合赋权方法，│  │2.数据处理│   │行纵向时序比 │ │及地方省区市的│
│         │   │主观赋权采用│  │3.指数计算│   │较、横向截面 │ │工业发展质量 │
│         │   │德尔菲法，客│  │         │   │比较        │ │行业：调整指标│
│         │   │观赋权采用变│  │         │   │2.结合实际情况│ │体系并评价各行│
│         │   │异系数法   │  │         │   │进行指标修改和│ │业发展质量  │
│         │   │         │  │         │   │调整        │ │          │
│         │   │         │  │         │   │3.形成评价指标│ │          │
│         │   │         │  │         │   │体系        │ │          │
└─────────┘   └─────────┘   └─────────┘   └─────────┘   └─────────┘
```

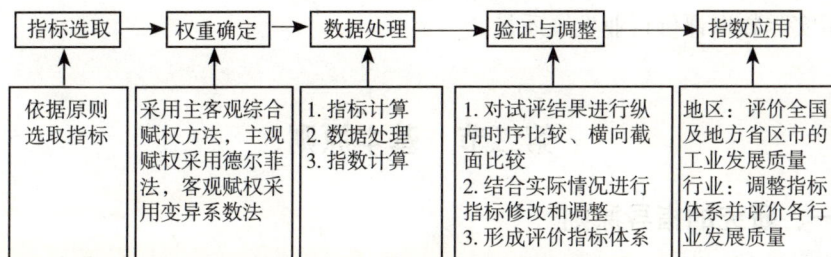

图1　中国工业发展质量研究思路

指标选取。首先应根据工业发展质量的基本内涵，确定评价指标体系的基本框架和主要内容，并按内在逻辑要求选择重要而有代表性的指标组成初步的指标框架体系。在确立指标框架体系的基础上，按照系统性、可比性、可测度、可扩展的原则，选取具体指标。为保证评价结果的准确性和客观性，本书所需数据全部来源于国家统计局等权威机构发布的统计年鉴和研究报告。

权重确定。采用主客观综合赋权法，主观赋权法选用德尔菲法，客观赋权法选用变异系数法，这样不仅能够充分挖掘数据本身的统计意义，也能够充分利用数据指标的经济意义。主客观综合赋权法，能够客观、公正、科学地反映各指标所占权重，具有较高的可信度。为便于逐年之间的比较，采用2005—2013年主客观权重的平均值作为统一权重。

数据处理。首先计算无法直接获取的二级指标，如R&D经费投入强度、主要污染物排放强度等。对于截面指数，将所有指标进行无量纲化处理，利用无量纲化数据和确定的权重，得到地方省区市的工业发展质量截面指数；对于时序指数，将所有指标换算为以2005年为基期的增长率指标，然后进行加权，得到全国及地方省区市工业发展质量时序指数。

验证与调整。指标体系确定后，对全国及地方省区市的工业发展质量进行试评。利用试评结果对工业发展质量进行纵向时序分析和横向截面比较，并结合全国及地方省区市的实际情况，发现指标体系存在的问题，对指标体系进行修改和调试，直至形成科学、全面、准确的评价指标体系。

指数应用。利用调整后的指标体系，对全国及地方省区市的工业发展质量进行评价。通过分析评价结果，发现我国及各省区市工业发展过程中存在的问题，并据此提出促进工业发展质量提升的对策建议。针对行业的实际情况，对部分不适合指标和不可获得指标进行剔除，得到适用于行业之间比较的评价指标体系，并利用实际数据评价行业发展质量。

第二节　基本原则

一、研究的指导原则

以科学发展为主题，以加快转变经济发展方式为主线，坚定不移地走好中国特色新型工业化道路。紧紧围绕新型工业化道路和"工业新常态"的内涵，聚焦《工业转型升级规划（2011—2015年）》和《中国制造2025》规划的主要目标，在保证一定增长速度的前提下，工业应实现更具效益的增长，结构不断调整和优化，技术创新能力不断提升，资源环境不断改善，信息化与工业化融合不断加深，人力资源优势得到更充分发挥。

二、指标的选取原则

指标的选择，首先应根据工业发展质量的基本内涵，确定评价指标体系的基本框架和主要内容，并按内在逻辑要求选择具有代表性的指标。同时，以指标数据的可获得性为前提并保证评价结果的客观性，指标数据应全部来源于统计年鉴或权威机构发布的研究报告。

三、体系的构建原则

构建评价指标体系是开展工业发展质量评价工作的关键环节。针对工业发展质量的内涵和特征，在构建评价指标体系的过程中，要遵循以下四个原则。

第一，系统性原则。工业发展质量涉及经济、社会、生态等诸多方面，但评价指标体系不可能无所不包，只有那些真正能够直接反映工业发展质量内在要求的要素才能被纳入指标体系之中。同时，评价指标体系不应是一些指标和数据的简单堆砌与组合，而应当是一个安排科学、结构合理、逻辑严谨的有机整体。

第二，可比性原则。指标的选择必须充分考虑到不同地区在产业结构、自然条件等方面的差异，尽可能选取具有共性的综合指标，并且代表不同经济含义、不同量纲的指标，在经过无量纲化处理后，可以相互比较。考虑到总量指标不具备可比性，指标选择尽量采用均量指标，兼顾采用总量指标；尽量采用普适性指标，兼顾采用特殊指标。

第三，可测度原则。要求所选择的指标应充分考虑到数据的可获得性和指标量化的难易程度，定量与定性相结合，既能全面反映工业发展质量的各种内涵，又能最大限度地利用统计资料和有关规范标准，采取各种直接的或间接的计算方法能够加以量化，否则就会失去指标本身的含义和使用价值。

第四，可扩展原则。指标的选取要突出现阶段工业发展的战略导向，构建出符合工业转型升级、两化深度融合等新形势新要求的指标体系。同时，由于受统计指标、数据来源等多种因素制约，建立评价指标体系不宜过分强调它的完备性。对于暂时无法纳入本评价体系的指标，要根据实际需要和可能，逐渐补充和完善。

第三节　评价体系

一、概念

工业发展质量评价指标，是指能够反映工业经济发展质量和效益等多方面的各项具体数据。这些数据按照一定的目的和方式进行组织而形成的指标集合，构成了工业发展质量评价指标体系，它能够比较科学、全面、客观地向人们提供工业发展质量的相关信息。

二、作用

工业发展质量评价体系，能够反映我国工业经济与社会发展的健康程度，能够指导我国走好新型工业化道路，有利于我国国民经济的持续稳定增长。

工业发展质量评价体系具有三大作用：

第一，具有描述与评价的功能，可以将工业经济的发展质量利用相关的指标进行具体描述，使工业经济可持续发展的现状一目了然。

第二，具有监测和预警的功能，可以监测战略目标的完成情况和政策实施的效果，为防止经济、社会和资源环境危害的产生，提供预警信息。

第三，具有引导和约束的功能，对于各地区的工业发展具有一定的导向作用，可以与周边类似省份互设标杆进行比较。

总之，工业发展质量评价体系提供了评价工业经济与社会、资源、环境等之间关系的量化工具。为了实现工业经济可持续发展的目标，我国有必要利用好这一工具，对工业发展的过程进行监测和评价、指导和监督、规范和约束。当然，工业发展阶段和水平是动态变化的，其评判标准并非一成不变，工业发展质量评价体系的内容也将与时俱进。

三、框架设计

1. 指标选取

评价指标体系的框架设计，必须建立在准确理解和把握工业发展质量内涵的基础上。根据对工业发展质量内涵的理解和指标选取的基本原则，本书初步建立了由速度效益、结构调整、技术创新、资源环境、两化融合、人力资源共6大类、22项具体指标组成的评价指标体系（见表1）。

表 1　中国工业发展质量评价指标体系

总指标	一级指标	二级指标
工业发展质量	速度效益	工业增加值增速
		工业总资产贡献率
		工业成本费用利润率
		工业主营业务收入利润率
	结构调整	高技术产业占比
		500强企业占比
		规模以上工业小企业主营业务收入增速
		工业制成品出口占比
	技术创新	工业R&D经费投入强度
		工业R&D人员投入强度
		单位工业R&D经费支出发明专利数
		工业新产品占比
	资源环境	单位工业增加值能耗
		工业主要污染物排放强度
		工业固体废物综合利用率
		工业污染治理投资强度
	两化融合	工业应用信息化水平
		电子信息产业占比
		互联网普及率
	人力资源	工业职工平均工资增速
		第二产业全员劳动生产率
		就业人员平均受教育年限

需要说明的是，由于工业发展质量的内涵十分丰富，涉及领域较多，并且关于工业发展质量的研究尚处在探索阶段，目前社会各界对如何评价工业发展质量也还没有形成统一的认识。因此，构建评价指标体系是一项需要不断探索和长期实践，且极富挑战性的工作。与上一版蓝皮书相比，受数据来源所限和发展条件变化等因素影响，我们对部分指标做了调整，由原来的 20 项指标调整为 22 项指标。原 20 项具体指标请参见《2013—2014 年中国工业发展质量蓝皮书》。

2. 指标阐释

根据评价体系的框架设计，主要分为 6 大类指标：

一是速度效益类。发展速度和经济效益是反映一个国家和地区工业发展质量的重要方面。这里主要选取了工业增加值增速、工业总资产贡献率、工业成本费用利润率和工业主营业务收入利润率 4 项指标。

表 2   速度效益类指标及说明

指标	计算公式	说明
工业增加值增速	$\left(\dfrac{\text{当年工业增加值}}{\text{上年工业增加值}}-1\right)\times100\%$	反映工业增长的速度
工业总资产贡献率	$\dfrac{\text{利润总额}+\text{税金总额}+\text{利息支出}}{\text{平均资产总额}}\times100\%$	是企业经营业绩和管理水平的集中体现，反映企业全部资产的获利能力
工业成本费用利润率	$\dfrac{\text{工业利润总额}}{\text{工业成本费用总额}}\times100\%$	反映企业投入的生产成本及费用的经济效益，同时也反映企业降低成本所取得的经济效益
工业主营业务收入利润率	$\dfrac{\text{工业利润总额}}{\text{工业主营业务收入}}\times100\%$	反映工业企业的获利能力

二是结构调整类。产业结构的优化和升级是走新型工业化道路的必然要求，对于工业经济的高质量增长具有重要意义。这里主要选取了高技术产业占比、500 强企业占比、规模以上工业小企业主营业务收入增速和工业制成品出口占比 4 项指标。

表3　结构调整类指标及说明

指标	计算公式	说明
高技术产业占比	$\dfrac{高技术产业主营业务收入}{工业主营业务收入}\times100\%$	在一定程度上反映了我国产业结构的优化程度
500强企业占比	评价全国时为世界500强企业中的中国企业数量占比；评价地方省区市时为各省区市制造业企业500强占全国比重	反映具有国际竞争力的大中型工业企业发展状况以及产业组织结构
规模以上工业小企业主营业务收入增速	$\left(\dfrac{当年规模以上小企业主营业务收入}{上年规模以上小企业主营业务收入}-1\right)\times100\%$	反映小型工业企业的发展活力
工业制成品出口占比	全国：$\dfrac{工业制成品出口}{全球出口总额}\times100\%$ 地方：$\dfrac{地方工业出口交货值}{全国工业出口交货值}\times100\%$	反映一国/地区工业产品的出口竞争力

　　三是技术创新类。增强技术创新能力，是走内涵式发展道路的根本要求，也是我国工业转型升级的关键环节。这里主要选取了工业 R&D 经费投入强度、工业 R&D 人员投入强度、单位工业 R&D 经费支出发明专利数和工业新产品占比 4 项指标。

表4　技术创新类指标及说明

指标	计算公式	说明
工业R&D经费投入强度	$\dfrac{工业企业R\&D经费支出}{工业企业主营业务收入}\times100\%$	反映国家对工业企业研发的资金投入规模和重视程度
工业R&D人员投入强度	$\dfrac{工业企业R\&D人员数}{工业企业从业人员年平均人数}\times100\%$	反映科技人员对地区工业企业发展的支撑水平
单位工业R&D经费支出发明专利数	$\dfrac{工业企业发明专利申请数}{工业企业R\&D经费支出}$	反映工业企业单位研发经费投入所创造的科技成果的实力
工业新产品占比	$\dfrac{新产品主营业务收入}{工业企业主营业务收入}\times100\%$	反映工业自主创新成果转化能力以及产品结构

　　四是资源环境类。加强资源节约和综合利用，积极应对气候变化，是加快转变经济发展方式的重要着力点，也是实现工业可持续发展的内在要求。这里主要选取了单位工业增加值能耗、工业主要污染物排放强度、工业固体废物综合利用率和工业污染治理投资强度 4 项指标。

表5　资源环境类指标及说明

指标	计算公式	说明
单位工业增加值能耗	$\dfrac{能源消费总量}{工业增加值}$	反映工业生产节约能源情况和利用效率
工业主要污染物排放强度	指二氧化硫和化学需氧量占工业增加值的比重	反映工业生产对环境产生的不利影响
工业固体废物综合利用率	$\dfrac{工业固体废物综合利用量}{工业固体废物产生量+贮存量}\times100\%$	反映工业生产的资源再利用情况
工业污染治理投资强度	$\dfrac{工业污染治理投资}{工业增加值}\times100\%$	反映工业生产过程中对环境改善的投入力度

　　五是两化融合类。信息化与工业化融合是我国走新型工业化道路的必然要求，也是提高工业发展质量的重要支撑。目前，工信部赛迪研究院已经连续三年发布《中国信息化与工业化融合发展水平评估报告》，企业数据采集量由首次评估的2300多家扩大到当前的6000多家，两化融合评价指标体系包括基础环境、工业应用、应用效益三类，其中工业应用指数涵盖重点行业典型企业ERP普及率、重点行业典型企业MES普及率、重点行业典型企业PLM普及率、重点行业典型企业SCM普及率、重点行业典型企业采购环节电子商务应用、重点行业典型企业销售环节电子商务应用、重点行业典型企业装备数控化率、国家新型工业化产业示范基地两化融合发展水平八个方面，很好地反映了工业企业的两化融合水平。根据数据可获得性原则，本研究还选取了电子信息产业占比和互联网普及率来辅助衡量两化融合水平。我们认为，电子信息产业发展的好坏，与地方产业结构轻量化、高级化有高度相关性，且一般来说电子信息产业发达地区信息化应用水平也较高。互联网普及率来源于中国互联网络信息中心（CNNIC）定期发布的《中国互联网络发展状况调查统计报告》。

表6　两化融合类指标及说明

指指标	计算公式	说明
工业应用信息化水平	由重点行业典型企业ERP\MES\PLM\SCM普及率、装备数控化率以及采购、销售环节电子商务应用等合成	反映工业企业生产经营管理过程中应用信息化技术的程度，用以体现工业化进程中企业的可持续发展情况

（续表）

指指标	计算公式	说明
电子信息产业占比	$\dfrac{电子信息制造业收入}{工业主营业务收入} \times 50\% + \dfrac{软件业收入}{GDP} \times 50\%$	反映地区电子信息制造业和软件业的发展程度和水平，体现工业化与信息化的发展水平
互联网普及率	$\dfrac{网民数}{当地年末常住人口数} \times 100\%$	指报告期行政区域总人口中网民数所占比重，反映互联网普及应用水平的重要指标

六是人力资源类。人力资源是知识经济时代经济增长的重要源泉，也是我国建设创新型国家的基础和加速推进我国工业转型升级的重要动力。这里主要选取了工业职工平均工资增速、第二产业全员劳动生产率和就业人员平均受教育年限3项指标来反映人力资源情况。

表7　人力资源类指标及说明

指标	计算公式	说明
工业职工平均工资增速	$\left(\dfrac{当年工业企业职工平均工资}{上年工业企业职工平均工资} - 1\right) \times 100\%$	体现一定时期内工业企业职工以货币形式得到的劳动报酬的增长水平，反映工业发展对改善民生方面的贡献
第二产业全员劳动生产率	$\dfrac{第二产业增加值}{第二产业就业人员数}$	综合反映第二产业的生产技术水平、经营管理水平、职工技术熟练程度和劳动积极性
就业人员平均受教育年限	就业人员小学占比×6+就业人员初中占比×9+就业人员高中占比×12+就业人员大专及以上占比×16	能够较好地反映出就业人员的总体素质

第四节　评价方法

一、指数构建方法

统计指数是综合反映由多种因素组成的经济现象在不同时间和空间条件下平均变动的相对数（徐国祥，2005）。从不同的角度，可以对统计指数进行不同的分类：按照所反映现象的特征不同，可以分为质量指标指数和数量指标指数；按照所反映现象的范围不同，可分为个体指数和总指数；按照所反映对象的对比性质不同，可分为动态指数和静态指数。

本书通过构建工业发展质量时序指数来反映全国及地方省区市工业发展质量历年的时序变化情况，旨在进行自我评价；通过构建工业发展质量截面指数来反映地方省区市工业发展质量在某一时点上的截面比较情况，旨在进行对比评价。在评价各行业时，我们拟采用截面指数来衡量各产业的发展质量，待数据库补充完整之后再构建时序指数。按照统计指数的分类，工业发展质量时序指数即为动态指数中的定基指数，工业发展质量截面指数即为静态指数，并在上述过程中计算了速度效益、结构调整等六个方面的分类指数，即个体指数。

（1）时序指数的构建

首先，计算2005—2013年30个省（区、市）各项指标的增速（已经是增速的指标不再计算）；然后，将增速调整为以2005年为基期；最后，加权求和得到各地区工业发展质量时序指数及分类指数。

（2）截面指数的构建

首先，按照公式（1）将2005—2013年30个省（区、市）的原始指标进行无量纲化处理；然后，按照公式（2）和（3）进行加权求和，分别得到各地区工业发展质量截面指数和分类指数。

$$X'_{ijt} = \frac{X_{ijt} - \min\{X_{jt}\}}{\max\{X_{jt}\} - \min\{X_{jt}\}} \qquad t = 2005, 2006, \cdots, 2013 \qquad （1）$$

$$IDQI_{it} = \frac{\sum_{j=1}^{22} X'_{ijt} W_j}{\sum_{j=1}^{22} W_j} \qquad t = 2005, 2006, \cdots, 2013 \qquad （2）$$

$$I_{it} = \frac{\sum X'_{ijt} W_j}{\sum W_j} \qquad t = 2005, 2006, \cdots, 2013 \qquad （3）$$

公式（1）至（3）中，i代表30个省（区、市），$i=1,2,\cdots, 30$，j代表22项三级指标，$j=1,2,\cdots, 22$，X_{ijt}代表t年i省j指标，$\max\{X_{jt}\}$和$\min\{X_{jt}\}$分别代表t年j指标的最大值和最小值，X'_{ijt}代表t年i省j指标的无量纲化指标值，I_{it}代表t年i省的分类指数，$IDQI_{it}$代表t年i省的工业发展质量截面指数，W_j代表j指标的权重。

需要说明的是，因为全国工业发展质量无须做截面比较，因此全国工业发展质量指数是时序指数。

二、权重确定方法

在指标体系的评价过程中，权重的确定是一项十分重要的内容，因为权重直接关系到评价结果的准确性与可靠性。从统计学上来看，权重确定一般分为主观赋权法和客观赋权法，前者一般包括德尔菲法（Delphi Method）、层次分析法（The Analytic Hierarchy Process，简称 AHP）等，后者一般包括主成分分析法、变异系数法、离差及均方差法等。主观赋权法的优点在于能够充分利用专家对于各指标的内涵及其相互之间关系的经验判断，并且简便易行，但存在因评价主体偏好不同有时会有较大差异这一缺陷；客观赋权法的优点在于不受人的主观因素的影响，能够充分挖掘指标数据本身所蕴含的信息，但存在有时会弱化指标的内涵及其现实意义这一缺陷。为避免主观赋权法的经验性较强以及客观赋权法的数据依赖性较强，本书利用德尔菲法和变异系数法进行主客观综合赋权的方法。选择变异系数法的原因在于，从评价体系中的各项指标来看，差异越大的指标越重要，因为它更能反映出各地区工业发展质量的差异，如果全国各省区市的某个指标没有多大差别，则没有必要再将其作为一项衡量的指标，所以对差异越大的指标要赋予更大的权重（曾五一和庄赟，2003）。

权重的测算过程如下，首先按照公式（4）计算各项指标的变异系数，然后按照公式（5）和（6）计算各项指标的客观权重，最后利用由德尔菲法得到的主观权重和由变异系数法得到的客观权重进行平均，得到各项指标的最终权重。

$$V_{jt} = \frac{\sigma_{jt}}{\overline{X}_{jt}} \quad t = 2005, 2006, \cdots, 2013 \qquad （4）$$

$$W_{jt} = \frac{V_{jt}}{\sum_{j=1}^{22} V_{jt}} \quad t = 2005, 2006, \cdots, 2013 \qquad （5）$$

$$W_j = \sum_{t=2005}^{2013} W_{jt} \Big/ 6 \quad t = 2005, 2006, \cdots, 2013 \qquad （6）$$

V_{jt} 代表 t 年 j 指标的变异系数，σ_{jt} 代表 t 年 j 指标的标准差，$\overline{X}_{jt}$ 代表 t 年 j 指标的均值，W_{jt} 代表 t 年 j 指标的权重，W_j 代表 j 指标的最终客观权重。

第五节　数据来源

一、数据来源

本书所使用的数据主要来源于国家统计局发布的历年《中国统计年鉴》、《中国科技统计年鉴》、《中国高技术产业统计年鉴》、《中国工业统计年鉴》（2013 年以前为《中国工业经济统计年鉴》）、《工业企业科技活动统计年鉴》（2012 年以前为《工业企业科技活动统计资料》）、《中国劳动统计年鉴》、《中国环境年鉴》，各省区市统计局发布的历年地方省市统计年鉴，工信部发布的《中国电子信息产业统计年鉴》、《1949—2009 中国电子信息产业统计》，工信部赛迪研究院发布的《2014 年中国信息化与工业化融合发展水平评估报告》和中国互联网络信息中心（CNNIC）定期发布的《中国互联网络发展状况调查统计报告》。

二、数据说明

1. 研究对象

由于西藏缺失指标较多，故不参与本评价；加之港澳台地区的数据来源有限；因此，本书的最终研究对象为全国及 30 个省（区、市）。

2. 指标说明

由于历年统计年鉴没有直接公布全国及各地区 2010—2013 年的单位工业增加值能耗数据，为保证工业发展质量时序指数在时间维度上的可比性，我们利用各地历年统计年鉴中的工业增加值、工业增加值指数和工业能耗数据，计算得到 2005—2013 年 30 个省（区、市）以 2005 年为不变价的单位工业增加值能耗。

本书在计算第二产业全员劳动生产率和工业主要污染物排放强度这两项指标时，第二产业增加值和工业增加值数据都调整为 2005 年不变价，以保证时序指数能够真实反映走势情况；单位工业 R&D 经费支出采用 R&D 价格指数进行平减，该指数由固定资产投资价格指数和消费者价格指数等权合成。500 强企业占比这一指标，在衡量全国工业发展质量时是指世界 500 强企业中的中国企业数量所占比重，在衡量地方省区市工业发展质量时是指中国企业联合会和中国企业家协会联合发布的历年中国制造业企业 500 强各省数量所占比重。

　　此外，由于单位工业增加值能耗和工业主要污染物排放强度均为逆向指标，在计算过程中我们对其进行取倒数处理以便于统一分析。

第四章　全国工业发展质量分析

第一节　全国工业发展质量指数走势分析

利用本书所构建的评价体系，根据主客观综合赋权法，按照时序指数计算方法，得到2005—2013年全国工业发展质量指数及分类指数，结果见表8。根据表8中最后一行绘制全国工业发展质量指数走势图，结果见图2。需要说明的是，由于全国工业发展质量无须作截面比较，因此该指数即为时序指数。

结合表8和图2，2005—2013年，全国工业发展质量指数呈上升趋势，从2005年的100.0上升至2013年的203.7，年均增速为9.3%，表明自2005年以来，我国工业发展质量有较明显的提升。

从走势看，自2005年以来，我国工业生产虽有一定起伏，但总体保持较快增长。2006年和2007年规模以上工业延续了前几年的高速增长态势，随后，受国际金融危机的巨大冲击，2008年规模以上工业增加值增速明显下滑。党中央国务院通过采取保增长、扩内需和调结构等一系列卓有成效的宏观经济政策，工业经济增长速度停止下滑，2009年6月份规模以上工业重回两位数增长，当年升至11%，2010年进一步提升至15.7%。2011年，我国规模以上工业继续保持较快增长，同比增长13.9%，近几年工业增速虽然持续下滑，但从全球范围来看，世界经济复苏略显乏力，我国规模以上工业仍然保持了较高增长，2012—2014年增速分别为7.9%、7.6%和7.0%，整体看增速依然领跑全球。

从规模看，2014年，我国全部工业实现增加值22.8万亿元，年均增速高达10.2%，远高于全球主要发达经济体和新兴经济体国家。部分行业中，通用设备制造业增长9.1%，汽车制造业增长11.8%，计算机、通信和其他电子设备制造业增长 12.2%，电气机械和器材制造业增长 9.4%，增速超过全部工业增速。特别是高技术制造业增加值比上年增长 12.3%，占规模以上工业增加值的比重为 10.6%；装备制造业增加值增长 10.5%，占规模以上工业增加值的比重为 30.4%。

从国际看，经过"十一五"时期的大发展，我国工业国际竞争力显著增强。2010 年，我国制造业实现增加值达到 1.955 万亿美元，占全球制造业增加值的比重高达 19.8%，超过美国成为世界第一制造业大国[1]。同年，我国国内生产总值超过日本，跃升为世界第二大经济体[2]。2013 年，我国经济总量仍然稳居世界第二位，与美国 GDP 差距缩小至 7.5 万亿美元，而领先日本的优势进一步扩大至 4.3 万亿美元。毫无疑问，占国民经济近 40% 的工业，为我国在全球经济中地位的不断提升起到了重要的推动作用。

表8 2005—2013 年全国工业发展质量指数及分类指数

	2005	2006	2007	2008	2009	2010	2011	2012	2013	2005—2013年年均增速
速度效益	100.0	107.3	119.4	115.6	120.1	140.3	141.4	137.7	136.5	4.0
结构调整	100.0	114.6	132.6	146.5	165.4	193.2	217.9	243.7	285.1	14.0
技术创新	100.0	106.5	116.5	121.3	138.0	136.8	149.3	162.9	170.6	6.9
资源环境	100.0	104.1	110.0	115.1	118.8	120.2	117.6	127.4	146.0	4.8
两化融合	100.0	106.9	121.9	141.1	161.9	182.1	199.4	214.6	230.0	11.0
人力资源	100.0	108.2	118.8	132.0	140.6	155.6	174.7	188.2	204.5	9.4
工业发展质量指数	100.0	108.6	121.0	130.0	143.0	157.8	170.6	184.5	203.7	9.3

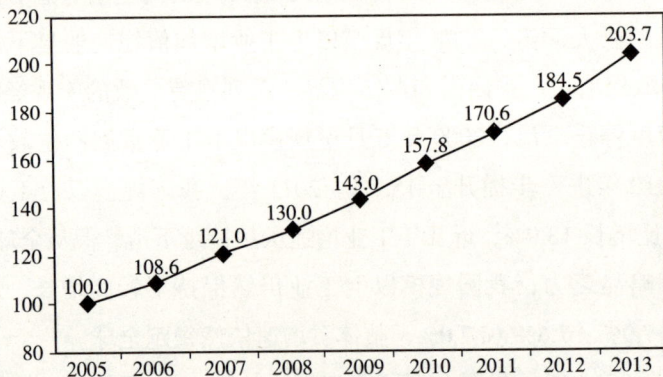

图2 2005—2013年全国工业发展质量指数

[1] 根据IHS环球透视（IHS Global Insight）经济咨询机构数据，2010年美国制造业增加值为1.952万亿美元，占全球制造业的19.4%。
[2] 根据世界银行统计数据，2010年美国国内生产总值为14.59万亿美元，中国为5.93万亿美元，日本为5.46万亿美元。

从出口看，我国工业产品出口竞争力不断提升。近些年来，我国工业产品的出口结构不断优化，中高端工业品的国际竞争力持续增强。2014 年，我国规模以上工业出口交货值达到 12.1 万亿元，比 2005 年增加 7.3 万亿元，同比名义增长 152.2%。在部分领域中，电工电器、高精密机床、工程机械等行业的部分成套设备以及高附加值的产品已经占有较高比重，并呈现较快的增长态势。

综合来看，2005 年至今，我国工业发展成就显著，工业经济总量不断攀升，发展质量同步提升。

第二节 全国工业发展质量分类指数分析

第三章分析了 2005—2013 年全国工业发展质量总指数，本章着重分析各分类指数的走势及其影响因素。

一、分类指数走势及其对总指数的影响

1. 评价结果分析

2005—2013 年，全国工业发展质量的六个分类指数整体呈上升趋势，其中，结构调整指数、两化融合指数和人力资源指数快速增长，年均增速分别高达 14.0%、11.0% 和 9.4%，增速均快于工业发展质量指数；技术创新指数较快增长，年均增速为 6.9%，增速略低于工业发展质量；资源环境指数和速度效益指数增长相对较慢，年均增速仅为 4.8% 和 4.0%。

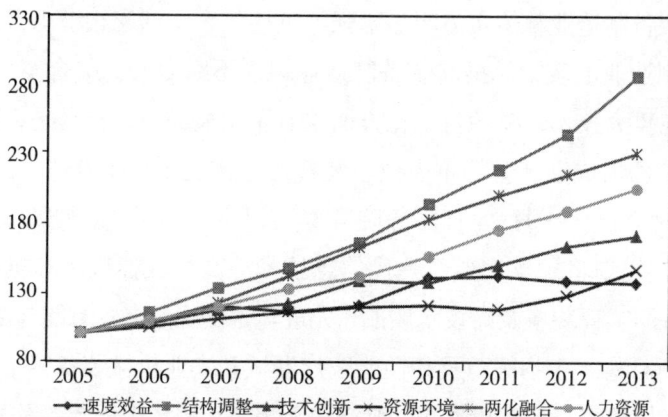

图3 2005—2013年全国工业发展质量分类指数

从分类指数对总指数的影响看，与 2005 年相比，2013 年六个分类指数对工业发展质量指数增长的贡献率和拉动作用差异较大（见表 9）。其中，结构调整指数对工业发展质量指数增长的贡献率最高，达到 47.5%，拉动 49.3 个百分点；两化融合指数、技术创新指数和人力资源指数对工业发展质量指数增长的贡献率较高，分别为 17.9%、11.1% 和 10.4%，分别拉动 18.6 个、11.5 个和 10.8 个百分点；资源环境指数和速度效益指数对工业发展质量指数增长的贡献率相对较低，仅为 7.9% 和 5.1%，仅拉动 8.2 个和 5.3 个百分点。

表 9　六个分类指数对总指数增长的贡献率和拉动

	速度效益指数	结构调整指数	技术创新指数	资源环境指数	两化融合指数	人力资源指数	合计
贡献率（%）	5.1	47.5	11.1	7.9	17.9	10.4	100.0
拉动（百分点）	5.3	49.3	11.5	8.2	18.6	10.8	103.7

2. 原因分析

①结构调整

近几年，我国工业在结构调整方面取得显著成效。

首先，高技术制造业规模不断扩大。2014 年，高技术制造业增加值比上年增长 12.3%，较规模以上工业增速快 4 个百分点，占规模以上工业增加值的比重为 10.6%；从全球市场占有率来看，我国手机、计算机和彩电产量占全球出货量的比重均已超过 50%，稳居全球首位。高技术产业规模的不断扩张为我国向科技强国迈进奠定了坚实的基础。

其次，装备制造业整体实力明显增强。近些年来，国家相继出台了一系列加快振兴装备制造业的政策，推动装备制造业规模不断提升，综合实力显著提升。同时，我国在重大技术装备的自主化方面也有了明显进步，特别是特高压输变电设备、百万吨乙烯成套装备等重大技术装备已经实现了自主制造。目前，《中国制造 2025》规划已于 3 月 25 日国务院常务会议审议通过，近期即将出台。《中国制造 2025》规划将重点发展新一代信息技术、高档数控机床和机器人、航空航天装备、海洋工程装备及高技术船舶、先进轨道交通装备、节能与新能源汽车、电力装备、新材料、生物医药及高性能医疗器械和农业机械装备等十大领域。这也意味着，高档数控机床和机器人、航空航天装备、海洋工程装备及高技术船舶、先进轨道交通装备等在未来高端制造装备行业中的地位将大幅提高。

第三，工业企业组织结构不断优化。自 2005 年以来，国家大力推进兼并重组，鼓励企业之间实现强强联合，有条件的地区正加快实现上下游一体化经营。从兼并重组情况来看，截至 2014 年 11 月 26 日，国资委监管中央企业减至 112 家，比 2007 年年初减少了 44 家。从小微企业情况来看，第三次全国经济普查结果显示，2013 年年末，从事第二产业和第三产业的小微企业法人单位 785 万个，占全部企业法人单位的 95.6%；从业人员 14730.4 万人，占全部企业法人单位从业人员的 50.4%。当前，中小企业已经成为支撑我国国民经济和社会发展的重要力量，在促进经济增长、保障就业稳定等方面发挥着不可替代的重要作用。可以预见，随着国家经济发展环境的逐步完善，大众创业、万众创新将成为我国经济增长的新引擎，中小企业特别是小微企业的发展活力将对宏观经济增长起到重要作用。

②两化融合

近几年，我国在两化融合方面取得较大进展，互联网基础设施、电子信息产业等都有明显突破。

第一，从互联网基础设施方面来看，截至 2014 年 12 月，我国 IPv4 地址数量为 3.32 亿，拥有 IPv6 地址 18797 块 /32。我国域名总数为 2060 万个，其中".CN"域名总数年增长为 2.4%，达到 1109 万，在中国域名总数中占比达 53.8%。我国网站总数为 335 万个，年增长 4.6%；".CN"下网站数为 158 万个。国际出口带宽为 4118663Mbps，年增长 20.9%。从网民规模来看，2008 年我国网民规模已跃升全球第一，到 2014 年末，我国网民规模达 6.49 亿，全年共计新增网民 3117 万人；互联网普及率也逐年提高，2014 年达 47.9%，较 2013 年年底提升了 2.1 个百分点，较 2005 年增长了 5 倍多。

第二，从电子信息产业的发展来看，规模方面，2014 年，我国规模以上电子信息产业企业个数超过 5 万家，其中电子信息制造业企业 1.87 万家，软件和信息技术服务业企业 3.8 万家。全年完成销售收入总规模达到 14 万亿元，同比增长 13%；其中，电子信息制造业实现主营业务收入 10.3 万亿元，同比增长 9.8%；软件和信息技术服务业实现软件业务收入 3.7 万亿元，同比增长 20.2%。2014 年，我国规模以上电子信息制造业增加值增长 12.2%，高于同期工业平均水平 3.9 个百分点，在全国 41 个工业行业中增速居第 7 位；收入和利润总额分别增长 9.8% 和 20.9%，高于同期工业平均水平 2.8 个和 17.6 个百分点，占工业总体比重分别达到 9.4% 和 7.8%，比上年提高 0.3 个和 1.2 个百分点。

效益方面，从总体来看整体效益逐步好转，2014年，我国规模以上电子信息制造业实现利润总额5052亿元，同比增长20.9%。产业平均销售利润率4.9%，低于工业平均水平1个百分点，但比上年提高0.4个百分点；每百元主营业务收入中平均成本为88.4元，仍高于工业平均成本2.8元，但比上年下降0.2元；产成品存货周转天数为12.2天，低于工业1.1天。全行业亏损企业的亏损额下降20.4%。2014年，我国规模以上电子信息制造业每百元资产实现的主营业务收入为136.8元，高于工业11.6个百分点；平均总资产贡献率为10.1%，比上年提高0.2个百分点；资产负债率57.8%，比上年下降0.5个百分点。

进出口方面，2014年，我国电子信息产品进出口总额达13237亿美元，同比下降0.5%，增速低于全国外贸进出口3.9个百分点；其中，出口7897亿美元，同比增长1.2%，占全国外贸出口比重为33.5%，比上年下降1.8个百分点。进口5340亿美元，同比下降2.8%，占全国外贸进口比重为27.1%，比上年下降1.1个百分点。贸易顺差2557亿美元，同比增长10.7%，占全国外贸顺差的66%。在贸易方式上，一般贸易比重持续提高，出口额1784亿美元，增长17.8%，增速高于平均水平16.6个百分点，比重（22.6%）比上年提高3.2个百分点，保税仓库进出境货物及边境小额贸易等贸易方式出口增势突出，分别增长55.6%和61.4%；在贸易主体上，内资企业出口2136亿美元，下降0.4%，其中民营企业下降较多，但国有和集体企业保持7.2%和18.6%的增长；在贸易伙伴结构上，对主要贸易伙伴出口延续增长态势，对新兴市场的开拓速度加快，对越南、阿联酋和俄罗斯的出口增速达到25.4%、34.3%和14%；在区域结构上，部分中西部省区市出口增势迅猛，重庆、陕西、安徽和江西出口增速达到24.1%、77.2%、84%和67.9%，内蒙古、宁夏、贵州等省份出口增速则超过100%。

③技术创新

第一，从创新产出来看，近些年来我国工业企业专利数量不断攀升，2013年，规模以上工业企业专利申请数达到560918件，其中发明专利数205146件，规模以上工业企业有效发明专利数为335401件。此外，从国际上来看，2014年，我国通过《专利合作条约》（PCT）申请的专利国际申请量25539项，较上年增长18.7%，排名连续两年居世界第三位。专利数量的持续增长，反映出我国工业自主创新能力和水平日益提高。目前，我国在载人航天、探月工程、载人深潜、新支线飞机、大型液化天然气船（LNG）、高速轨道交通等领域取得突破性进展并进入世界先进行列。TD-LTE 技术、产品、组网性能和产业链服务支撑能力等均得到了提升，涵盖系统、终端、芯片、仪表的完整产业链已基本完成。

第二，从创新投入来看，2013 年，我国规模以上工业企业研究与试验发展（R&D）经费支出 8318.4 亿元，与主营业务收入之比达到 0.80%，比 2004 年提升了 0.24 个百分点；科技机构经费支出达到 5941.5 亿元，比 2004 年大幅增加 5099.9 亿元；新产品开发经费支出为 9246.7 亿元，比 2004 年大幅增加 8281.0 亿元。从技术获取和技术改造情况来看，2013 年，规模以上工业企业的引进技术经费支出、消化吸收经费支出、购买国内技术经费支出和技术改造经费支出分别为 393.9 亿元、150.6 亿元、214.4 亿元和 4072.1 亿元。

④人力资源

近些年来，我国工业在科技人力资源方面保持稳定增长，科技人力投入不断增加，科技队伍进一步壮大。2013 年，我国规模以上工业企业 R&D 人员全时当量为 249.4 万人年，比 2004 年增加了 195.2 万人年。2013 年，规模以上工业企业科技机构人员数达到 238.8 万人，比 2004 年增加了 174.4 万人。

⑤资源环境和速度效益

从本书的评价结果看，虽然资源环境和速度效益自 2005 年以来增速相对较慢，贡献率相对较低，但自身仍取得较大进展。

资源环境方面，自 2005 年以来，我国主要工业行业能耗显著下降，污染物排放明显下降，环境明显改善。首先，单位增加值能耗明显下降。2005 年以来，我国单位 GDP 能耗持续下降，2012 年以来降幅持续扩大，近三年分别下降 3.4%、3.7% 和 4.8%。从工业来看，2014 年，工业企业吨粗铜综合能耗同比下降 3.76%，吨钢综合能耗下降 1.65%，单位烧碱综合能耗下降 2.33%，吨水泥综合能耗下降 1.12%，每千瓦时火力发电标准煤耗下降 0.67%。从用水情况看，2014 年万元国内生产总值用水量 112 立方米，比上年下降 6.3%；万元工业增加值用水量 64 立方米，下降 5.6%。其次，环境污染治理投资力度不断增大。2013 年，全国环境污染治理投资总额达到 9516.5 亿元，占 GDP 的比重达到 1.67%，比 2012 年提高了 0.08 个百分点。从工业看，工业污染治理完成投资 867.7 亿元，占工业增加值的比重为 0.41%，较 2012 年提高 0.16 个百分点。第三，主要污染物排放总量得到控制。2013 年全国化学需氧量排放量 2352.7 万吨，较上年下降 71.0 万吨；二氧化硫排放量 2043.9 万吨，较上年下降 73.7 万吨。第四，工业废物综合利用率提高。

2013年工业固体废物综合利用率为55.6%，比上年提高3.5个百分点。

速度效益方面，从规模和速度来看，2014年，全部工业增加值227991亿元，比上年增长7.0%；规模以上工业增加值增长8.3%，继续呈快速增长态势。从经济效益来看，2014年全国规模以上工业企业实现利润总额64715.3亿元，比上年增长3.3%；实现主营活动利润60471.7亿元，比上年增长1.6%。2014年，规模以上工业企业实现主营业务收入1094646.5亿元，比上年增长7%；发生主营业务成本937493.4亿元，增长7.5%。2014年末，规模以上工业企业应收账款105168亿元，比上年增长10%；产成品存货37109.6亿元，增长12.6%。2014年，规模以上工业企业主营业务收入利润率为5.91%，每百元主营业务收入中的成本为85.64元，每百元资产实现的主营业务收入为125.2元，产成品存货周转天数为13.3天。

综合来看，近些年来，我国工业发展取得了较大成绩，结构持续调整和优化，两化融合不断深化，技术创新能力明显提升，人力资源素质和待遇明显改善，资源环境束缚压力有所缓解，速度效益有一定提升。

二、分类指数影响因素分析

为清楚地看到影响全国工业发展质量分类指数的内部因素，本书计算了22项指标对各自所属分类指数的贡献率和拉动，计算结果见表10。

从2005年到2013年，全国工业发展质量的六个分类中，结构调整指数、两化融合指数和人力资源指数快速增长，结构调整指数主要是由500强企业占比和规模以上工业小企业主营业务收入的强劲增长推动，贡献率分别为57.0%和32.0%，分别拉动8.0个和4.5个百分点。两化融合指数主要是由互联网普及率的快速提升推动，贡献率高达87.1%，拉动9.5个百分点。人力资源指数主要是由工业职工平均工资的快速增长推动，贡献率高达68.0%，拉动6.4个百分点。

表10 22项指标对分类指数的贡献率和拉动

二级指标	三级指标	贡献率（%）	拉动（百分点）
速度效益	工业增加值增速	80.3	3.2
	工业总资产贡献率	15.7	0.6
	工业成本费用利润率	2.0	0.1
	工业主营业务收入利润率	1.9	0.1
	合计	100.0	4.0

（续表）

二级指标	三级指标	贡献率（%）	拉动（百分点）
结构调整	高技术产业占比	−2.2	−0.3
	500强企业占比	57.0	8.0
	规模以上工业小企业主营业务收入增速	32.0	4.5
	工业制成品出口占比	13.1	1.8
	合计	100.0	14.0
技术创新	工业R&D经费投入强度	13.7	0.9
	工业R&D人员投入强度	47.4	3.3
	单位工业R&D经费支出的发明专利数	31.3	2.2
	工业新产品占比	7.5	0.5
	合计	100.0	6.9
资源环境	单位工业增加值能耗	24.8	1.2
	工业主要污染物排放强度	85.8	4.2
	工业固体废物综合利用率	7.1	0.3
	工业污染治理投资强度	−17.7	−0.9
	合计	100.0	4.8
两化融合	工业应用信息化水平	13.4	1.5
	电子信息产业占比	−0.4	0.0
	互联网普及率	87.1	9.5
	合计	100.0	11.0
人力资源	工业职工平均工资增速	68.0	6.4
	第二产业全员劳动生产率	27.8	2.6
	就业人员平均受教育年限	4.2	0.4
	合计	100.0	9.4

技术创新指数较快增长，主要是由工业 R&D 人员投入强度和单位工业 R&D 经费支出发明专利数较快增长推动，对技术创新指数增长的贡献率分别为47.4%和31.3%，分别拉动 3.3 个和 2.2 个百分点。

资源环境指数和速度效益指数增长相对较慢，前者的提升主要源于工业主要污染物排放强度和单位工业增加值能耗的显著下降，但工业固体废物综合利用率提升速度较慢，且工业污染治理投资强度出现下滑，对资源环境指数的贡献率为 −17.7%，向下拉动 0.9 个百分点，抑制了资源环境指数的增长。后者的提升主要源于工业增加值的快速增长，但工业成本费用利润率和工业主营业务收入利润率增长相对较慢，对速度效益指数的贡献率相对较低，均不足 3%，仅拉动 0.1 个百分点。

第五章　全国工业发展质量热点专题

从前面的分析我们可以看到，当前我国工业发展质量呈较快增长态势，但内部结构仍然存在一些问题和矛盾。本章通过对重大政策的解读和重点专题的问题，透析工业发展过程中的一些重大问题，以期从中获取工业发展质量稳定增长的启示。[1]

第一节　探索我国工业经济的"合理增长区间"

当前，我国宏观经济增长面临较大的下行压力，工业作为支撑经济发展的重要力量，增长速度也跌落至个位数水平。由于我国面临着资源要素趋紧、劳动力数量下降、投资效率不高等诸多严峻挑战，本轮增长速度的下滑便引发了国内外的密切关注。考虑到经济增长与就业、物价等方面的联动效应，守住经济增长和就业水平的"下限"，以及物价涨幅的"上限"就成为近两年的热词。那么，工业经济运行是否存在所谓的"合理增长区间"？在面临复杂环境及各种要素约束下，工业经济的"合理增长区间"究竟在哪里？这些问题值得深入思考。

一、何为"合理增长区间"？

1. "合理增长区间"的现实存在性

经济增长、物价稳定、就业充分和国际收支平衡是宏观调控的四大目标。增长是永恒的话题，无论发达国家还是发展中国家，都始终将经济增长放在经济工

---

[1]　本部分为赛迪智库工业经济研究所近期的部分研究成果。

作全局的重要位置。从四大目标关系看，一般而言，经济增长能够创造更多的就业岗位，但同时也会带来物价上涨、进口增加，进而加大通货膨胀和国际收支失衡压力，经济增长的核心地位可见一斑。从经济增长轨迹看，美国、日本和西欧等发达经济体经历了二战后二十多年的"黄金增长期"，中国香港、韩国和中国台湾等赶超经济体也享受了始于上世纪70年代的二十多年的"甜蜜时光"。但是，这些经济体在快速增长过后，都迎来了经济增速"拦腰折半"的发展低潮。究其原因，除了"基数效应"外，还可归结为经济学和哲学思想的"耦合效应"，即发达经济体的黄金增长时代得益于凯恩斯主义的政府干预，但也正是因为政府干预过多而导致了经济发展活力不足，引发滞胀；赶超经济体依靠政府主导的要素快速扩张形成后发优势，实现快速增长，但由于缺少内涵式的自主增长动力，最终导致大部分发展中经济体未能跨越"中等收入陷阱"。

纵观世界经济体的发展历程，不难发现，受体制机制、政策取向、时代背景、资源要素、生产效率等多方面因素影响，所有经济体的经济增长都经历了周期性波动。在经济发展的某一阶段，考虑到劳动、资本等要素供给及能源约束情况，工业经济增速处于某一区间时，根据其在国民经济中所占比重能够提供相对稳定的就业岗位，保障宏观经济平稳运行，那么，这一区间可理解为工业经济的"合理增长区间"。因此，"合理增长区间"并不等同于高增长，核心在于维持宏观经济的平稳可持续发展。

2. 研究"合理增长区间"对我国工业转型升级和工业化进程推进具有重要意义

深入研究工业经济"合理增长区间"，是认清资源要素环境束缚强度、推动我国工业转型升级的内在要求。目前，我国工业转型升级已经到了非常关键的时期，多年的经济快速增长掩盖了不少深层次问题和矛盾。近几年，土地、劳动、资本等要素成本持续攀升，资源消耗强度和环境保护压力不断加大，产能过剩等问题持续突出。通过研究工业经济"合理增长区间"，能够深入探索生产函数中各要素之间的数量关系，并结合国际比较找到提高全要素生产率的现实途径，为我国工业转型升级提供保障。

科学研判工业经济"合理增长区间"，是透析我国工业潜在增长水平、加快推进工业化进程的重要手段。当前，我国正处于工业化中期的后半段和加速发展时期，虽然增速整体回落，但从全球主要经济体发展态势看，仍处于相对较高水平。

39

考虑到上世纪 80 年代美国经济增速再次回到相对高点，意味着通过科学分析经济潜在增长率、准确刻画"合理增长区间"，并据此制定符合实际发展情况的经济政策，就有望再次激发经济活力，实现可持续发展和工业化进程的平稳推进。

二、我国工业经济的"合理增长区间"在哪里？

1. 规模以上工业发展现状及其代表性

1998 年以来，我国规模以上工业发展迅速，年均增速超过 13%，1998—2002 年、2003—2007 年和 2008—2012 年均分别增长 10.3%、17.0% 和 12.7%。由于规模以上工业总产值和资产总计等指标在全部工业中占比超过 90%，因此可基本认为规模以上工业能够代表工业总体的发展情况，其增速决定了全部工业走势[1]。

2. 探寻工业潜在增长率

工业潜在增长率是指工业经济处于潜在产出水平，即工业经济运行达到某种理想状态时的增长率，这种理想状态是各种生产要素资源得到充分利用时的最优配置。由于潜在增长率能够比较科学、有效地刻画出劳动、资本、技术等生产要素对增长水平的作用效果，以及能源、环境等因素对增长水平的约束力度，因此研究潜在增长率是探索"合理增长区间"的基础。

基于 1998—2012 年的样本数据，我们采用柯布—道格拉斯生产函数来探讨我国规模以上工业的潜在增长率。模型结果显示：资本劳动比增速每提高 1 个百分点，工业的平均劳动生产率就会提高 0.56 个百分点；全要素生产率的增长率为 6.15%。

假定全要素生产率增速延续了当前发展趋势，每年提升 0.15—0.17 个百分点，则资本增速每年下降 0.80 个百分点。为比较人口变动对潜在增长率的影响，对劳动力增速设定三个情景。

表 11　规模以上工业全部从业人员年平均人数增速的情景设定（%）

年份	2013	2014	2015	2016	2017	2018	2019	2020
悲观情景	0.35	-0.45	-1.25	-2.05	-2.85	-3.65	-4.45	-5.25
基准情景	0.65	0.15	-0.35	-0.85	-1.35	-1.85	-2.35	-2.85
乐观情景	0.90	0.65	0.40	0.15	-0.10	-0.35	-0.60	-0.85

资料来源：赛迪智库工业经济研究所。

---

[1]　若无特殊说明，本书以下分析中的工业均指规模以上工业。

基于样本期的模型参数，以及外生变量在预测期的情景值，我们得到规模以上工业在2013—2020年的潜在增长率（详见表11）。

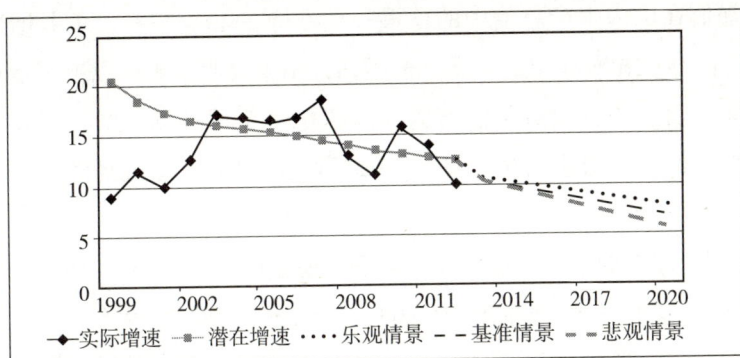

图4 工业潜在增长率的情景预测值（%）

资料来源：赛迪智库工业经济研究所。

3. 挖掘能源约束下的工业潜在增长率

《工业转型升级规划（2011—2015年）》明确提出，要将单位工业增加值二氧化碳排放量较"十一五"末减少21%以上作为工业发展的重要约束。要实现该减排目标，单位工业增加值二氧化碳排放量在"十二五"期间需平均每年减少4%。考虑到其间工业增加值平均增长率约8%，"十二五"期间工业二氧化碳排放量每年增速需控制在3%—5%，"十三五"期间控制在3%以下。结果显示，2015—2020年，在能源约束情景下，规模以上工业增加值平均增长率为6.92%，比基准情景的潜在增长率低0.5—1.5个百分点。

表12 规模以上工业增加值潜在增长率的情景预测（%）

年份	悲观情景	基准情景	乐观情景	能源约束情景
2013	10.34	10.49	10.62	10.32
2014	9.66	9.96	10.21	9.40
2015	8.98	9.43	9.81	8.48
2016	8.28	8.89	9.40	7.86
2017	7.59	8.35	8.99	7.24
2018	6.89	7.81	8.58	6.62
2019	6.20	7.27	8.17	6.00
2020	5.50	6.73	7.75	5.38
2015—2020年均值	7.23	8.08	8.78	6.92

资料来源：赛迪智库工业经济研究所。

4. 工业经济潜在增长率的合理性检验

第一，规模以上工业能够支撑的宏观经济增速。工业是国民经济的主体，全部工业增加值在国内生产总值中的比重一直维持在 40% 左右，工业增速与宏观经济增速之间存在相对稳定的关系。模型估计结果表明：规模以上工业增加值增速每提高 1 个百分点，宏观经济增速约提高 0.50 个百分点。据此测算，当规模以上工业增加值平均增速在 [6.92%, 8.78%] 区间波动时，宏观经济增速将维持在 [6.49%, 7.42%] 区间。

第二，7% 左右的宏观增速能够保障全国就业稳定。"十五"期间我国就业弹性系数为 0.07，"十一五"期间降为 0.03，"十二五"期间弹性系数有所提高，预计能维持在 0.05。当宏观经济增速在 [6.49%, 7.42%] 区间波动时，就业增速将在 [0.32%, 0.37%] 区间，就业人员增量在 [250, 300] 万人。若按照 GDP 增长 1 个百分点能拉动 130 万人就业来算，将拉动 [844, 965] 万人就业。

综合来看，"十三五"时期，我国工业经济的"合理增长区间"为 7.23%—8.78%，即便考虑到较强的能源环境约束，规模以上工业达到 6.92%"底线增速"，也能够保障宏观经济整体平稳。

三、几点思考

1. 正确看待当前工业增速下滑，着重加强关于潜在增长率、全要素生产率等重大问题的研究

当前，我国工业发展的外部环境和内在动力都在发生重大的结构性变化，长期保持高增速，既不符合转变工业发展方式的现实需要，也不应成为政策追求的目标。因此，在技术瓶颈依然存在以及资源环境硬约束尚难突破的条件下，工业增速的平稳回落有一定的必然性，这恰恰是我们换取结构调整空间、促进质量效益提升、加快体制机制改革的宝贵时机。在实现速度、质量和效益协调均衡的前提下，只要不对就业和社会稳定造成重大冲击，就可以接受增速的适度降低。与此同时，我们应加大对潜在增长率、全要素生产率等重大基础性问题的研究力度，对工业经济"合理增长区间"有一个清晰的认识。

2. 加大工业经济运行监测预测预警力度，及时发现苗头性趋势性问题

工业经济运行监测预测预警工作，是一个常谈常新的话题。从世界范围看，很多国家都定期发布针对经济、就业、财政、金融、价格等方面的最新数据，不

少国际组织和研究机构也会针对发展形势的变化，及时更新对经济运行态势的判断。应紧密结合工业经济的长期趋势来判断当前运行存在的问题，通过不断完善监测预测预警体系，加强工业经济与财政金融政策关系的分析。同时，要高度重视与工业经济运行相关要素的保障协调，在此基础上及时发现运行过程中存在的问题，为政策制定和战略调整提供重要参考。

3. 政策制定的重点应从关注需求管理转向供给管理，增强经济内生动力

随着世界经济步入后危机时代的深度调整期，全球市场需求整体疲软，同时受到能源环境束缚以及产能过剩等问题困扰，出口和大规模投资驱动经济增长的模式正在发生转变。当前以及未来相当长一段时期内，应着力把我国工业发展扭转到质量效益型的轨道上来，避免通过政策强刺激来人为拉高潜在增长率，而是要注重以提高效率和加强激励为核心，不断提高经济韧性和潜力，加快推动产业结构的战略性调整和发展方式的根本性转变，以提高技术水平和生产效率为中心，重塑工业增长的动力机制，增强工业发展的内生动力。

第二节 如何让 PMI 真正成为研判工业走势的风向标？

PMI，即采购经理指数（Purchasing Managers' Index），是国际通用的监测经济走势的重要指标，常被视为反映经济活动的"晴雨表"。当前，我国制造业 PMI 受到的关注度持续升温，但其预测效果却值得我们冷静探讨。我国 PMI 的内部架构是什么？与发达国家相比有何区别？与相关经济指标的关系如何？如何还原 PMI 的本质？厘清这些问题，对于我们更好地运用 PMI 来判断经济走势具有重要意义。

一、PMI的架构解析与国际比较

1. 调查起源与指标体系

PMI 调查发端于美国，1923 年由美国供应管理协会（ISM）开展调查研究，1948 年开始不间断地每月发布。我国 PMI[1] 调查起步较晚，2005 年开始对外发布，现由国家统计局服务业调查中心和中国物流与采购联合会共同发布。

---

[1] 若无特殊说明，本书所提到的我国PMI均为国家统计局每月1日公布的制造业PMI。

从指标体系看，我国 PMI 调查将美国的自有库存细分为原材料库存和产成品库存，将单一产成品价格调整为购进价格，并增加了采购数量指标。从指标内涵看，我国供应商配送时间是逆向指标，而美国为正向指标。从指标权重看，我国遵循国际惯例，新订单、生产、从业人员、供应商配送和库存的权重分别为 30%、25%、20%、15% 和 10%，而美国自 2008 年起调整为等权。

2. 调查对象与采集方法

从调查对象看，在样本总量方面，我国 PMI 调查样本占全部制造业比重偏低。我国 PMI 发布之初样本量约为 730 家企业，2010 年调整为 820 家，2013 年扩充至 3000 家。虽然美国 PMI 调查样本企业只有 300—500 家，且我国 PMI 调查样本总量不断增大，但在样本占比方面我国仍低于美国[1]。在样本结构方面，我国 2012 年发布的 PMI 样本中 60% 多是大型企业、20% 多是中型企业，小型企业仅占 10% 左右[2]，与实际企业结构成倒置关系。而美国 PMI 调查以行业和区域为主要纬度，不区分企业规模，选取的样本企业代表性也较高。

从采集方法看，我国 PMI 调查由国家统计局直属调查队组织实施，利用国家统计联网直报系统进行月度问卷调查，半强制性的数据获取方式忽略了被调查者的主观意愿。美国 PMI 调查则由美国 ISM 的商业调查委员会负责，按照采购经理意愿参与调查，一定程度上能够增加调查结果的准确性。

二、现阶段PMI与经济走势的关系有违初衷

1. 从相关性看，PMI 与工业增速仅中度相关

考虑到工业增速有同比和环比之分，而 PMI 仅是一个环比概念，因此，首先探索工业环比、同比增速与 PMI 的相关性[3]。

---

[1] 第二次经济普查数据显示，2008年我国全部制造业企业有1753074家，当年PMI调查企业样本为730家，占比0.04%。而美国2008年制造业企业有326216家，即使按照300家调查企业计算，其占比0.09%也明显高于我国。
[2] 数据来自"中国将探索公布细化的PMI指数"，http://www.yicai.com/news/2012/01/1393515.html。考虑到2012年我国大、中和小型工业企业数量占比分别为2.75%、15.67%和81.58%，主营业务收入占比分别为41.39%、23.50%和35.11%，且制造业企业数量占工业的90%左右，因此无论从数量还是从规模来看，现阶段我国PMI调查样本量都存在一定的不足。
[3] 根据中国物流与采购联合会和国家统计局资料显示，发布的制造业PMI和工业增加值环比增速均已经过季节调整，因此我们仅需对工业增加值同比增速进行季节调整。受环比数据来源所限，研究时间区间为2011年2月至今。

表 13　工业增加值增速与 PMI 的相关系数表（2011 年 2 月—2014 年 6 月）

	PMI	新订单	生产	从业人员	原材料库存	供应商配送时间
工业增加值环比增速	0.3267	0.2600	0.1388	0.4768	0.3169	−0.1618
工业增加值同比增速	0.4168	0.2456	0.2838	0.5698	0.5332	−0.0718
同比增速趋势循环项	0.3786	0.1994	0.2515	0.6043	0.4831	−0.0050

注：同比增速趋势循环项是对工业增加值同比增速采用 Census X12，选用加法模型进行季节调整后的趋势循环项。
资料来源：赛迪智库工业经济研究所。

　　表 13 的结果显示，工业增加值环比增速与 PMI 及其分类指数均为低度相关。比较而言，PMI 与工业增加值同比增速的相关性略高，但也属于中度偏低水平。一方面，这可能是数据本身相关性不强所致，另一方面，也可能是受样本期过短影响。由于工业增加值同比增速能够敏感地反映当前工业经济乃至宏观经济活动，下面我们将重点锁定于此，并将样本期的开始时间延展至 2005 年 1 月 [1]，以此来分析工业同比增速与 PMI 之间的关系。

表 14　工业增加值同比增速与 PMI 的相关系数表（2005 年 1 月—2014 年 6 月）

	PMI	新订单	生产	从业人员	原材料库存	供应商配送时间
工业增加值同比增速	0.7089	0.7035	0.6659	0.6821	0.4325	0.3103
同比增速趋势循环项	0.7028	0.6997	0.6590	0.6890	0.4193	0.3372

资料来源：赛迪智库工业经济研究所。

　　表 14 的结果显示，样本容量增加后，相关系数有一定程度的提高。工业同比增速与 PMI、新订单、生产和从业人员中度相关，与原材料库存和供应商配送时间低度相关。按照 PMI 调查问卷的设计规则，供应商配送时间与工业同比增速理论上应为负相关，但表 14 的相关系数为正，结合表 13 显示的近期结果来看，表明随着调查工作的持续推进，采购经理对该指标的认识在逐步提高。

　　2. 从领先性看，PMI 的领先效果远不及预期

　　由于 PMI 被认为是经济先行指数，领先性是其本质，本部分将从先行性和国际比较两个方面来深入探索其领先性，并通过与汇丰 PMI 进行比较来研究二者的差异。

　　从先行性看，PMI 领先效果一般。我们以工业增加值同比增速作为基准指标，

---

[1]　这是能够获取到PMI数据的最早时点。

45

利用时差相关法[1]来考察PMI及其分类指数对工业经济的先行性。图5显示，当PMI的延迟期数[2]在−7到两个月时，与工业增速中度相关；当先行2个月时，两者的相关系数最高，达0.77。

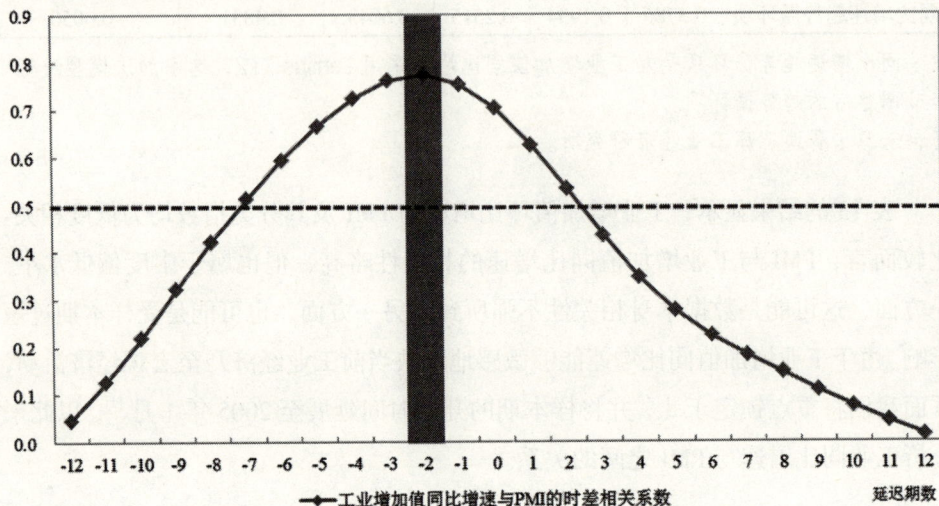

图5 工业增加值同比增速与PMI的时差相关系数

资料来源：赛迪智库工业经济研究所。

为发掘PMI分类指数的先行性，采用同样的分析方法，得到的时差相关系数如表15所示。结果显示，PMI及新订单指数和生产指数领先工业增加值增速2个月，从业人员和原材料库存领先1个月，供应商配送时间领先9个月。

表15 工业增加值增速与PMI的时差相关系数（2005年1月—2014年6月）

	PMI	新订单	生产	从业人员	原材料库存	供应商配送时间
延迟期数	−2	−2	−2	−1	−1	−9
相关系数	0.7729	0.7849	0.7376	0.7028	0.4378	0.5799

资料来源：赛迪智库工业经济研究所。

可以看到，PMI及其分类指数对工业经济运行有一定的先行性，但若按照通用标准，即领先或滞后在3个月之内均视为一致指标的话，那么目前我国PMI实为工业经济运行的一致指标。

---

[1] 时差相关分析是利用相关系数验证经济时间序列先行、一致或滞后关系的一种常用方法。
[2] 假定序列YT，当延迟期数为−t，序列值为Y（T−t）；当延迟期数为t，序列值为Y（T+t）。

从国际比较看，美国 PMI 对工业生产的先行性较好。美国 PMI 与工业生产高度相关，领先 4 个月，先行性较好；并且新订单指数领先 6 个月、生产指数领先 5 个月，能够很好地用于判断工业经济走势。这与我国 PMI 和工业运行更趋同步、领先性较弱的现实形成强烈对比，表明我国 PMI 的统计工作仍有不少环节需要改进。

表 16 美国工业生产指数与 PMI 的时差相关系数（2005 年 1 月—2014 年 6 月）

	PMI	新订单	生产	从业人员	供应商交付	库存
延迟期数	−4	−6	−5	−2	−4	0
相关系数	0.8687	0.8114	0.8089	0.8987	0.5020	0.8017

资料来源：赛迪智库工业经济研究所。

之后，我们对汇丰中国制造业 PMI（简称汇丰 PMI）预判工业特别是中小企业走势的效果进行了研究，结果发现，汇丰 PMI 的预判性并不强。由汇丰银行联合英国 Markit 集团共同编制和发布。汇丰 PMI 调查采用分层抽样，覆盖 400 多家中小微企业、私企和出口厂商等。根据汇丰 PMI 的调查对象，大家普遍认为其对中小企业的代表性更强，但我们的研究表明，无论从企业类型还是从企业规模的角度看 [1]，汇丰 PMI 与中小企业运行现状的相关性并没有预想的高，因此很难断言汇丰 PMI 更能代表中小企业。我们认为，这很可能与汇丰 PMI 调查的样本数量有限和样本分布主要集中在福建、广东、浙江等沿海地区有关。

3. 从转折点看，PMI 的预测可靠性并不稳定

分析 2005 年以来我国 PMI 和工业增加值增速的转折点，可以发现，在国际金融危机前后，PMI 波峰和波谷出现的时间点对工业增速的转折点具有一定的领先性。2007 年 4 月 PMI 达到波峰，而工业增速在 6 个月以后也达到波峰；2008 年 11 月 PMI 处于波谷，两个月以后工业增速也跌入波谷；2009 年 12 月，PMI 达到又一个波峰，一个月后工业同比增速也达到波峰。2012 年之后的转折点显示，PMI 的波谷和波峰转折点对工业增加值增速不具有任何领先性，这也在一定程度上凸显出了当前经济发展的复杂性，以及持续推进 PMI 调查统计工作的艰巨性。

---

[1] 从企业类型看，汇丰PMI与我国国有及国有控股企业工业增加值增速高度相关，与股份制企业、外商及港澳台投资企业、集体企业和股份合作企业中度相关，与私营企业低度相关，表明汇丰PMI对我国中小企业的监测预测效果并不理想；从企业规模看，汇丰PMI与我国大、中、小企业PMI的相关性均较低，且与大型企业PMI相关性高于中小企业，表明汇丰PMI并未集中体现中小企业的发展状况。

表17 PMI和工业增加值同比增速的转折点（2005年1月—2014年6月）

	谷	峰	谷	峰	谷	峰
PMI	2005.07	2007.04	2008.11	2009.12	2012.08	2013.11
工业增加值同比增速	2005.06	2007.10	2009.01	2010.01	2012.08	2013.09
延迟期数	1	-6	-2	-1	0	2

资料来源：赛迪智库工业经济研究所。

三、对还原PMI本质的几点思考

1. 继续扩充样本容量，增强PMI的领先效果

预测未来是PMI统计调查的核心职能，而样本容量直接决定了PMI的表现。2013年，我国规模以上工业企业数量超过35万家，目前3000家样本容量还略显单薄。考虑到我国大量的企业还处在规模以下，可以判断现有PMI的代表性还存在不足。同时，在目前的调查对象中，企业类型还需进一步优化和调整，建议进一步扩大中型和小型企业的样本数量，提高中小企业数量占比至50%，让中小型企业PMI数据更能反映实际情况。

2. 积极探索预测指标，准确判断工业走势

除PMI外，社会各界还经常用"克强指数"的三大指标来判断宏观经济走势。我们将此概念应用到工业生产领域，分析了工业用电量、铁路货运量和金融机构工业贷款与工业经济走势的关系。结果表明，从相关性看，工业增加值增速与工业用电量和铁路货运量高度相关，与金融机构工业贷款低度相关；从先行性看，工业用电量和铁路货运量是工业增加值增速的同步指标，金融机构工业贷款具有一定的先行性，但是相关系数较低。综合看，"克强指数"是与工业增速中度相关的一致指标。

当前，我国经济发展进入了多种因素交织并存的深度调整期，各种严峻挑战和复杂问题前所未有，对预判经济走势也提出了更高要求。基于此，建议大力开展预测指标的研究工作，深入分析发达国家用于经济监测、预测的各项指标，结合我国实际开发更加富有效力的预测体系。

3. 准确理解指标内涵，全面提升预测效果

进行经济分析就必须明确指标内涵和统计范围。从美国PMI来看，该指数的确是判断工业经济走势的风向标，并且新订单指数和生产指数能够更早地做出

预判。但由于我国 PMI 调查起步较晚，现阶段的 PMI 数据对判断我国工业经济走势还仅仅起到辅助性作用。值得注意的是，在现有的 PMI 统计框架下，可以加强对新订单指数和生产指数等分类指数的关注。此外，应继续提高采购经理对 PMI 调查的认识，加强对供应商配送时间等指标含义的解读，使其能够更准确地反映我国流通市场供求状况。

第三节　警惕人民币汇率大幅波动对我国工业的冲击

2014 年 9 月 10 日至 11 日，人民币汇率中间价累计升值 0.45%，即期汇价自 3 月 7 日以来首次升破 6.13 关口，再次刷新半年来记录。理论上，人民币升值会导致产品出口价格上涨、削弱我国出口产品竞争力，并进一步影响企业生产。那么，在我国经济逐渐步入"新常态"的过程中，汇率的大幅波动对工业经济将会造成怎样的冲击？行业主管部门、工业企业应该如何应对这种不利影响？上述问题值得认真思考和研究。

一、人民币依然面临长期升值预期，但需警惕短期剧烈波动

从长期看，人民币升值预期依然存在。自 1994 年人民币汇率改革以来，人民币汇率就走上了漫长的升值之路。数据显示，与 1994 年相比，目前人民币实际有效汇率指数已上涨 49.16 个点。尽管在过去的 20 年里出现过几次重大的金融危机，人民币汇率也曾一度面临贬值预期，但在大多数时间内，人民币汇率一直面临着持续的升值预期。究其原因，人民币的趋势性升值与我国劳动生产率的提高息息相关，且这一趋势仍将持续。据测算，1994—2013 年，中国劳动生产率平均增速达 13.1%，而同期的美国劳动生产率年均增速则仅为 3.7%。但不容忽视的是，这种增速上的悬殊差距与我国劳动生产率基数较低不无关系（见图 6）。

尽管出现趋势性贬值的概率较低，但长期趋势中也存在短期波动。近期人民币汇率波动较为频繁，特别是中秋小长假之后，2014 年 9 月 10 日至 11 日人民币中间价更是累计升值 0.45%，即期汇价自 3 月 7 日以来首次升破 6.13 的关口，再刷半年新高。从长期趋势来看，此次升值的实质是在前几个月短期贬值基础上的震荡回升，波动仍处于正常范围。但需注意的是，尽管人民币的走势仍主要取决于宏观经济的基本面，趋势性贬值尚难以出现，但需要高度警惕人民币汇率超

预期波动及其带来的诸多风险。

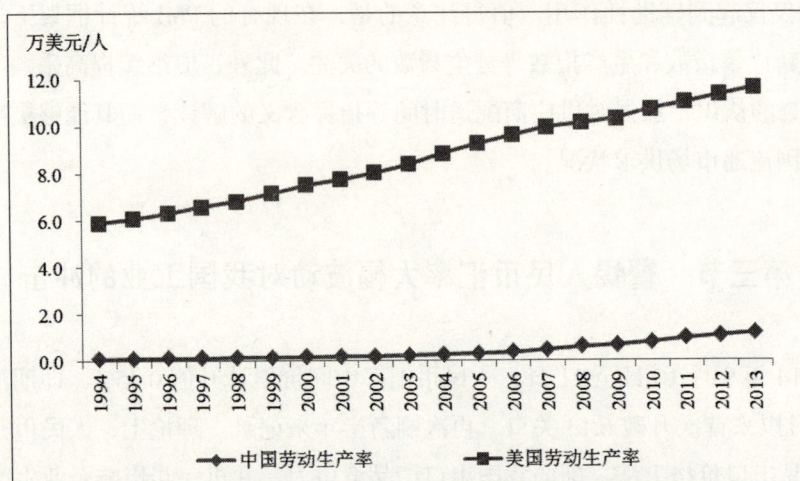

图6 1994—2013年中美两国劳动生产率对比

数据来源：国家统计局、美国劳工部，赛迪智库工经所整理计算。

二、人民币汇率大幅波动对我国工业的冲击和影响

总体看，近期人民币升值属于正常的经济现象，其幅度处于可控区间。但如果处置不当造成大幅度波动的话，即形成线性持续上升或下降态势，那么将会对我国工业带来一系列巨大冲击。

一是人民币汇率大幅波动不利于稳增长、调结构。当前，我国经济正处于增速换挡期和结构调整阵痛期，潜在增长率下降、资源环境束缚加剧、人口红利渐失等多因素叠加推动我国经济逐渐步入"新常态"。出口是拉动我国经济增长的传统动力，极易受汇率波动影响，特别是短期内大幅波动会对出口造成更为严重的冲击。汇率的剧烈波动，不仅不利于宏观经济的平稳增长，制约增长动力由依赖出口和投资规模向扩大内需和提高投资效率的平顺转换，而且对于经济结构的优化调整也将带来较大影响。

二是人民币汇率大幅波动对产业国际化进程冲击较大。从长期来看，人民币升值在一定程度上能够倒逼我国出口产品的技术升级，从而避免我国经济在低附加值的劳动密集型产业上被长期锁定。但必须注意的是，这样一种正向效应的发挥是有前提的，即人民币汇率升值的速度和幅度是产业主管部门可控的、国内市场可接受的。否则，人民币汇率的剧烈波动将严重打压企业生产积极性、扰乱价

格市场秩序、阻断产业升级路径,对我国产业开放步伐和国际化进程带来较大的负面影响。

三是人民币汇率大幅波动对稳定就业带来一定影响。人民币升值将会导致我国传统出口产品逐渐失去价格竞争力,特别是对汇率依赖性强的劳动密集型产品冲击更为猛烈。考虑到我国是一个有着13亿人口的大国,从发展阶段来看正处于向工业化后期过渡的重要时期,在这一过程中,保持经济合理增长和就业基本稳定绝不可偏废其一。从国际经验看,"广场协议"后日元对美元汇率的急剧升值,导致以出口为主的日本经济陷入"失去的二十年",而现在看来,何时走出这已持续三十年的低谷仍是未知。

诚然,人民币升值是大势所趋,但也有一些正向影响,如能够加快我国工业企业"走出去"步伐,扩大产品品牌知名度和提升产业国际竞争力,倒逼企业加快技术升级等。但是,我们绝不能忽视汇率剧烈波动所造成的严重冲击,特别是在当今这样一个高度开放的市场环境中,否则我国工业必将承受巨大的风险。

三、削弱汇率大幅波动对工业经济不利影响的几点建议

第一,政府牵头建立人民币汇率变动对行业影响的预警机制。首先要建立重点行业基础数据库,刻画人民币汇率波动对行业成本、利润、出口额等方面的直接影响;其次是构建预警模型和风险预警指标,确定风险等级,实施监控和发布预警报告;最后,针对不同风险等级建立相应的防御体系,完善宏观调控的政策工具和企业应对措施,保障工业经济平稳运行。

第二,加快生产领域的机器换人进程,推进劳动密集型企业的改造和升级。加强政府引导,搭建机器装备生产企业与使用企业的对接平台,并打造一批具有典型示范作用的智能工厂或智能生产线,推动机器换人进程助推劳动密集型企业改造提升;通过培训解决人机磨合问题,一方面加强专业技能工人的培训,实现实时上岗操作;同时也要打造换岗培训平台,解决劳动力转移问题,避免机器换人过程中的劳资纠纷。

第三,加强产业部门和金融部门的信息交流和协调。建议建立金融部门与产业主管部门部际交流机制,加强沟通、联络和协调,针对人民币汇率大幅波动等金融风险点进行定期和突发事件的信息对接,并形成对行业和企业防范风险具有指导性的对策,及时有效防范金融风险。

第四，加速工业制成品出口结构调整和持续扩大内需市场。一是依托国内产业全面升级的契机，给予大型出口导向型企业相应研发支持，并以出口效益作为考核验收标准，提高大型企业及产业链相关企业出口产品的质量和国际竞争力，以提升抵御人民币升值压力的能力。二是持续挖掘内需市场的增长动力，降低消费品对出口的依赖。一方面，要求企业以外贸产品的加工工艺、生产流程控制、质检要求和标准来生产内需产品；另一方面，可以相应降低与之相关产品的进口需求，将进口更多转向高端装备类产品，以提升国内工业生产水平。

第四节 传统制造业如何借"双11"突围效益增长困境

2013年"双11"，支付宝交易额突破350亿元。"双11"用巨额数字宣告：新经济时代已经到来。电子商务对传统产业的颠覆，目前还集中在零售行业，将很快渗透到生产制造行业。传统制造业如何借助"双11"点燃的电子商务热情，突围当前的效益增长困境，这对我国优化产业结构，形成新的经济增长点，具有非常重要的战略意义。对此，传统制造业可从五方面做起：大力推进网络采购，降低采购成本；积极探索网络直销，减少流通环节；大胆变革销售模式，减轻库存压力；主动协调渠道融合，提升销售业绩；整合内部应用系统，提高经营效益。

发端于2009年的"双11"，支付宝交易额一路狂升：0.52亿元、9.36亿元、52亿元、191亿元、350.19亿元。这组数字见证着中国电子商务市场的飞速发展，也昭示着新经济时代的到来。电子商务正对传统产业进行着摧枯拉朽式的颠覆，目前还集中在流通领域，将很快渗透到生产制造领域，彻底改变企业的生产经营模式。制造业，作为国民经济的基础产业，正进行着如火如荼的转型升级。传统制造业如何借助电子商务的力量，提高经营效益，实现转型升级，这对我国优化产业结构，形成新的经济增长点，具有非常重要的战略意义。

一、传统制造业实施电子商务战略的必要性

实施电子商务战略，是传统制造业进行转型升级提高经营效益的内在需求。传统的资源密集型和劳动密集型产业凭借廉价的资源和劳动力投入产业规模不断扩张，但收入增速大幅回落，经营效益加速下滑。据中国企业联合会发布的《中国500强企业发展报告》显示，2012年中国制造业企业500强实现营业收入

23.38 万亿元，比上年增长 7.68%，增速大幅回落 14.31 个百分点；收入利润率和资产利润率连续 2 年大幅下滑，其中，收入利润率为 2.23%，比上年回落 0.67 个百分点；资产利润率为 2.43%，比上年回落 0.75 个百分点。传统制造业要想突围当前的效益增长困境，获得长足发展，必须转变经营模式。而大力发展电子商务，能够有效地推动企业转型升级。

实施电子商务战略，是传统制造业提高市场竞争能力的重要途径。互联网时代，企业间的竞争早已超出产品质量和产品价格，为客户提供全方位的服务才是王道。电子商务应运而生，创造了一个交互式的在线服务平台。电子商务，不单是信息交互和在线交易，更是将商务中心从以制造商生产为中心转向以客户需求为中心。通过将企业信息化和集成的优势延伸到客户端，能够为客户提供更高效的个性化服务，提高市场竞争能力。

实施电子商务战略，给传统制造业带来超越传统商务模式的四大价值。第一，通过网络采购能够有效调动全球资源优化生产；第二，通过引入全新的营销渠道和营销模式，大大缩减企业销售和运营成本；第三，与客户密切沟通，通过挖掘客户消费数据，为客户提供个性化的增值服务，从而创造新的利润增长点；第四，能够促进产业链协调，提高运营效率、降低成本、提升竞争能力。

二、传统制造业实施电子商务战略存在的问题

中国电子商务市场起步晚，但发展很快，2012 年整体交易规模达 7.85 万亿元，比 2009 年翻一番，比 2011 年增长 30.8%。电子商务市场的快速发展，吸引着传统制造企业快马加鞭地进军电子商务，图谋借助先进的商业模式带来整体效益的提升。但目前传统制造业在发展电子商务过程中还存在很多问题。

（1）电子商务应用整体尚处于初级阶段

电子商务的发展历经三个阶段：一是信息交互阶段，企业借助网站推广品牌宣传产品，与客户和供应商互换信息；二是网上交易阶段，通过将前端的信息交互系统与后端的订单管理和存货控制系统无缝集成，实现在线交易全过程；三是商务中心转移阶段，从以制造商生产为中心，转向以客户需求为中心。但是，目前大部分传统制造企业对电子商务的应用还停留在信息交互和网上交易，还没有将电子商务与内部的信息化应用系统融合起来，共同服务以客户为中心的商务模式。

（2）电子商务产业链协同程度低

传统制造企业对电子商务的应用尚处于"单兵出击"阶段，大多还局限于企

业链的采购和销售环节，产业内及产业间互动及协同程度低，远远没有充分发挥电子商务优化产业结构的作用。近两年"双11"期间电子商务业务量激增，但在线支付和仓储物流的配套建设远远跟不上，导致网银瘫痪，快递变蜗牛，客户体验深受其苦。这充分暴露了制造业与零售业、金融支付和仓储物流等产业的协同程度还非常薄弱。

（3）电子商务与传统销售渠道冲突

电子商务为传统制造企业开辟了一个全新的销售渠道，也增加了一个潜在的冲突引爆源。电子商务渠道在消费者聚集、订单拦截、产品展示、品牌推广、价格灵活度、信息传播与咨询服务等方面具有很多传统渠道不可比拟的优势。由于网络购物的便捷性、时尚性以及实惠性，越来越多的消费者倾向于线下体验，线上购买。这样无可避免地会挤压传统渠道的生存空间，遭到众多经销商的抵制和反抗。大部分制造企业在应用电子商务过程中都遭遇到线上与线下的渠道融合难题，"上电子商务找死，不上等死"，就是很好的写照。

（4）电商价格战的冲击

我国的电子商务市场发展很快，但还很不成熟。电商价格战此起彼伏，给制造企业带来很大冲击。激烈的价格战不断压缩着日益微薄的利润空间，也透支着企业苦心经营的品牌价值。一边是消费者对产品性能和服务体验的要求越来越高，另一边是水涨船高的营销和服务费用。产品越卖越便宜，流量越买越昂贵，卖得越多，亏损越多。难怪有企业负责人表示，打价格战，利润被摊薄；可如果不打，连亏本的机会都没有，堆积如山的库存就能把企业压垮。

三、传统制造业如何借力"双11"提升经营效益

传统制造业实施电子商务，一方面要从采购环节入手，拓宽采购渠道；一方面要从销售环节入手，探索网络直销、变革销售模式和协调渠道融合。此外，还要整合电子商务与企业的业务系统，提高企业整体运营效率。具体有以下五项举措。

（1）大力推进网络采购，降低采购成本

通过电子化的采购方式，可以面向全球供应商进行采购，从而能够在更大的范围内比价比质，便于发现质优价廉的产品和服务。网络交易过程的透明性还可以规避实体采购过程中的灰色成本，提高网络采购的规范性。在具体实践中，大型制造企业可以通过集中公开网络采购，增强企业采购的竞争力和谈判力；中小制造企业可以借助第三方交易平台，或者加入行业性的联合采购计划进行在线采

购，降低采购成本。

（2）积极探索网络直销，减少流通环节

电子商务消除了渠道和消费者之间的信息壁垒，为制造企业打开一条全新的营销渠道。通过网络直销，制造企业可以直接接触消费者，获取第一手市场信息，实现精准营销；减少传统分销中的流通环节，能有效地降低产品成本；自主掌控促销和宣传力度，最大限度控制营销成本；通过对零售终端的控制，制造企业能够有效控制产品价格。此外，网络直销还能促使制造企业提升服务质量，更好地满足顾客需求。在具体实践中，大型企业一般会选择自建网站进行网络直销。如，世界白色家电第一品牌海尔集团利用品牌优势，于 2000 年 3 月率先实施电子商务战略，通过海尔商城与客户零距离接触，成功实现从生产型制造到服务型制造的转型。中小企业更倾向于委托信息服务商发布产品信息或者将自建网站与委托发布相结合。

（3）大胆变革销售模式，减轻库存压力

随着网络消费群的壮大和消费者对定制产品的需求，C2B 预售模式开始兴起。C2B 模式的核心，是将分散但数量庞大的用户聚合起来形成一个强大的采购集团，增加购买商品时的谈判能力，从而争取到以大批发商的价格来购买单件商品的利益。在预售模式下，制造企业可以在生产之前就精准锁定消费者；然后根据订单情况，从供应链的后端、中端或前端进行优化，通过集中采购降低商品成本。这样，在给消费者提供优质低价产品的同时，能够最大限度地保障制造企业自身利润。C2B 预售模式根据顾客订单按需生产，能够实现低库存甚至零库存。C2B 预售模式在竞争激烈的家电市场有很好的应用。海尔集团秉承"你设计，我制造；你需要，我送到"的品牌理念，通过实践这种由消费者决定生产的 C2B 模式，实现了消费者和商家的共赢。

（4）主动协调渠道融合，提升销售业绩

对传统制造企业来说，线下业务虽已现颓势，但目前仍然是企业主要的收入和利润来源。可以说，线下渠道成就了企业的现在，但电子商务代表着企业的未来。制造企业想要在电子商务时代真正赢得未来，必须主动出击，进行渠道融合。一些企业尝试 O2O 模式来化解线上与线下分工难题。O2O 模式的核心就是要把线上的消费者带到实体店铺中去——在线支付购买线下的商品和服务，再到线下去体验或享受服务。具体来讲，将线上部分定位于订单处理中心，负责接收和拦截顾客订单；将线下部分定位于用户服务中心，负责提供体验、配送或自提和安装等一系列落地服务。充分发挥线上的订单流优势和线下的落地服务优势。通过线上线下渠道的融合，在丰富客户购物体验，提高顾客满意度的同时，还能提升制造企业销售业绩。

（5）整合内部应用系统，提高经营效益

电子商务重塑了制造企业的供应链，加强了制造企业与最终用户之间的互动，通过整合电子商务平台与企业内部的 ERP 和 SCM 等应用系统，能够加强产业链联动，大幅度提高业务效率和经营效益。在企业的应用系统中，ERP 侧重通过集成企业内部资源来提高企业运作效率，SCM 侧重通过管理和利用供应链上的外部资源来获取更多收益，电子商务则便利了 SCM 相邻节点的管理和交易。通过电子商务平台与 ERP 和 SCM 等应用系统的集成，使电子商务平台的采购数据、销售数据以及新客户等更好地辅助支持制造企业的整个业务决策，提高企业整体运营效率和经营效益。

第五节　东北老工业基地的再振兴

2014 年一季度，黑龙江省经济增速落至历史冰点，在全国排名中处于末位，与 2014 年 8.5% 的增长目标相差甚远。与此同时，工业增速也较全国平均水平出现较大差距。然而黑龙江省只是东北三省经济下行的缩影，吉林、辽宁两地亦表现欠佳，一系列数据的背后折射出以重化工业、大型国企为主的东北老工业基地正在遭遇一场经济上残酷的严冬。从产业结构、增长动力和区域增长三个角度对东北老工业基地逐步走向衰落的原因进行分析，结果表明，产业结构上过度依赖能源工业、增长动力中以投资为主、区域发展中仅依靠单点发力的"单一化"发展模式是东北老工业基地再振兴的绊脚石。

一、走向衰落的老牌工业基地

2014 年地方"两会"上，黑龙江省将 GDP 增长目标从 8% 上调到 8.5%。但是与目标调形成鲜明对比的是经济数据的走低。数据显示，2014 年上半年黑龙江省 GDP 增速为 4.8%，虽然较一季度 2.9% 的增速水平提高了 1.9 个百分点，但在全国各省份排名中仍处于末位，低于全国平均水平 2.6 个百分点。这一数字与

8.5% 的经济目标相差甚远。从工业看，2014 年一季度黑龙江省工业增加值同比增长仅为 0.5%，上半年为 2%，分别低于全国平均水平 8.2 个和 6.8 个百分点。

黑龙江经济的低迷只是整个东北三省经济下行的缩影。2014 年一季度，全国各省区市中，吉林和辽宁分别倒数第 7 和 12，增速是 7% 和 7.4%。即东北三个省中有两个省均低于全国水平，一个省持平。进入二季度，辽宁和吉林两省经济增速也有继续放缓趋势。辽宁省和吉林省分别从一季度的 7.4% 和 7% 回落 0.2 个点至上半年的 7.2% 和 6.8%。从工业增加值来看，2014 年上半年吉林省和辽宁省工业增速分别为 5.9% 和 8.3%，分别低于全国工业 2.9 个和 0.5 个百分点。这些数字的背后折射出以重化工业、大型国企为主的东北老工业基地正在遭遇一场经济上残酷的严冬。虽然老牌振兴的口号喊了一年又一年，但在现实面前，必须承认东北这个老牌工业基地正在一点点走向衰落。

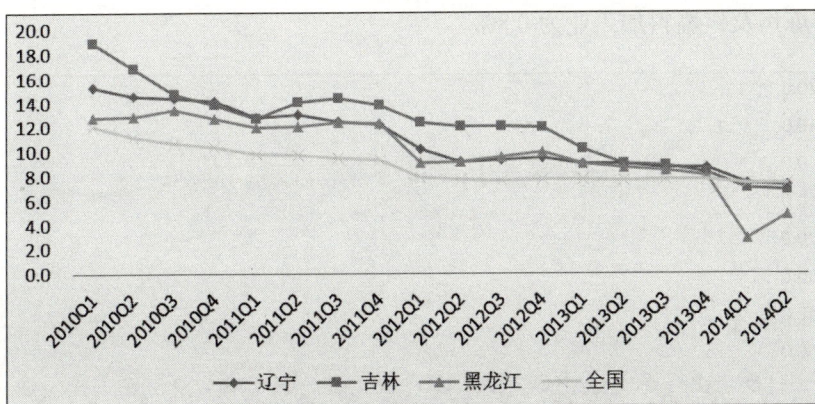

图7　东北三省GDP累计增速（%）

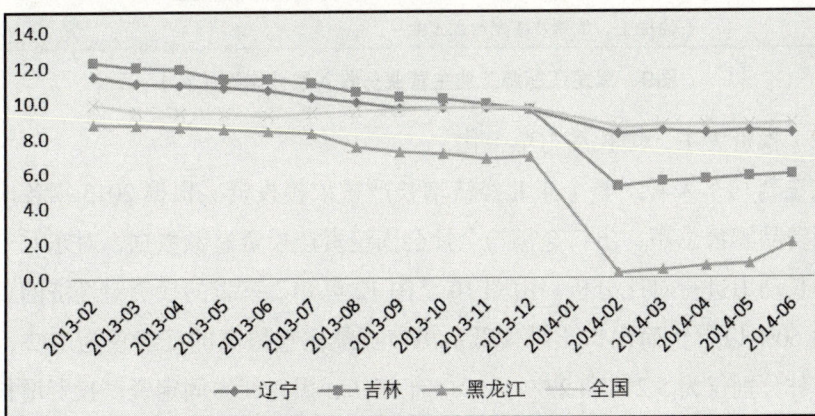

图8　东北三省工业增加值累计增速（%）

二、"单一化"成为工业再振兴的绊脚石

（1）一能独大，产业结构单一化

黑龙江是能源工业大省。数据显示，2013年年底，能源工业（包含石油和天然气开采业、石油加工、炼焦及核燃料加工业、煤炭开采和洗选业三个产业）占黑龙江全省工业主营业务收入比重接近30%。在过去的几年里，能源工业的高速发展支撑了工业整体的平稳运行。但是这种表面上的"平稳"随着能源工业的"跳水"被打破。在整体经济下行的时候，能源与原材料出现严重滞销，此外国内许多行业产能过剩对黑龙江省的石化、煤炭等产业也产生较大影响。产量和价格下降，导致生产增速的回落，行业效益也大幅回落。能源工业各行业主营业务收入中，煤炭开采和洗选业的收入同比增速下行趋势尤为明显，逾–40%；另外两个行业的表现亦不佳，围绕0%的增速水平波动，石油和天然气开采业为–0.7%，石油加工、炼焦及核燃料加工业为0.8%。

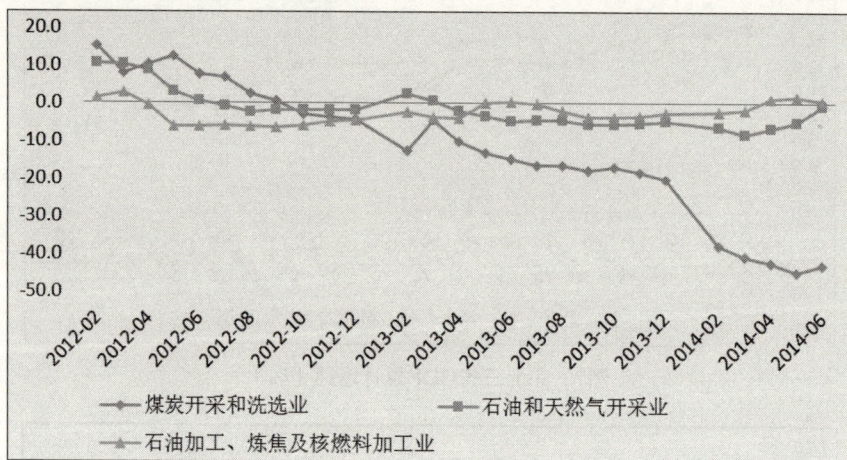

图9　黑龙江能源工业主营业务收入累计增速（%）

（2）投资为主，增长动力单一化

从三驾马车来看，整个东北经济增长严重依赖投资。根据2013年各地区的社会消费品零售总额、出口金额与全社会固定资产投资总额数据，对东北三省的经济增长动力进行对比分析。由图10至图12可知，三省的投资对经济的贡献率均高达60%以上，而出口贡献偏低。出口贡献比重最高的辽宁仅为10%，黑龙江和吉林分别仅为5.2%和2.6%。2014年年初，黑龙江省固定资产投资增长出现大幅下滑，1—2月累计增速为–35.4%，在投资低迷的情况下，黑龙江经济走势

也一蹶不振。

为了尽快恢复经济动力，黑龙江提出的建议，仍然是依靠加大固定资产投资作为经济增长的主动力。近期省内各种项目特别是以水利、交通为主的基础设施建设项目快速上马：抓好水利基础设施建设，最短时间搞好项目立项、审批和环评，工程在2014年6月25日前开工；加快交通基础设施建设，哈佳铁路力争在6月份开工，此外，哈牡铁路桥涵、隧道等限制性工程要在10月份开工，密山至兴凯湖旅游高速公路项目争取在6月份开工。6月底，黑龙江省政府再出重拳：公布了65项措施，计划投资共计3000多亿元，并且明确提出要提供部分资金用于缓解龙煤集团流动资金短缺的困境。8月初，《2014年省重点推进产业项目计划》中明确2014年将重点推进哈尔滨银行新总部大厦、哈尔滨大剧院等271项产业项目建设，计划总投资2800多亿元。在一系列措施实施下，上半年黑龙江固定资产投资增速从年初的−35.4%，提升到1.6%，不过由于投资整体依旧低迷，整体经济下行的压力依然较大。

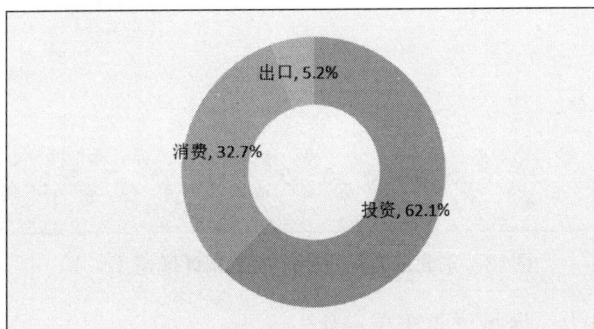

图10　黑龙江经济增长动力

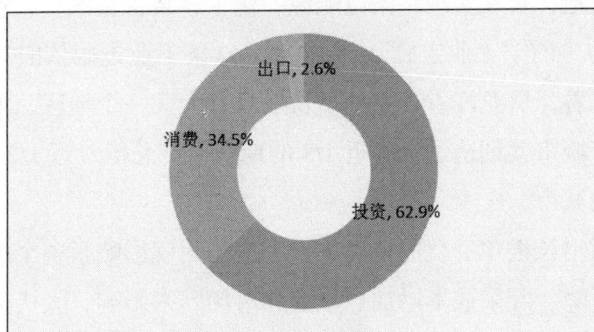

图11　吉林经济增长动力

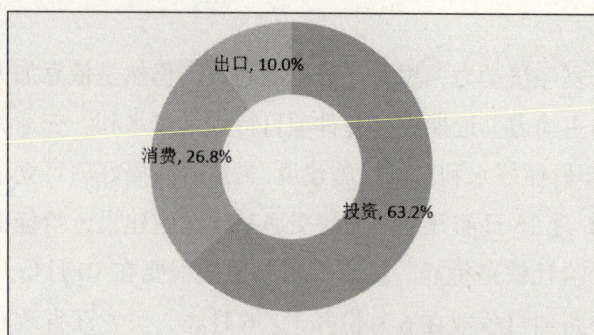

图12　辽宁经济增长动力

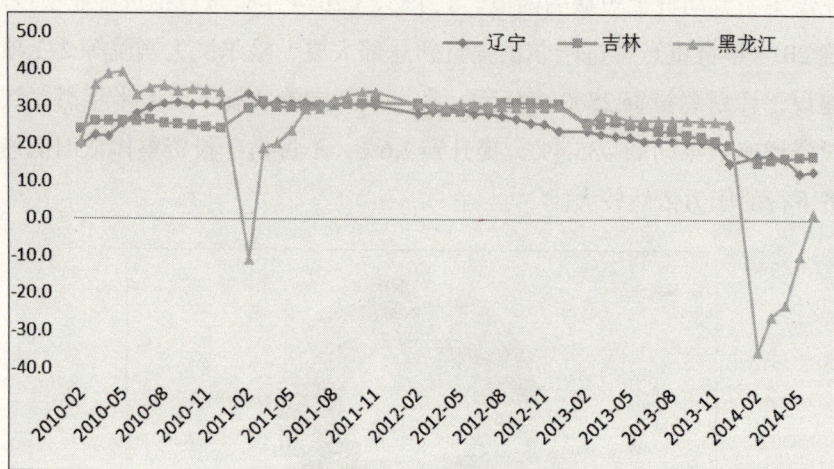

图13　东北三省固定资产投资累计增速（％）

（3）单点发力，区域增长极单一化

11 年前，黑龙江在哈尔滨、大庆、齐齐哈尔形成的三点一线上划出一片 900 多平方公里的土地，旨在实现一条以能源、化工、装备、汽车、食品、高新技术六大行业板块为主的"工业走廊"。但如今，这条工业走廊依旧只是停留在概念阶段。从区域来看，黑龙江省真正的增长极只有大庆一个地区，单一化特征十分显著。大庆一个城市就创造了全省近 1/3 的地区生产总值、近 1/2 的工业增加值，遥遥领先于其他城市。

在这种区域增长极单一化的情况下，大庆的困境影响了整个黑龙江省的经济增长。受储量下降、开采成本增加、季节和市场因素影响，大庆油田遭遇发展困境。数据显示，早在 2010 年，大庆油田的综合含水率已经高达 90% 以上，开采难度越来越大，盈利空间也在收窄，2011 年其盈利为 701 亿元，2013 年已经回落至 573 亿元。

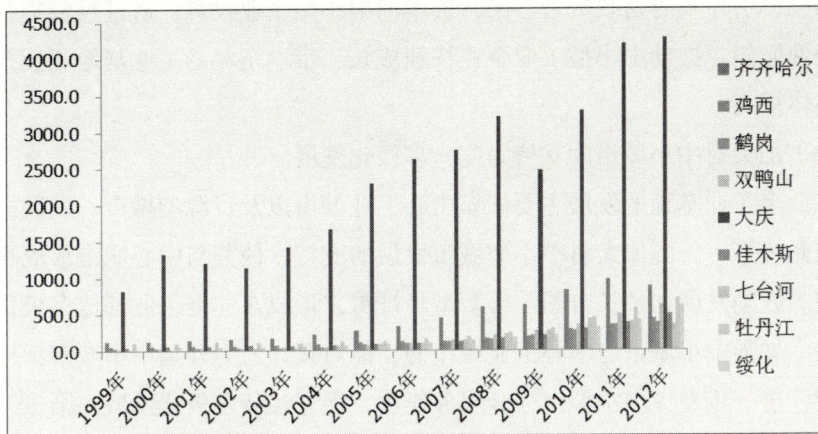

图14　黑龙江省主要城市GDP总量（亿元）

三、东北老工业基地的再振兴

（1）加大战略性新兴产业的比重，多样化发展

东北老工业基地不能仅仅依靠单一产业发展，应发展多样化产业，使产业形成"百花齐放、百家争鸣"的格局。第一，在当今社会，单纯的制造业远远不能满足社会的需求，亟须延伸产业链的两端，加大对研发设计和售后服务等环节投入，给传统的老工业增加新的活力。第二，抓住新一轮工业革命的机会，加大对节能环保、新能源、新一代信息技术、高端装备制造业、生物医药等战略性新兴产业的扶持力度，推动重大项目建设，以此带动经济的全面增长。第三，加大生产性服务业占整个产业结构的比重，提升东北老工业基地的产业层次，通过重点扶持第三方物流、信息技术服务等具有广阔市场前景产业的快速发展，最终使东北老工业基地的产业结构向多样化、合理化和生态化发展。

（2）"三驾马车"齐头并进，多元化发展

东北老工业基地的经济增长主要依赖投资，经济增长动力不足。因此，第一，发挥东北老工业基地在东北亚的地理优势，加强与俄罗斯、蒙古、日本、韩国、朝鲜企业的交流，寻求合作机会、提升合作层次，推动共建新兴制造业产业园区，鼓励企业扩大制造业产品等出口贸易，增加出口占国内生产总值的比例，拉动经济增长。第二，在扩大投资规模过程中，提高对具有前景和广阔市场的产业的投资比重，进一步优化投资结构。东北老工业基地在保持合理的投资规模的基础上，应坚决抵制盲目投资和低水平重复投资，提高投资效率，实现投资资金的高效利用。第三，引导政府财政资金、民营资本向中小型企业投资。通过投资资金向中小型企业倾斜，推动中小型工业企业快速成长，带动东北老工业基地工业技术水平的整体提高。

（3）加大对中小城市的支持力度，多极化发展

东北老工业基地的发展主要依靠中心工业城市以及资源型城市，发展模式单一。因此，第一，要加大对中小型城市发展的支持，使其与中心城市形成相互联动机制。鼓励发展如"长吉图"等新型经济带，形成东北老工业基地多极化的发展格局。加强中小城市与中心工业城市的功能对接，大力开拓中小城市承接和转化功能，进一步发挥中小城市综合服务作用，促进经济多极化发展。第二，在资源型城市开展产业转型，合理布局现代石油、煤化工深加工项目和轻工业项目，培育一批能源替代型工业再就业项目，实现资源型城市可持续发展。第三，鼓励中小城市突破思想观念和体制机制的束缚，按照现代化城市的市场需求，改变"靠山吃山"的产业发展特点，推动东北老工业基地发展战略的转变和发展模式的转型。

第六节　促进我国电子信息产业有序转移的思路与对策

当前，全球电子信息产业转移继续向纵深发展，国际分工越来越呈现价值链分工的态势，目前基本形成以价值链分工为主的纵向垂直一体化产业结构。近年来，随着电子信息产业进入转型升级时期，特别是受国际金融危机的影响，全球电子信息产业向发展中国家转移的步伐进一步加快[1]。我国电子信息产业，特别是电子信息制造业具有规模大、增量快、外向度高的显著特征，在承接发达国家产业转移的基础上迅速发展。我国电子信息产业发展以大规模劳动力投入为主要生产方式，以低劳动力成本为主要竞争优势。但是近年来，随着劳动力、能源和原材料成本的上升、国际市场的收缩、资源和环境承载力的下降、国际贸易保护主义的抬头，以及发达国家制造环节逐步转移完毕，我国电子信息制造业的竞争优势逐渐式微，增长率有所下滑，遭遇了发展的"瓶颈"制约[2]。

当前，加强对我国电子信息产业区域布局和产业转移的研究意义重大。一方

---

[1] 姜江：《促进电子信息产业向中西部地区有序转移》，《宏观经济管理》2012年第11期。
[2] 张厚明、刘世磊：《电子信息产业的有序转移》，《高科技与产业化》2014年第7期。

面，现有的制造业基本集中在东部沿海地区，面临着边际增长效益递减；另一方面，中西部地区发展基础不一，在承接产业转移时不能搞"一刀切"，必须因地制宜，有序进行。同时，东部地区加工制造业向外转移的前提在于新兴产业能够及时填补增长空间，避免经济衰退，这就需要对我国电子信息产业的转移进程进行长远规划、超前布局、统筹协调，做好产业布局调整工作[1]。

一、我国电子信息产业布局和产业转移趋势

（1）我国电子信息产业将形成"多点开花"的区域发展格局

目前，我国电子信息产业已经形成了明显的集群效应，先后出现了环渤海地区、长三角地区、珠三角地区、西部地区、中部地区等电子信息产业集群区域，如图15所示。其中，环渤海地区逐步形成了北京、辽宁和山东的软件产业集群、天津的移动通信产业集群、胶东半岛的家电产业集群。长三角地区已经形成了以IC设计与制造、通信设备制造为主的电子信息产业集群。珠三角地区形成了以软件、软件、通信、微电子、电脑资讯设备制造等电子信息产业集群。西部地区形成了军工电子、通讯设备、光通信和软件为主的产业集群。中部地区则形成了以平板显示、通信设备、光电子等为主的电子信息产业集群[2]。目前来看，我国电子信息产业总体上已经呈现出"多点开花"的区域发展格局，伴随着各个区域产业发展速度的不断加快，这一趋势还将进一步显现。

---

[1] 张厚明、刘世磊：《促进电子信息产业有序转移的思路与建议》，《中国经济时报》2014年4月11日。
[2] 张厚明、刘世磊：《促进电子信息产业有序转移的思路与建议》，《中国经济时报》2014年4月11日。

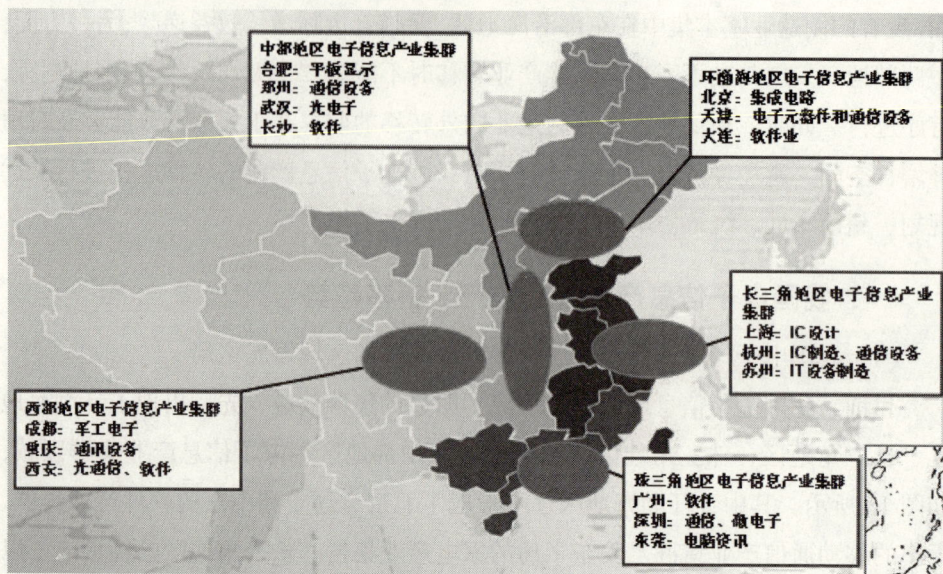

图15 我国电子信息产业集群区域分布情况示意图

资料来源：赛迪智库整理。

（2）中西部地区电子信息产业发展速度大幅提升

受劳动力、土地等各种要素资源价格不断上涨以及优惠政策减少等因素的影响，东部地区电子信息产品制造业利润空间大幅下降，企业经营日益艰难。而中西部地区抓住西部大开发及中部崛起的战略机遇，主动承接东部地区电子信息产业转移[1]，并提供了相当多的且力度较大的优惠政策，吸引了像富士康、联想、惠普、戴尔等电子信息产品制造大企业到当地落户。其中，郑州、合肥、重庆、成都、西安等城市形成了一批规模较大的电子信息制造业基地。在这种转移浪潮的推动下，中西部地区电子信息产业发展速度的大幅提升，并超过了同期东部地区电子信息产业的发展速度。例如，2012 年四川和重庆规模以上电子信息制造业销售产值总计为 4428.1 亿元，占全国的 5.2%，其中四川占全国的比重为 3.4%，全国排名第 8 位，比上年增长 34.1%。重庆销售产值比上年增长 72%，增速居全国第三。2012 年，河南规模以上电子信息制造业销售产值为 2009 亿元，占全国的 2.4%，全国排名第十位，比上年增长 115.2%，增速居全国第二位。

---

[1] 张厚明、刘世磊：《促进电子信息产业有序转移的思路与建议》，《中国经济时报》2014年4月11日。

（3）电子信息产业向国外"双转移"趋势进一步显现

在复杂的国际经济环境、中国劳动力成本大幅上涨以及超长供应链带来的挑战等因素的影响下，越来越多的美国企业正在考虑将原先位于海外的生产基地搬回美国本土。根据 2012 年 8 月美国麻省理工学院的一项调查，有 14% 的美国跨国公司明确打算将部分制造业迁回美国本土，三分之一的受访企业则表示正在考虑为"回流"采取措施。另据调查，美国的苹果、谷歌等科技巨头正在考虑将其产品的生产制造基地从中国等发展中国家转移回美国。另外，相比中国内地，越南、缅甸、柬埔寨这些东南亚国家的劳动力成本更加低廉，水、电、原材料等成本也更便宜。目前来看，我国电子信息制造业中的部分外资企业甚至一些民族企业已经搬迁至越南等东南亚地区，许多国际订单也跟着转移至该地区 [1]。

（4）我国电子信息企业"走出去"步伐不断加快

2005 年以来，我国积极鼓励有条件的骨干电子信息企业"走出去"，支持企业在境外设立分支机构、拓宽市场渠道、建立研发中心，与海外科技企业和研发机构开展多层次合作，增强国际竞争力。以电子百强企业为代表的骨干企业"走出去"战略成效显著，多家企业出口和海外经营收入占比超过一半，在全球产业中的地位和影响力日益扩大 [2]。其中，海尔、联想、华为、中兴、TCL、浪潮等企业表现较为突出，通过若干起境外并购、投资，在扩大企业规模、丰富产品种类、提升技术水平、树立企业品牌的同时，进一步夯实了产业发展基础 [3]。2012 年，中国电子信息企业"走出去"的规模达到前所未有的高峰，这一趋势未来将更加明显。

二、推动我国电子信息产业转移的因素分析

（1）生产要素成本低是当前我国电子信息制造业向中西部转移的主要动力

当前，无论是珠三角、长三角还是环渤海地区都面临着工人工资增长速度过快、土地资源匮乏的突出矛盾和问题，整体上看，我国各区域特别是东部沿海发达地区大规模发展制造业的优势已经开始下降，而中西部地区劳动力相对充足，工资水平相对较低，土地资源充足，土地价格不高，可以为电子信息企业提供发展的空间，这些因素迫使电子信息企业逐渐开始向中西部地区转移 [4]。

[1] 张厚明、刘世磊：《促进电子信息产业有序转移的思路与建议》，《中国经济时报》2014年4月11日。
[2] 张厚明、刘世磊：《促进电子信息产业有序转移的思路与建议》，《中国经济时报》2014年4月11日。
[3] 张厚明、刘世磊：《电子信息产业的有序转移》，《高科技与产业化》2014年第7期。
[4] 张厚明、刘世磊：《电子信息产业的有序转移》，《高科技与产业化》2014年第7期。

（2）开拓市场是推动电子信息产业加快转移的重要因素

改革开放以来，我国东部地区电子信息产业的市场空间已被各大企业分割占据完毕。近年来，中西部地区很多二、三线城市经济发展速度较快，居民生活水平不断提高，消费能力不断增强，为电子信息产业的发展提供了巨大的市场空间。例如，被称为"西三角"的成都、重庆和西安都是重要的城市交通枢纽，人口众多，占领这些地区的市场将为抢占更多的中西部城市市场份额取得先机，由此推动了东部发达地区电子信息产业加速向广大中西部地区转移。

（3）产业集聚是推动电子信息产业转移的强力支撑

一般来说，上下游企业集聚发展是电子信息产品制造业的一个重要特征，产业链上下游协同配套能力对电子信息产业发展来说非常重要。因此，在电子信息产业转移时，通常会表现为"族群"式的搬迁[1]。例如，西部地区的重庆市，随着惠普、富士康、英业达和广达等国际IT巨头的到来，与电子产品制造相关的几十家甚至上百家产业上下游配套企业也随之而来，从而在重庆地区形成了电子信息产业集群发展态势。

（4）优惠政策是推动电子信息产业转移的有力保障

为了吸引和承接电子信息产业的转移，广大中西部地区的地方政府在税收、土地、招工、配套、基础设施等方面积极出台了许多优惠政策，尽量满足电子信息企业的需求。例如，中西部地区的成都、重庆、郑州等城市建立了综合保税区，增强了对电子制造巨头的吸引力。而东部地区则面临着"三免两减半"、"土地零租金"等原有优惠政策到期等不利的局面，入驻企业无法再享受原有的税收、土地等方面的优惠，尽管这些企业搬迁也面临很多困难，但为了继续经营，只能考虑向有优惠政策保障的中西部地区转移。

三、我国电子信息产业转移存在的主要问题

（1）国际产业转移的双向挤压进一步压缩我国电子信息产业的发展空间

当今国际产业转移呈现"双向转移"新特征。一方面欧美等发达国家重拾实体经济施压中国制造，为抢占新一轮科技和产业变革的制高点，高端制造和新兴产业等必然成为角力焦点；另一方面，随着国内劳动力、原材料等成本上升，中国制造原有优势逐渐丧失，新兴经济体不断成长，成为欧美等国生产力承接转移

---

[1] 张厚明、刘世磊：《电子信息产业的有序转移》，《高科技与产业化》2014年第7期。

的新力量[1]。中国部分中低端制造业继续向其他新兴国家转移的同时,部分高端制造业向发达国家回流,我国电子信息产业发展面临双向挤压。

(2)国际产业转移与我国电子信息产业的转型升级不尽协调

我国电子信息产业结构调整和转型升级的方向应该是集群化、高端化和自主化。但跨国公司主导的国际产业转移是为了在全球范围内实现资源的优化配置,不一定符合我国的产业布局和结构调整目标[2]。随着技术创新扩散速度的加快,跨国公司也开始将部分高新技术产业的生产制造环节和研发活动等以项目外包等形式向外转移,但其仍然牢牢掌握着核心技术和营销网络以及产品价值链的高增值部分,通过产业转移将发展中国家不断纳入由其主导的国际分工体系,将发展中国家长期固化在国际分工的低端[3]。因此,靠承接国际产业转移很难大幅度提高我国在全球分工中的地位,要实现赶超目标仍需依靠自主创新。

(3)区域功能定位不明确,国内地区间未形成有效的产业分工体系

目前,国内很多地方都将电子信息产业视为重点发展的对象。特别是在国家提出战略性新兴产业的规划后,新一代信息技术产业又成为各地发展热点,如物联网、云计算等。各地没有完全从本地区的功能定位出发选择适宜本地区发展的产业。如东部地区有些省市仍将部分已不具有低成本优势的产业作为发展重点,中西部地区某些省区市将对技术、人才、资金及产业配套要求较高的新兴产业作为发展重点。不同区域之间在电子信息产业的区域发展定位不明确、结构调整的互补性和协同效应差,不同区域之间为争夺同质的稀缺性资源,可能会产生恶性竞争现象,造成资源不能有效利用[4]。

(4)部分东部地区面临支柱产业竞争力下降的风险

随着众多电子制造企业进行产业转移,部分单纯从事代工生产、外向型企业众多、以电子信息产品制造业为支柱产业的地区会面临产业空心化的风险。从国际电子信息产业转移的趋势和规律看,电子信息产业布局受国际大公司影响较大。跨国公司在中国投资主要看重当地的成本低。当初,东部地区电子信息产业发展速度很快就是依靠成本优势和各种优惠政策。当人口红利消失、优惠政策难以持续时,跨国公司就会寻找新的地区进行替代[5]。东部地区要想继续保持电子信息产

[1] 李晓玉:《电子信息制造业企稳回升 全球产业转移孕育蜕变良机》,《通信信息报》2012年7月11日。
[2] 毕吉耀:《经济全球化时代国际产业转移新趋势与我国面临的机遇和挑战》,《中国物价》2006年第9期。
[3] 毕吉耀:《经济全球化时代国际产业转移新趋势与我国面临的机遇和挑战》,《中国物价》2006年第9期。
[4] 张厚明、刘世磊:《电子信息产业的有序转移》,《高科技与产业化》2014年第7期。
[5] 张厚明、刘世磊:《电子信息产业的有序转移》,《高科技与产业化》2014年第7期。

业的发展必须进行转型升级，否则难以摆脱产业空心化的困扰。

（5）中西部地区的产业配套和产业基础成为制约其承接产业转移的重要瓶颈

区际产业转移不仅是中西部地区产业发展的诉求，也是东部地区产业发展到一定程度的必然产物。但是与东部相比，西部地区工业基础比较薄弱，在人才、资金、市场、信息等创新要素和政策环境方面都相对较弱，产业链的完整性、系统性、协调性也有不同程度的缺陷[1]。部分中西部地区承接电子信息产业转移的研发资源、劳动力、产业配套不足，"嵌入"产业转为"根植"产业面临困难[2]。

四、促进我国电子信息产业有序转移的思路与对策

（1）发展思路

总体思路：以科学发展观为指导思想，以转变经济发展方式为主线，以调整产业结构、优化产业布局为目标，坚持政府引导和市场调节、国家区域发展战略和地方发展需求相结合，强化产业分工，推动区域合作。充分考虑国家及各地产业发展基础，因地制宜、因势利导，发挥比较优势，积极倡导和支持企业和行业内的技术创新和产业升级，打造产业转移的对接能力和平台，努力创造产业转移的良好环境和氛围[3]，引导电子信息产业有序转移。全面构建特色鲜明、集约高效、具有核心竞争力和可持续发展能力的区域电子信息制造业发展体系，促进我国电子信息产业由大变强的同时，实现区域电子信息产业的协调、健康和可持续发展。

具体思路之一：东部发达地区

①力争高层次承接国际产业转入

东部地区要以国际产业转移新趋势为契机，着力提高自主创新能力，推动技术进步、产品升级、工艺改进，自觉主动地从产业链低端向产业链高端发展，力争在更高水平上利用外资，从承接国际制造业转移发展为承接设计、研发等高端环节的转移，率先实现电子信息产业转型升级，要依托雄厚的电子信息产业基础和相对完善的市场机制，建设有全球影响力的先进电子信息制造业基地，成为我国电子信息先进制造业的先行区、参与经济全球化的主体区，建设全国电子信息产业科技创新与技术研发基地[4]。

---

[1] 郭源生：《电子信息产业转移忌盲目》，《中国经济和信息化》2012年第8期。
[2] 姜江：《促进电子信息产业向中西部地区有序转移》，《宏观经济管理》2012年第11期。
[3] 郭源生：《电子信息产业转移忌盲目》，《中国经济和信息化》2012年第8期。
[4] 张厚明、刘世磊：《促进电子信息产业有序转移的思路与建议》，《中国经济时报》2014年4月11日。

②科学处理产业转移与产业升级的关系

对于东部地区而言，应当紧紧抓住这次产业转移的契机谋求产业升级，提升产业整体竞争力。当前，东部地区现有的电子信息制造业基本面临着边际增长效益递减，而加工制造业向外转移后，若短期内无新兴产业能够及时填补增长空间，就会造成一定程度的经济衰退，所以，东部地区特别要处理好产业转移与产业升级的关系。这就需要长远规划、超前布局、统筹协调，做好产业布局调整工作。在做好发展高端新兴电子信息产业发展规划，实现产业转型升级的同时，对传统的电子信息加工制造业的对外转移应循序渐进，有序进行，不可操之过急[1]。

具体思路之二：中西部地区

①有选择地承接东部地区产业转入

中西部地区承接东部地区的电子信息产业的转入，不应来者不拒，而应该有所选择，要主动承接那些环境污染少、能耗低、人力成本低的产业转入，避免东部地区已经淘汰的落后产能向广大的中西部地区转移。即中西部地区承接东部地区的电子信息产业转移应坚持高起点、高质量原则。中西部地区各级政府的有关招商部门要切实把好转入产业的选择与甄别关[2]。

②因地制宜发展特色资源优势产业

中西部地区在承接东部地区的电子信息产业转移的过程中，一是要坚持因地制宜原则，要把外部产业的转入同当地产业的发展结合起来，要充分考虑本地的资源要素禀赋条件，发挥比较优势，有针对性地进行招商选资，做大做强自身的特色优势产业；二是在承接外部产业转入的过程中要实现错位发展，避免和东部地区或其他地区进行同质竞争，实现东部和中西部地区之间的合理分工与协调发展[3]。

③加强与东部产业的对接与合作

当前，应着力构建东部发达地区和中西部相对落后地区的新型电子信息产业合作关系，深化与国内省区间的区域合作。应重点打破国内各区域市场的分割与封锁，促进中西部地区与东部地区之间的优势互补，推进区域间电子信息产业的合理分工和互动，从而实现合作共赢发展。中西部地区承接东部地区的电子信息产业转移，必须通过与转出地政府之间的工作互动，采取规划、政策、信息等多

---

[1] 张厚明、刘世磊：《促进电子信息产业有序转移的思路与建议》，《中国经济时报》2014年4月11日。
[2] 张厚明、刘世磊：《促进电子信息产业有序转移的思路与建议》，《中国经济时报》2014年4月11日。
[3] 张厚明、刘世磊：《促进电子信息产业有序转移的思路与建议》，《中国经济时报》2014年4月11日。

种引导手段，将承接产业转移同两地电子信息产业的互动发展紧密结合，共同建立起联系紧密、相互促进的合作关系，最终实现优势互补、互利共赢。

（2）对策建议

"十二五"期间，我国劳动力、土地、资金等生产要素成本压力将更大，单纯依靠低廉劳动力开展生产经营的企业将步履维艰，通过产业转移降低成本，提高产品的附加值，将成为我国电子信息制造业发展壮大的必由之路[1]。应通过合理的规划引导和政策推动，形成东、中、西部优势互补、良性互动、特色突出、协调发展的产业格局，培育一批具有较强辐射带动作用的新型工业化产业示范基地，加快推动中西部地区形成新增长极。

①统筹规划引导产业有序转移

要统筹规划电子信息产业转移和优化产业布局，通过产业转移进行结构调整和新的产业布局，为行业持续长久发展创造条件。一是制定产业区域发展规划，宏观决策部门可以考虑针对电子信息产业的特殊性和目前产业转移、布局调整中暴露出来的问题，制定产业区域协调发展战略和规划。二是建立产业转移合作机制，加强规划、资源和市场的对接，研究制定电子信息制造业产业转移与合作的相关政策，建立健全"部省对接、协同推进"的合作机制。三是加强产业链整合推动区域协同发展，强化各区域之间主要产业链协同，以地区和产品为纽带，打造产业集群，推进产业链的进一步完善和形成。四是建立完善的承接产业评价体系，科学合理选择承接的产业[2]。

②加快产业转移承载主体建设

中西部地区应该加快产业承接主体的建设，如电子信息产业转移园区、电子信息产业基地建设，提高承接能力，促进产业集聚。一是以现有园区为载体加快产业聚集，通过完善此类产业集聚区的建设，发挥其在承接产业转移中的优势，引导转移的产业集聚，提高产业配套能力，推进优势产业集群形成。二是创新产业转移园区管理新模式。首先，应按照"优势互补、产业联动、利益共享"的原则，与周边地区采取委托管理、行政代管、园区共建等方式，实现产业跨区域整合和协作配套。其次，应创新"共建、共管、共营"的园区管理模式[3]。一方面，探索"点对点"的合作模式，与东部发达地区合作建设产业转移园区，实现"共建、

[1] 《国家电子信息制造业"十二五"发展规划》，百度文库，http://wenku.baidu.com/view/8525d83f376baf1ffc4fadf5。
[2] 工业和信息化部电子信息司：《增强电子信息制造业核心竞争力》，《中国电子报》2012年2月17日。
[3] 工业和信息化部电子信息司：《增强电子信息制造业核心竞争力》，《中国电子报》2012年2月17日。

共管、共营";另一方面，试行以行业或企业为主体的园区开发模式，促进园区建设管理市场化、企业化。最后，应创新收益分享机制。针对东部发达地区产业转出后的"产业空心化"问题，探索发展共建共享的"飞地经济"，实行税收分成、资源共享等方式实现收益共享。

③改进服务优化产业转移环境

中西部地区在承接产业转移过程中需转变观念，加快政府职能转变，提高行政效能，强化服务企业的理念，打造服务型政府，真正做到服务社会、服务企业，创建一流的服务环境。一是加快政府职能转变，提升行政服务水平[1]。二是强化服务企业的理念，做到"小政府、大企业"。地方政府部门可以探索从部分职能部门中选派协调员，协调企业与政府之间的业务往来，帮助企业用好用活政策，帮助企业解决生产经营中的困难和问题，推动企业的发展。三是加强产业发展配套基础设施建设。中西部地区一方面应大力发展公路、铁路、航运、河运、通讯、能源等基础设施建设，另一方面吸引国内外知名物流企业入驻，鼓励社会资本投资物流领域，大力发展现代物流业，减少物流成本。同时，不断改善海关通关环境[2]。有条件的地方应积极争取国家政策，设立与经济发展水平相适应的海关特殊监管区域或保税监管场所。

④加大财税金融政策支持

积极落实和利用国发〔2010〕28号文中给予中西部地区在产业转移中的财税、金融等政策，积极探索、大胆创新，尽可能拓展政策应用空间，最大限度地释放政策应用效力。一是推进完善税收优惠适用范围和内容。应深入调研，制定有利于科学承接产业转移、转变经济发展方式、促进区域经济协调发展等方面的税收政策[3]。二是提高各项财政资金支持力度。各级政府整合设立承接产业转移专项资金，加大对园区基础设施建设、专业投资促进机构建设、公共服务平台建设、激励机制建设。三是优化融资环境。加快发展由创投企业、金融机构、中介机构组成的金融服务平台，为转移企业融资提供支持服务。为满足各个迁移企业的各种金融需求，应鼓励各金融机构积极开展业务创新，为迁移提供融资、开户、结算等诸多方面的便利[4]。合理引导和帮助有实力的迁入企业在境外上市并融资。在对

[1] 张厚明、刘世磊：《促进电子信息产业有序转移的思路与建议》，《中国经济时报》2014年4月11日。
[2] 张厚明、刘世磊：《促进电子信息产业有序转移的思路与建议》，《中国经济时报》2014年4月11日。
[3] 张厚明、刘世磊：《促进电子信息产业有序转移的思路与建议》，《中国经济时报》2014年4月11日。
[4] 张厚明、刘世磊：《促进电子信息产业有序转移的思路与建议》，《中国经济时报》2014年4月11日。

风险进行有效控制的情况下，鼓励各金融机构对迁移企业提供工业知识产权等多种无形资产的质押贷款。

⑤加强人才引进和培养

中西部地区承接东部发达地区电子信息产业转移，需要较高素质的人才队伍的支撑。要在吸引人才回流、引进高层次人才和加强教育培训等方面采取有效措施。一是吸引本地在东部发达地区工作的技术、管理人才回流[1]。随着东部地区工作压力加大、生活成本不断提高和生活质量下降，部分中西部地区和东北地区的二三线城市吸引力在提高，中西部地区应抓住人才回流的机遇，改善本地工作环境和工资待遇，吸引在东部发达地区打工的技术工人和管理人才回家乡工作。二是加大人才引进力度，加强教育培训。首先，应加大经费投入和政策倾斜，引进海内外高层次人才。其次，应不断提高企业教育和培训经费提取比例，优化教育学科配置，完善产业后备人才队伍建设。

第七节　我国区域新一代信息技术产业发展的思路与对策研究

国家"十二五"规划纲要中明确了战略性新兴产业是国家未来重点扶持的对象，其中新一代信息技术产业被确立为七大战略性新兴产业之一。新一代信息技术产业具有创新活跃、渗透性强、带动作用大等特点，被普遍认为是引领未来经济、科技和社会发展的一支重要力量，而区域则是发展新一代信息技术产业的重要依托。当前我国各地发展新兴产业的积极性高，多数省区市已经出台相应的规划和支持政策，但也存在定位不明、思路不清、同质竞争、缺乏协作、区域发展不平衡等问题，亟待加强引导。当前，加强对我国新一代信息技术产业的区域发展布局、定位、思路以及区域间的相互关系等问题研究，对于增强各区域产业发展、布局、政策等同国家有关发展规划的紧密衔接，促进区域间产业有效协作和优势互补，从而实现我国新一代信息技术产业的协调有序和可持续发展具有重要意义[2]。

---

[1]　张厚明、刘世磊：《促进电子信息产业有序转移的思路与建议》，《中国经济时报》2014年4月11日。
[2]　张厚明、曾建平、刘世磊：《新一代信息技术产业发展的思路与对策》，《高科技与产业化》2014年第11期。

一、重点区域新一代信息技术产业发展现状

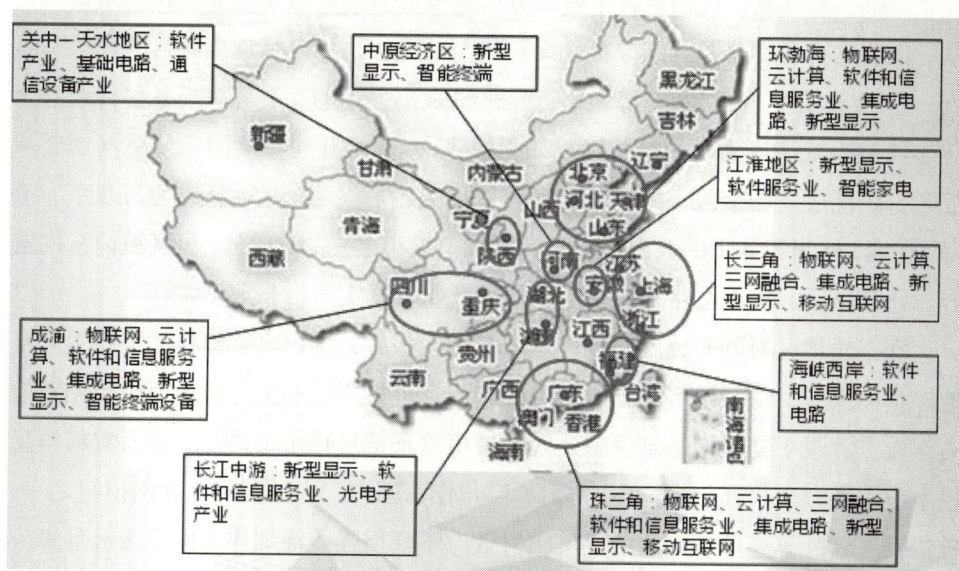

图16　我国新一代信息技术产业区域发展布局情况

资料来源：赛迪研究院整理绘制。

（1）东部地区

环渤海地区是我国东部电子信息产业三大聚集区之一，具有良好的产业发展基础，其新一代信息技术各细分产业发展水平均处于全国前列。具体来看，物联网产业方面，环渤海地区是国内重要的研发、设计、设备制造及系统集成基地，关键支撑技术研发实力强、感知节点产业化应用与普及程度高、网络传输方式多样化、综合平台建设迅速、物联网应用广泛，并已基本形成较为完善的物联网产业发展体系架构[1]；云计算产业方面，呈现出以北京为核心集聚发展态势，北京拥有最完善的云计算基础设施和软件业基础，建立了支持科学研究和信息服务等应用的四个国家级超算中心，形成了以亦庄、酒仙桥为代表的IDC集聚群；软件和信息服务业方面，北京、天津、河北、辽宁和山东是我国软件产业的传统聚集区；集成电路产业已基本形成了从设计、制造、封装、测试到设备、材料的产业链，具备了相互支撑、协作发展的条件。

---

[1]　韩霜：《赛迪顾问〈物联网产业地图白皮书〉与〈中国集团企业信息化战略研究〉在京发布》，《世界电子元器件》2011年第11期。

长三角地区经济发展程度高、科技资源和配套能力强，具有深厚的电子信息产业基础，其在新一代信息技术各细分产业发展方面均表现优异。长三角地区在新一代信息技术产业及其细分行业没有绝对的龙头，而是呈现出各自的优势和特色。该区域内的一些二、三线城市近年来呈现出强劲的发展势头，某些行业甚至已超越一线城市成为新的增长极。如无锡市2009年开建首个国家传感网创新示范区，获准成立国家级"中国物联网发展研究中心"，2010年又成为与北京、上海、深圳、杭州等并重的我国5个云计算示范城市之一[1]。此外，该区域内三网融合、新型显示、集成电路和移动互联网等产业发展实力也非常强大。

珠三角地区对外开放度高、产业配套能力强，是国内电子整机的重要生产基地。具体来看，物联网产业方面，该区域重点进行了核心关键技术突破与创新能力建设，着眼于物联网基础设施建设、城市管理信息化水平提升，以及农村信息技术应用等方面[2]；云计算产业方面，广州作为国内三大通信和互联网枢纽之一，抢位发展云计算产业，广州的集聚辐射效应不断增强。深圳作为国家级云计算应用示范城市，拥有良好的互联网、软件、电子信息产品制造业基础，成为云计算平台和软件、云设备制造布局的重点区域；三网融合方面，该区域是国内最大的三网融合网络设备与终端产品生产基地，也是国内三网融合应用市场发展最快的地区；移动互联网方面，该区域移动终端制造业优势明显，深圳拥有华为、中兴等实力较强的通信设备制造商，是移动互联网产业制造中心。

海峡西岸地区中，福建省电子信息产业较为发达，电子信息产业是其三大支柱产业之一，全省目前拥有5家信息产品制造企业销售额超过百亿元，40家企业超10亿元。福建省软件产业比较发达，拥有软件企业2000多家，软件产业销售额亿元以上的企业达75家，其中10亿元以上企业7家，12家企业获得计算机系统集成一级资质，在全国排名第5位；集成电路方面，瑞芯微电子公司曾连续4年获"中国芯"荣誉，厦门优讯公司也获"中国芯"最具潜质奖[3]。

（2）中部地区

江淮地区中，安徽省在平板显示、信息家电、电子材料和元器件、雷达装备制造等领域在全国具有一定的比较优势，其在软件、汽车电子、微电子等新兴领

---

[1] 薛艳杰：《长三角战略性新兴产业：现状、趋势与对策》，《经济体制改革》2011年第5期。
[2] 韩霜：《赛迪顾问〈物联网产业地图白皮书〉与〈中国集团企业信息化战略研究〉在京发布》，《世界电子元器件》2011年第11期。
[3] 邓文龙：《转型升级 福建电子信息产业竞争力增强》，《中国工业报》2012年3月29日。

域中自主创新能力也比较突出。具体来看，新型显示领域，安徽具有合肥京东方、鑫昊等离子、彩虹、友达等骨干企业。薄膜液晶显示器（TFT-LCD）六代线项目建成投产，等离子显示屏（PDP）、液晶玻璃基板等平板显示核心项目建设进展良好，彩电制式和显示技术从模拟向数字、从阴极射线管（CRT）向平板显示转型步伐快；智能家电领域，拥有格力、海尔、日立家电、西门子等重点企业；软件服务业方面，截至 2010 年年底，拥有认定软件企业 338 家，国家规划布局内重点软件企业 6 家，计算机信息系统集成资质认证企业 60 家，累计登记软件产品 1654 件。

中原经济区中，河南省在 LED 照明、应用电子、电子元器件、信息安全等领域已形成了局部的竞争优势，新型显示、高端消费电子等领域发展初见端倪[1]。郑州重点发展了智能手机及关联配套产业链，LED 照明及显示产业链，南阳重点发展了光电产品产业链。近年来，河南省主动承接东部地区电子信息产品制造业转移，产业呈现加速发展的态势。2010 年河南省引入富士康，手机产业开始起步。在"富士康效应"带动下，手机整机企业纷纷在信阳、漯河、南阳、鹤壁等市落户[2]。截至 2012 年 5 月份，已生产手机 4502.5 万部，实现产值 753.4 亿元。在手机产业的带动下，河南省电子信息产业实现爆发式增长[3]。

长江中游地区中，湖南省已形成太阳能光伏、新型电子器件、新型显示器件、电子整机等电子信息产业链，年销售额亿元以上电子信息企业达到了 162 家。轨道交通电子、电力电子渐成气候，南车时代电气已发展成为国内最大的大功率半导体器件研制基地。新型显示器件和消费类电子整机产业也取得重大突破。湖北省是中国第一个国家级光电子产业基地。武汉的东湖高新区，是大陆最大的光纤光缆生产基地、光电器件生产基地、光通信产品研发制造基地和激光设备生产基地。

（3）西部地区

成渝地区中，四川省是西部地区传统的电子信息产业大省，重庆近些年电子信息产业发展迅速，后来居上，成为西部电子信息产业的主力军，两地在新一代电子信息产业发展方面都取得了显著成效。具体来看，物联网产业方面，成都制定了国内首个物联网产业发展规划，出台了物联网推广示范应用方案，形成了传

[1] 徐文洪、曹华东：《基于产业规模及专利分析的河南省战略性新兴产业发展思路与布局》，《科技管理研究》2013年第10期。
[2] 张厚明、曾建平、刘世磊：《新一代信息技术产业发展的思路与对策》，《高科技与产业化》2014年第11期。
[3] 张远、陈代述：《"醉翁"们的手机制造》，《企业观察家》2012年第10期。

感器制造、终端设备制造、软件设计、网络运营、系统集成和应用服务等产业链，拥有九州电子、国腾和中电 30 所等企业 40 余家[1]；云计算产业方面，成都拥有较完善的信息网络、计算、存储和安全基础设施，信息化应用水平居国内前列。重庆在 2011 年年初启动实施了包括网络终端产品制造和云计算数据处理两方面内容的"云端计划"；软件和信息服务业方面，成都是国家重要的软件产业化基地，2009 年被工信部确定为全国首批创建中国软件名城试点城市，是 20 个服务外包示范城市之一。全球软件企业 20 强有 11 家落户成都，发展速度在 11 个国家级软件基地中位居前列，从业人员达 15 万人以上。

关中—天水地区中，陕西省电子信息产业体系比较齐全，重点发展领域覆盖面广，目前已形成了以西安软件园为基地的软件产业集群；以英飞凌等为龙头企业的集成电路封装与测试产业集群；以大唐电信、华为技术、中兴通讯等 80 多家企业的通信设备产业集群；聚集了西京电气、创联电器等 40 多家企业[2]，并重点发展射频连接器、厚膜电路、新型表面贴装元件、半导体发光器件、热敏电阻、压敏电阻等产品的电子元器件产业集群[3]。

二、区域新一代信息技术产业发展中存在的问题

（1）同质化发展与低水平重复建设问题突出

"十二五"期间，全国各地区纷纷将培育发展战略性新兴产业作为"十二五"转方式、调结构的战略重点，并在规划、政策、资金等方面加大了引导和扶持的力度。目前，全国有 28 个省市都提出要发展新一代信息技术产业，而且把相同领域作为发展重点。大多数地方政府均没有充分考虑自身的发展条件、市场环境，而是采取一哄而上，盲目进行投资，从而导致了恶性竞争、资源的极大浪费和一系列的低水平重复建设，最终带来了极大的投资风险。以云计算产业为例，2010 年以来中国云计算市场快速发展，投资活跃，各地云计算产业园、云计算数据中心、云计算应用工程等纷纷揭牌成立。但在这些投资热潮中，有些投巨资建成的所谓"云计算"平台，实质性应用非常之少、设备利用率非常之低，甚至有的云计算中心沦为仅供参观的"展示中心"，还有部分云中心只是在规模和硬件设备上大做文章，并没有提供真正的云计算应用服务[4]。因此，在设立云计算应用示范

[1] 赖齐、邓立新等：《成渝视野下IT产业发展对比分析？》，《中共成都市委党校学报》2011年第2期。
[2] 张忠德：《陕西电子信息产业集群竞争力研究》，《西安邮电学院学报》2011年第5期。
[3] 张忠德：《陕西省电子信息产业集群发展研究》，《改革与战略》2010年第11期。
[4] 张厚明、曾建平：《区域新一代信息技术产业协调发展思路与建议》，《中国经济时报》2014年12月4日。

工程时，必须加强宏观规划布局，根据信息化建设实际需要，确立可持续发展的商业模式，才能正在推动云计算应用取得实效，规避投资风险。

（2）区域功能定位不明确

早在我国的"十一五"规划中，就特别提出要明确各地区的功能定位。2010年国务院还专门印发了《全国主体功能区规划》（国发〔2010〕46号），要求各地区要根据资源环境承载能力和发展潜力，按照优化开发、重点开发、限制开发和禁止开发的不同要求，明确不同区域的功能定位，并制定相应的政策和评价指标，逐步形成各具特色的区域发展格局。但就目前来看，各地已出台的涉及新一代信息技术产业的发展规划覆盖的产业较多，并没有完全从本地区的功能定位出发选择适宜本地区发展的产业，从而难以达到预期的发展效果[1]。如东部地区有些省市仍将部分已不具有低成本优势的产业作为发展重点，中西部地区某些省市将对技术、人才、资金及产业配套要求较高的新兴产业作为发展重点。

（3）区域间缺乏合作互补的协调发展机制

当前，我国不同区域之间在新一代信息技术产业发展定位、结构调整等方面的互补性和协同性较差，亟待提高。不同区域之间为争夺同质的稀缺性资源，相互展开恶性竞争，造成了资源不能有效利用。例如在显示产业领域中，在CRT时代，我国通过组织实施"彩电国产化一条龙专项"，以整机和关键部件为龙头，带动相关原材料和装备产业发展，构造起完整的产业链，建立了我国自主的彩管和彩电工业体系，为20世纪90年代起国产彩电的辉煌奠定了坚实的产业基础。目前，我国从事平板显示的企业遍布全国，但是全国的资源并没有得到有效的整合。各地都想通过引进投资规模大的项目，带动本地经济发展，没有从如何壮大我国平板显示产业整体实力角度来推动区域合作[2]。

（4）发达地区的"极化效应"加剧区域发展不平衡

"极化效应"是指一个地区只要它的经济发展达到一定水平，超过了起飞阶段，就会具有一种自我发展的能力，可以不断地积累有利因素，为自己进一步发展创造有利条件。在市场机制的自发作用下，发达地区越富，则落后地区越穷，造成了两极分化。经济发达地区和信息技术产业基础条件好的地区在发展新一代信息技术产业方面具有先天优势。在各地大力发展新一代信息技术产业过程中，各种

---

[1] 张厚明、曾建平：《区域新一代信息技术产业协调发展思路与建议》，《中国经济时报》2014年12月4日。
[2] 张厚明、曾建平：《区域新一代信息技术产业协调发展思路与建议》，《中国经济时报》2014年12月4日。

77

生产要素，如资金、劳动力等难免会加速向条件好的地区集聚和流动，从而进一步拉大地区间在信息技术产业发展方面的差距。如2011年河北软件业务收入同比下降了4.1%，是全国唯一负增长的省区市。河北省软件业受北京"极化效应"影响严重，不仅软件开发人员向北京流失，北京厂商还在河北市场抢走大量软件外包和IT系统建设订单[1]。全国其他地区类似的情况还有很多。这种强者更强、弱者更弱的局面必须引起政府有关主管部门的关注。

三、发展思路

按照《"十二五"国家战略性新兴产业发展规划》确定的发展新一代信息技术产业的总体要求、重点方向和任务，充分发挥各地区的优势，科学规划产业发展布局，合理确定区域产业分工，增进区域产业协作，引导区域产业良性互动发展。继续发挥东部地区的龙头牵引和辐射带动作用，增强珠三角、长三角、环渤海和海峡西岸等优势地区的产业创新能力和产业集聚效应，率先实现产业的突破发展。确实发挥中西部地区劳动力和资源能源丰富，土地空间和应用市场广阔等优势，支持中西部地区因地制宜地大力发展先进配套产业、能源依赖性产业、区域性信息服务业，提高中西部地区在产业分工体系和价值链中的地位，形成东、中、西部优势互补、特色突出、协调发展的产业格局[2]。

（1）加快新一代信息技术研发及产业化进程

东部地区要加快进入以创新引领产业阶段。加快由热衷于投资、规模扩张、低端制造向加强创新能力建设、提高产业竞争力、增加技术含量和附加值转变，从而实现高生产率的设计、研发、营销及产业链管理。努力突破原始创新，大力推进集成创新，加强消化吸收再创新，不断完善以企业为主体的产业创新体系。以国家科技重大专项及重大工程为抓手，加大研发投入，着力攻克一批核心关键技术，形成一批重大产业科研成果[3]。

中西部地区要努力创造良好的产业化发展环境。主动对接东部地区的科研资源，积极参与东部地区相关产业技术的合作研发，努力引入创新成果用于发展本地区相关产业。在推动成果产业化过程中，要善于发挥本地区信息技术应用需求市场对项目的支持作用，加快提升本地区相关配套产业的发展水平，创造良好产

---

[1] 张厚明、曾建平：《区域新一代信息技术产业协调发展思路与建议》，《中国经济时报》2014年12月4日。
[2] 张厚明、曾建平：《区域新一代信息技术产业协调发展思路与建议》，《中国经济时报》2014年12月4日。
[3] 张厚明、曾建平：《区域新一代信息技术产业协调发展思路与建议》，《中国经济时报》2014年12月4日。

业化发展条件，提升有关科研成果的产业化效率[1]。

（2）深化新一代信息技术的应用

各地区要把应用驱动作为产业发展的关键支撑。加强新一代信息技术的推广应用，改造提升传统产业。一方面，要让新产业成为转方式调结构的主导力量；另一方面，要通过深化产业应用，培育产业市场空间。

东部地区要加快新一代信息技术开发和自主标准的推广应用。支持适应物联网、云计算和下一代网络架构的信息产品的研制和应用，带动新型网络设备、智能终端产业和新兴信息服务业的创新发展；大力发展宽带无线城市、家庭信息网络。充分统筹用好国内、国际两个市场，依托新一代信息技术提升我国在国际产业链中的层次和水平[2]。

中西部地区要深化技术和产品应用，积极拓展本地区的应用需求。长江中游地区要重点加强利用信息技术发展数字内容产业，提升文化创意产业发展水平。江淮、中原和成渝等传统工业较集中地区，要加快推进信息化与工业化的深度融合，重点发展工业控制、机床电子、汽车电子、医疗电子、金融电子、电力电子等量大面广、拉动作用强的产品，形成产业新增长点。呼包鄂榆地区要大力发展基于云计算服务的数据和计算中心[3]。

（3）加强商业模式创新，构建具有区域特色的产业体系

通过加强商业模式创新，促进区域产业发展。强化以企业为主体的商业模式创新，引导区域内企业差异化、专业化发展。各重点区域发展新一代信息技术产业不能齐头并进，而是有先有后，有所侧重[4]。要强化制造业产品的软件化、服务外包化功能，扩大市场辐射能力，推进企业由渐进式的产品创新扩展到突破式的商业模式创新。积极培育云计算服务、电子商务服务等新兴服务业态，促进各区域信息系统集成服务向产业链前后端延伸，推进网络信息服务体系变革转型和信息服务的普及。充分发挥新一代信息技术产业对区域经济社会发展的支撑能力，不断加快具有区域特色的新一代信息技术产业体系的建设[5]。

[1] 张厚明、曾建平：《区域新一代信息技术产业协调发展思路与建议》，《中国经济时报》2014年12月4日。
[2] 张厚明、曾建平：《区域新一代信息技术产业协调发展思路与建议》，《中国经济时报》2014年12月4日。
[3] 张厚明、曾建平：《区域新一代信息技术产业协调发展思路与建议》，《中国经济时报》2014年12月4日。
[4] 张厚明、曾建平：《区域新一代信息技术产业协调发展思路与建议》，《中国经济时报》2014年12月4日。
[5] 张厚明、曾建平：《区域新一代信息技术产业协调发展思路与建议》，《中国经济时报》2014年12月4日。

四、对策建议

（1）建立区域间产业发展协调机制

从宏观层面上统筹布局，把握我国各区域发展的总体格局，健全完善组织领导、政策引导、利益协调、激励约束等方面的协调机制。制定并实施全国性的产业集群发展战略规划，确定今后国家重点支持的新一代信息技术产业重大专项领域，形成政府、企业、社会共同推进各重点区域新一代信息技术产业发展的工作格局。进一步推进全国的统一大市场建设，从体制上取消阻碍要素合理流动的区域壁垒，加大区域的开放程度，实现区域协调发展[1]。

（2）出台区域产业布局与协作发展指导意见

为切实引导和促进新一代信息技术产业的区域布局与协调发展，有必要尽快出台相关的指导意见。指导意见一方面要引导建立合理区域产业布局，立足不同区域的要素禀赋，形成聚散合理、分工互补的区域布局，实现区域联动发展；另一方面要引导建立不同区域间的协作发展平台，加强引导地区间的协作与联合，建立新型的"利益分享机制"和"利益补偿机制"，实现各区域协作发展[2]。

（3）加快重点产业示范基地建设

根据我国新一代信息技术产业发展的重要方向，依托现有优势产业集聚区，结合区域资源要素禀赋和市场特点，在重点区域加快建设一批体制机制健全、市场活力大、产业链完善、辐射带动强、具有国际竞争力的新一代信息技术产业示范基地。发挥创新资源密集、创新环境良好的区域比较优势，完善创新创业体系，推进先行先试，培育若干全国重点新一代信息技术产业的策源地。同时，要依托产业基地和专业园区，建设具有一定特色的区域性公共服务体系，引导和加强新一代信息技术产业聚集区配套服务体系建设[3]。

（4）鼓励和支持区域公共技术和公共服务平台建设

研究设立新一代信息技术区域协同发展促进资金，或从现有相关产业发展资金中划拨出一定比例资金，着力支持基于区域间产业协作发展的公共技术和公共服务平台建设，重点围绕战略性新兴产业的发展，着力构建集成电路、平板显示、数字家庭、云计算、物联网、太阳能光伏、绿色照明等专业性公共服务平台，促进区域间的重大关键技术研发、重大产业创新发展工程、重大创新成果产业化、

[1] 张厚明、曾建平：《区域新一代信息技术产业协调发展思路与建议》，《中国经济时报》2014年12月4日。
[2] 张厚明、曾建平：《区域新一代信息技术产业协调发展思路与建议》，《中国经济时报》2014年12月4日。
[3] 张厚明、曾建平：《区域新一代信息技术产业协调发展思路与建议》，《中国经济时报》2014年12月4日。

重大应用示范工程及创新能力建设等合作 [1]。

（5）适当降低增值税征收比例，扩大消费税征收范围

为了平衡区域经济发展、规范投资秩序和培育内需市场，当前，国家在发展新一代信息技术产业的时候，应在适当降低增值税的同时扩大消费税征收范围，引导地方政府将发展重点从生产加工环节向交易消费环节转移。这一方面能在一定程度上帮助中西部欠发达地区克服基础设施、资金技术和人才配套等方面的弱势，在相对公平的起跑线上与发达地区进行竞争；另一方面也会促进地方政府从原先只注重"投资建设—生产—财政收入"的单一发展模式，转向同时注重"市场培育—消费—财政收入"发展模式。这也将激励各地区更积极地按照全国功能区划分的要求进行科学发展，并会更重视人文环境、服务环境等消费软环境的建设，从而为我国扩大内需战略的实施在区域层面打下坚实的基础。

（6）加强信息网络通道建设，培育互利共赢的商业环境

目前，信息传输管道日益成为各种业务开展的公共型场所。无论是电信运营商，还是互联网综合服务提供商等非电信企业，都将在上面发展自己的业务。政府主管部门一方面要继续支持电信运营企业加大宽带通信网络基础设施建设，另一方面要厘清信息网络通道的产品属性，反对电信企业利用行业垄断地位阻碍其他企业的业务创新，要促使产业链利益相关各方共同打造互利共赢的商业环境，使广大用户能够低成本地享用宽带通信网络资源和相关服务，从而促进我国新一代信息技术各细分产业的健康快速发展。

第八节　打造"工业园区 2.0"的几点思考

十八届三中全会吹响了中国改革 2.0 的号角，中国工业也将进入一个新的时代。回顾中国改革开放的进程，每一个节点都有工业园区的影子。深圳经济特区成立的前夕，我国第一个外向型园区"蛇口工业区"诞生，国家成立十四个沿海开放城市的同时，也陆续在这些城市诞生了经济技术开发区，形成产业的集聚。如今，十八届三中全会胜利召开、上海自贸区引领改革，中国工业园区也迎来第二季，在改革的浪潮中如何顺势发展是个值得思考的问题。

---

[1]　张厚明、曾建平：《区域新一代信息技术产业协调发展思路与建议》，《中国经济时报》2014年12月4日。

一、工业园区发展瓶颈显现

园区是我国工业经济的重要承载地，开发区更是以占全国不到2%的开发土地面积，贡献了约为12.8%的GDP。数量上看，截至2013年，国家级经开区和高新区数量累计已逾300家，各省、市、县都在推进园区建设，园区经济发展步入新的阶段，但是也面临诸多难题。

园区"集而不群"，产业层次较低。除部分发达地区外，多数地区行业区位商低于1，产业集聚度偏低，建设过程缺乏统一规划，产业特色不突出，园区企业间产业和技术关联度不高，注重企业数量和规模的扩张，忽略产业结构的升级，集而不群。

配套支撑不健全，企业根植性弱。工业园区的快速发展依托的更多是土地、用工、资源条件、税收优惠等传统要素驱动，配套支撑体系不健全，导致企业不断随着资源禀赋条件的变化而寻找更优要素提供方，根植性较弱。

缺乏自主创新，增长动力不足。园区发展盲目追求规模扩展和圈地运动，不注重土地产出效益的提升，园区企业创新能力较弱，人才供给跟不上，再加上缺乏有效的激励制度，进一步削弱了园区的自我造血及创新能力，增长动力明显不足。

环境持续恶化，亟须理性回归。一是盲目招商、缺乏监管等导致超耗能、高排放企业大量存在，普遍存在土地未批先征、未征先占现象，自然环境不断恶化；二是政策环境恶化，要素红利消失、同质化竞争压力下很多政策无法兑现；三是资金环境恶化，地方债务过高、企业投资动力不足造成园区建设资金严重短缺。

二、改革2.0对工业园区带来的机遇

改革开放带来工业园区的起步和发展，初步实现了工业的优化布局和集聚，并在用工制度、聘用制度、分配制度、招投标制度、企业股份制等方面进行了多项改革和创新。而改革2.0时代为工业园区的转型升级将带来更多的机遇。

全面深化改革的决定为园区转型提供巨大推动力。党的十八届三中全会做出关于全面深化改革若干重大问题的决定，提出使"市场在资源配置中起决定性作用"，并从金融财税、土地政策及科技创新等方面提出具体措施，为经济发展转型注入巨大活力。具体来看，决定中提出"扩大金融业对内对外开放，允许民营资本设立中小银行等金融机构"，将进一步拓宽园区融资渠道；提出"建立有效调节工业用地和居住用地合理比价机制，提高工业用地价格"，并逐渐减少工业

用地供给，这将形成产业结构升级倒逼机制，有利于挖掘现有存量工业用地，提高用地效率；提出"健全技术创新市场导向机制，推进应用型技术研发机构市场化、企业化改革"，这将激励企业加强自主研发，建立产学研协同创新机制，强化企业在技术创新中的主体地位，提升园区创新能力。

打造工业园区2.0迫在眉睫。作为地区和城市经济增长极，工业园区必须借助这一改革契机，突破发展瓶颈，倒逼产业升级，摆脱粗放式增长的困局，打造我国工业园区2.0。

三、几点建议

设立工业改革实验区。利用全面深化改革所带来的政策优势设立工业改革实验区，一是推广工业园区企业化经营，简政放权，激励民间资本参与园区基础设施建设；二是出台先试先行的特许政策，优化融资环境、人才激励、税收体系；三是加强考核激励，设计有利于产业升级、效益提升、科技成果转化的考核和激励体系；四是成立创新基金，鼓励专业园区复制成功模式、支持企业技术创新。

持续推进产业结构升级。进一步规划园区主导产业，持续推动产业升级。一方面在招商引资过程中注重从产业链、产业集群方面对企业进行筛选，注重引进创新型企业，提高现有工业土地的利用效率。另一方面，针对园区现有产业和企业，逐步推进向价值链高端环节演进，通过技术引进、吸收、改造、消化和商业模式的突破创新，用可持续的科技创新能力带动产业发展。

建设新的"三通一平"。将传统"水通、路通、电通、土地平整"的"三通一平"的标准升级为新时代的"三通一平"，即"资金通、信息通、人才通"和"公共服务（技术）平台"。在园区企业化运作过程中，更多承担的是为入驻企业提供融资渠道、信息交互、人才提供与培养、共性技术研发、公共服务等服务性职能，转变比较优势，为入驻企业创造的是更好的成长平台。

构建产城融合的内生循环体系。兼顾园区的经济功能和社会功能，打造适合高端工业发展的宜居宜业条件，为园区入驻人员提供优美、舒适的工作生活环境，从而达到吸引高端产业及相关人才的目的。通过产城融合有效实现土地集约化，并扩大产业空间，加速产业聚集，改变空区空园现状，最终构建高效率的内生循环体系。

多渠道解决园区资金问题。一是扩大政府引导基金和发展基金范畴，撬动更多社会资金支持园区产业发展；二是允许园区向社会发行股票以获取长期稳定的建设资金，进行市场化、社会化融资；三是充分发挥信用担保公司、高新技术投资公司等平台的作用，积极创新贷款模式，加强对中小企业贷款担保扶持力度，并探索对园区内企业开展动产抵押贷款。

打造生态文明工业园区。在企业引进过程中切实执行环保一票否决制，对于超耗能、高排放企业不予考虑；注重循环经济建设，扶持循环经济技术创新，支持相关项目落地；在循环经济发展基础上，建议落实对园区废水废渣统一收集、统一管理、统一处理，变废为利；引进节能降耗新技术新工艺，以园区为平台帮助企业进行节能降耗。

第九节　亚太自贸区对我国工业发展的影响

2014年11月，亚太经合组织（APEC）第22次领导人非正式会议在北京召开，这是继2001年上海举办后时隔13年再一次在中国举办。目前，亚太地区经济总量已占全球的57%，贸易总量占48%，是全球经济增长速度最快、发展潜力最大的地区。此次北京会议通过的亚太自贸区路线图，对于改善亚太地区的贸易环境和增强全球影响力具有重要意义，我国如何借力亚太自贸区建设推动经济结构调整和工业转型升级，值得深入思考和探索。

一、亚太自贸区的历史演进与最新进展

（1）亚太自贸区的发展历程

1994年印尼APEC会议所通过的《茂物宣言》勾勒了APEC合作的方向和长远目标，促使实现"亚太地区贸易和投资自由化"成为历次会议的核心议题。亚太自贸区的概念是由美国在2006年河内APEC会议正式提出，并被列为长期目标。2010年日本APEC会议讨论了实现亚太自贸区的可能路径，并确定了几个备选方案。虽然各方普遍认为亚太自贸区的建立能够促进地区间经济技术合作和投资贸易往来，但随后几年由于各种原因导致自贸区建设无实质性进展，直至2014年北京峰会才有了较大突破。

（2）亚太自贸区的最新进展

2014年北京APEC会议进一步明确了亚太地区经济合作的发展方向和目标，

从经济角度看主要在以下三个方面取得重要突破。一是正式启动亚太自贸区进程。亚太自贸区将整合现有地区间自贸安排，改变机制碎片化现状，打破地区投资贸易壁垒、促进要素自由流动，激发亚太地区新活力。二是为亚太地区未来发展确定五大新支柱。现有经济发展模式与当下的环境和资源状况不匹配矛盾越发突出，亚太地区将以经济改革、新经济、创新增长、包容性支持、城镇化为五大支柱，进一步巩固全球经济引擎地位。三是勾画亚太地区互联互通新蓝图。批准了《亚太经合组织互联互通蓝图（2015—2025）》这一里程碑式文件，将大大促进各方在基础设施建设融资渠道、区域财政金融等方面开展深层次合作，并通过实施全球价值链和供应链领域合作，使各成员国特别是发展中成员更好融入区域经济一体化进程。

整体看，亚太自贸区的加速推进将有效连接我国和亚太其他地区的增长极，实现内外呼应、联动发展，共同推动亚太地区经济向更高水平发展。

二、亚太自贸区对我国工业发展影响深远、意义重大

（1）持续促进我国工业创新发展，加速转型升级

长期以来，我国工业创新能力始终不强，不少关键核心技术和关键零部件都需要进口，对外技术依存度保持高位。亚太自贸区的建设和运行将有力推动我国工业加速创新发展。

一是亚太自贸区基础设施建设促进技术升级。2014年亚太经合组织领导人非正式会议批准的《亚太经合组织互联互通蓝图》重点聚焦基础设施建设，以期构建复合型亚太互联互通网络。纵观英国、美国、德国等国家的工业革命历程，都无一例外地表明大规模基础设施投资不仅能够拉动经济持续增长，而且能够带来一系列前沿技术的开发、应用和产业化。

二是亚太自贸区企业投资合作加速技术转让。在亚太自贸区内，各种要素流动将更加自由，技术领先国家的知识密集型产业将与我国工业的优势领域开展合作，境内外工业企业将更加便利的"引进来"或"走出去"，企业之间通过多种方式开展协同创新。境内企业将更多地以并购、参股等形式开展技术合作，设立海外研发中心、合资企业，提高工业附加值。

（2）有效化解我国工业过剩产能，推动结构调整

近几年，由于国际市场低迷和国内需求趋缓，我国部分工业品产能过剩问题

比较突出。图17显示,2011年以来,我国工业产能利用率持续下降;2012年,粗钢、水泥、平板玻璃产能利用率分别为72%、73%和68%,与国际公认的80%这一合理水平尚有一定差距。亚太自贸区21个成员国将逐步消减关税以及其他贸易和投资障碍,为我国化解过剩产能、加快结构调整提供机遇。

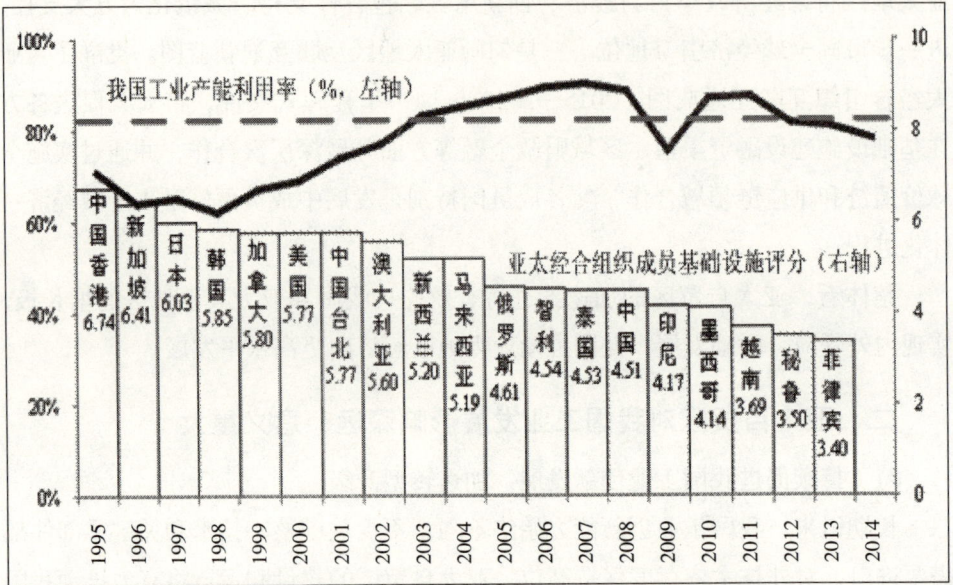

图17　我国工业产能利用与亚太自贸区成员基础设施情况

资料来源:Wind数据库、世界经济论坛《2013—2014年全球竞争力报告》(文莱、巴布亚新几内亚除外),赛迪智库工经所整理计算。

一是工业产品贸易壁垒减少,促进出口。2013年我国进出口总额为41600亿美元,占世界货物贸易的12%,出口方面,工业制成品占比则超过了95%。与此同时,随着国际贸易保护主义有所抬头,我国对外贸易形势更加严峻。亚太自贸区将逐渐减免成员国的贸易关税和非关税贸易壁垒,使我国工业产品的流动效率更高、成本更低,减少贸易争端,促进过剩产品出口。

二是境外基础设施建设增多,拉动需求。根据世界经济论坛《2013—2014年全球竞争力报告》数据显示,亚太经合组织21个成员基础设施发展水平差异较大,亚洲国家基础水平普遍较低(见图17)。考虑到互联互通将带来亚洲发展中国家和地区更大的基础设施需求,而我国在相关领域具有丰富的经验和扎实的基础,参与亚太自贸区建设有利于带动钢铁、水泥等过剩行业出口。

（3）推进我国工业参与国际分工，助力企业做强

近几年，我国不断加大"走出去"力度，参与国际分工活跃度不断提升，亚太自贸区将会加速推动我国工业企业更好地融入到全球供应链和区域生产网络中。

一是区域内成员垂直分工，发挥传统优势。亚太自贸区各成员国间发展水平相差较大，但各国之间具有良好的经济互补关系，如澳大利亚丰富的自然资源，日本先进的技术和投资优势，东南亚国家潜在的"人口红利"，而我国则具有完整的制造业生产体系。亚太自贸区将理顺不同主体的责任、互补的功能和禀赋，我国在工业领域尤其是制造业领域的传统优势将得以发挥。

二是依托区域内生产和供应网络，加速企业做强。亚太自贸区内的区域经济一体化和基础设施互联互通，加速企业在世界重要"通道"节点和沿线的布局，推进我国工业企业与境外企业的合作进程，工业投资领域将进一步扩大，工业"走出去"逐步获取海外的资金、技术和市场，加速海外扩张。

亚太自贸区为我国工业发展带来机遇的同时，也极可能带来区域产业发展不平衡等问题和挑战。由于贸易壁垒的下降和要素流动的加快，境内工业企业尤其是高新技术企业，将面临更加激烈的直接竞争，如果部分核心技术和关键零部件发展持续滞缓，那么我国将极有可能被长期锁定在全球产业价值链的中低端环节。与此同时，发达国家通过其技术优势以及再工业化、高端制造等战略，将巩固其全球价值链高端环节的地位。因此，应意识到亚太自贸区对我国工业发展所带来的严峻挑战及其不可回避性，将其作为加速创新和转型的倒逼机制，理性看待、沉着应对。

三、借亚太自贸区建设之力的工业发展对策

（1）抓好基础设施建设，形成互联互通新格局

一是加快建设亚太示范电子口岸网络和亚太经合组织绿色供应链网络。通过建立统一的亚太电子口岸管理系统，为亚太经合组织各经济体间实现基础设施互联互通创造条件。通过建立亚太经合组织绿色供应链网络，实现产品在全生命周期中对环境的影响最小、资源利用效率最高的目的，提高我国工业产品国际竞争力。二是提高钢铁、建材、工程机械、高端装备、通讯设备等行业企业与公路、铁路、航路、港口和信息网络等企业合作建设能力，形成互联互通的格局，为区域经济一体化提供保障。三是鼓励相关工业企业提高国际投资、贸易的项目开发

建设能力，推动我国工业在此次自贸区加速建设的大浪潮中快速发展。

（2）发展高附加值产业，打造国际竞争新优势

伴随亚太自贸区建设的不断推进，国际经济体系将重新分工，形成新的贸易方式。我国作为世界第二经济大国和最大的发展中国家，应抓住发展机遇，调整自身的产业结构，把加工制造等附加值相对较低的产业生产环节转移到周边的发展中国家和地区，我国部分地区特别是沿海发达地区应重点开发高科技含量、高附加值产品，大力发展生物技术、新能源、新材料、高端装备等技术密集型产业，逐步占领产业链的高端环节，增强产业竞争力，从规模速度的粗放型增长方式转向质量效益的集约型增长方式，打造参与国际竞争的新优势。

（3）预防规避潜在风险，谋划企业发展新途径

一是完善对外贸易相关配套政策，构建企业"走出去"的服务保障和风险防御控制体系，保障企业对外投资主体地位。二是通过政策综合培训，让企业了解重点投资国别和行业，掌握东道国（地区）的最新政策和投资环境，培育工业企业的风险承受能力，把"走出去"风险减小到最低程度，保障工业企业在境外的合法权益。三是工业企业自身要提升在资金、技术、管理以及商业信誉等方面的能力，增强企业守法意识和严格履约的意识，提升自身的对外贸易能力和跨国经营能力，真正融入到经济全球化的浪潮中。

（4）完善对外贸易体制，构建贸易发展新机制

随着亚太自由贸易区的建设，市场准入、投资、服务、海关程序等将发生一定的变化，相关部门应完善相关进出口贸易体制，推动多边贸易体制发展，大力加强同亚太经合组织其他成员国合作关系。在关税减让、服务业开放等方面做出利于贸易便利化的修订，改善和营造公平、稳定的市场环境和贸易环境，促进我国工业产品、投资资本等自由便捷流动，减少因贸易流动障碍而造成的损失。

第十节　新形势下我国制造业如何高质量"走出去"？

近期，我国三一集团收购美国风电场维权案获得阶段性胜诉，被视为我国制造业全球战略布局中具有里程碑意义的一件大事，为中国企业加快"走出去"鼓舞了士气、提供了范本。然而，这仅仅是自中央提出实施"走出去"战略以来，我国制造业少有的成功案例，华为、中兴等行业巨头在国际市场中也多次碰壁。

在全球经济低迷、"一带一路"加快建设等新形势下，我国制造业如何抓住机遇实现高质量"走出去"值得思考。

一、我国制造业"走出去"的现状与困境

2013 年，我国对外直接投资流量达到 1078.4 亿美元，居世界第 3 位，其中制造业 86.8 亿美元，仅占 9.6%，主要集中在纺织服装、通信设备、电器机械、交通运输设备等领域。制造业"走出去"方式从初期的直接投资建厂向合资等方式扩展，且并购逐渐成为主要方式。从地区分布看，世界主要经济体均有分布，但香港地区最多，主要依托其较强的国际化优势。与此同时，由于对欧美市场和技术的需求，制造业对欧美投资额也逐年增长。

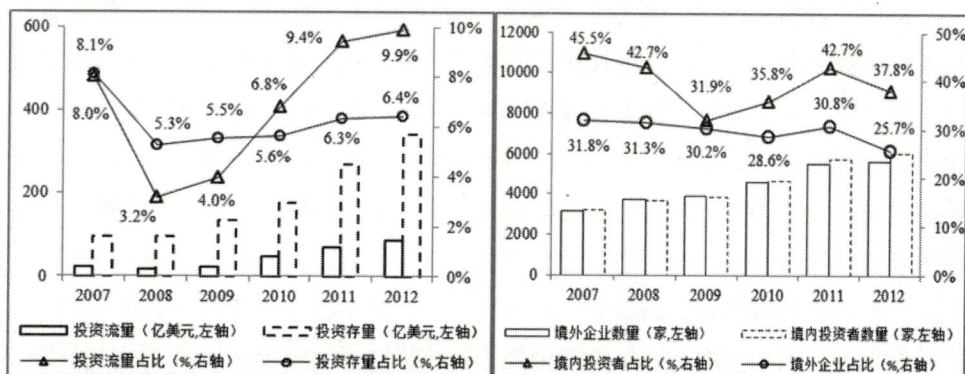

图18 我国制造业"走出去"情况

数据来源：Wind 数据库，赛迪智库工经所整理计算。

尽管我国制造业海外布局的规模日益扩大，水平不断提高，但也面临不少困境，主要有以下四点。

一是制造业投资占比较低，与我国制造业世界第一大国的地位不相符。2004—2012 年，我国制造业对外直接投资流量从 7.6 亿美元升至 86.7 亿美元，对外投资存量由 45.4 亿美元达到 341.4 亿美元。但随着对外投资规模的增加，制造业对外投资流量和存量占比却一直不高。二是投资产业附加值不高，与我国建设制造强国的目标相背离。目前，我国制造业海外布局的地区和行业逐渐增多，但主要投资地仍集中在亚洲地区，且多以原料加工和劳动密集型产业为主，较少涉及研发、设计、销售、服务等环节，产品附加值低。三是服务体系建设步伐滞

后，与我国加快实施"走出去"战略的步伐不一致。我国制造业境外投资服务体系建设步伐相对滞后，特别是融资渠道和信用担保成为制约制造业"走出去"的首要问题，而财务、法律及管理咨询等机构的经验和实力也无法满足制造业海外扩张的需要。四是投资壁垒仍然较多，与我国增强国际话语权的要求不匹配。我国境内制造业投资者以及境外企业数量一直处于高位，但由于制造企业跨国经营经验和文化融合能力不足，且多涉及技术合作，面临外国政府的限制和干预。此外，针对我国企业和员工的突发事件时有发生，制造业"走出去"风险防范和权益保护问题突出。

二、制造业"走出去"面临的新形势

国内资源瓶颈凸显，制造业"求变"。长期以来，我国经济增长主要依靠大量的物质资源消耗，但随着增长速度的逐渐放缓，我国资源环境束缚压力愈发凸显。制造业"走出去"可以更加深入地参与全球资源分配，将部分生产功能转移出去，实现原材料的本地采购与产品的本地销售，减少消耗国内资源，降低企业购销成本。在此期间，企业可以适时在海外设立研发机构，进而部分缓解国内高端人才紧缺压力。

全球经济持续低迷，制造业"抄底"。受2008年国际金融危机影响，全球经济持续低迷，虽偶有增长，但整体仍处于后危机时代的缓慢复苏期，致使许多国外制造企业资产估值不高，为我国企业"抄底"带来机遇。与此同时，我国制造业面临较为严重的产能过剩问题，且原材料和劳动力成本不断上升。制造企业"走出去"不仅可以化解部分过剩产能，逐步获取海外的资金、技术和市场，而且在一定程度上能够降低贸易壁垒，加速海外扩张。

"走出去"战略加快实施，制造业"驱动"。近几年，中央不断加大"走出去"战略实施力度，"十二五"规划和政府工作报告等都提出要着力提升中国制造在国际分工中的地位。近期，"一带一路"建设明显提速，对我国制造业加快"走出去"可谓是重大利好。相对于其他领域，我国制造业在国际市场上更具优势。借助"一带一路"建设等战略，加快制造业"走出去"有助于加速工业转型升级，提升中国工业品的国际竞争力和影响力。

园区"走出去"步伐提速，制造业"先行"。随着我国经济实力的不断增强和国际影响力的持续提升，海外布局也由单一企业逐渐向园区整体同步扩张转变。

从国际经验看，新加坡裕廊集团在本国开发了 45 个工业园区，在全球超过 100 个城市拓展了 700 多个项目，对于集团乃至新加坡整体竞争力的提升都起到了重要作用。据不完全统计，目前我国在海外建设的园区将近 100 个，主要为工业园区，制造业必将成为园区"走出去"的先锋。

三、实现制造业高质量"走出去"的对策建议

切实加强投资指导，鼓励企业海外布局。一是加强制造业境外投资形势分析，完善投资指导政策，引导境内企业针对欧美地区高端制造业及"一带一路"沿线地区进行投资。二是鼓励优势企业收购世界知名品牌，在研发、生产、销售、服务等方面开展经营活动，提升国际竞争力。三是鼓励国内技术成熟、国际市场需求大的行业制造环节向境外转移，实现生产和销售的本地化，带动产品、资金、标准和劳务输出。

加快技术领域合作，大力推广技术应用。一是引导境内优势企业以并购、参股等形式开展境外技术合作，设立海外研发中心、合资企业，利用产业投资基金投向高新技术产业、高端制造业等领域，推动传统制造业优化升级，加快战略性新兴产业发展，提高制造业的产品附加值。二是支持制造企业获取境外先进工艺与技术的知识产权，推动境内具有自主知识产权的工艺、技术、标准在境外进行应用与推广。

完善投资管理制度，健全服务体系。一是继续完善企业境外投资管理制度，减少核准环节与范围。二是健全制造业投资服务体系，建设信息服务系统，对重点国家和地区开展统计、监测和通报工作，为政府和企业决策提供科学、及时的依据。三是支持企业使用人民币进行对外投资，拓宽外汇储备的使用方式和渠道。四是建立健全财税、金融、法律、评估等中介机构和配套政策，减少发生不公平现象。

强化海外投资保护，树立企业良好形象。一是与有关国家在法律保护、领事保护以及投资保护等方面进行商谈与合作。二是建立制造业为中心的境外经贸合作区，提供集约化服务，重视质量管理，使每一件产品、每一项技术都能经得起检验。三是引导企业遵守相关国家法律，尊重当地习俗，保护当地环境，保障员工合法权益，与东道国企业建立友好关系，树立良好国际形象。

第六章　全国工业发展面临的问题

金融危机过后，全球经济格局不断发生深度调整，中国成为全球经济发展的引擎。但在经济"新常态"下，工业经济面临的挑战和不确定因素也越来越多。从宏观经济环境来看，在经济减速的背景下，隐性矛盾将逐渐显露，引发金融风险、产能过剩风险、区域间不平衡矛盾等问题。从产业来看，在长期提质增效目标下，传统产业将在短期内面临转型阵痛，表现在就业压力大，尤其是高素质人才缺乏，资源型产业转型难度大，创新能力不足等方面。从企业来看，在供给和需求双趋紧的约束下，企业生产经营压力加大，生产成本大幅上升，融资规模难以大幅增长。在"新常态"下，经济多年高速增长所累积的隐形矛盾和问题也将不断显现。

第一节　工业发展动力不足与工业经济平稳增长目标不相适应

一、有效需求增势显著下降

从消费规模来看，2014 年，社会消费品零售总额扣除价格因素之后增速为10.9%，比 2013 年低 0.6 个百分点，为 2005 年以来的最低增速。2015 年第一季度，社会消费品零售总额 70715 亿元，同比名义增长 10.6%，增速进一步下降。

从工业增速来看，2012 年以来，我国工业增加值增速虽然保持在 7%—8%的区间内，但增速逐年下降，由 2012 年的 7.9% 降至 2014 年的 7.0%。2015 年第一季度，规模以上工业增速更是降到了 6.4% 的历史低点，凸显了当前市场需求严重不足的问题。

二、民间资本投向工业动力不足

从工业民间投资增速来看，2014 年，工业民间固定资产投资增长 16.4%，分别比 2012 年、2013 年低 10.2 个和 4.6 个百分点。

从工业占民间投资比重来看，民间固定资产投资中，工业占 49.8%，分别比 2012 年、2013 年下降 1.5 个和 0.6 个百分点。

随着金融领域对民间资本的开放力度逐步加大，民间资本投向工业动力明显不足，资本脱实入虚倾向逐渐显现，工业企业融资问题更加突出，导致工业企业技术改造力度和工业结构调整进度减缓。

三、劳动密集型产品出口竞争力削弱

从用工成本来看，近几年，我国出口制造业的生产要素成本持续上升。2014 年，沿海地区出口企业的用工成本上涨了 10%—15%，用工成本已相当于柬埔寨、印度、越南等国的 2—3 倍。

从土地成本来看，浙江、广东、江苏的出口占全国出口 60%，产业在东部沿海地区的过分聚集导致严重的土地争夺，随着城镇化的不断推进，制造企业的用地成本急剧上升。

从汇率来看，人民币兑美元自 2010 年以来累计升值 10% 以上，而印度、越南等国的货币总体来看呈现贬值态势，相对于这些周边国家，人民币大幅升值，劳动密集型产品出口受到不利影响。

随着发达国家对先进制造业不断加大投入，我国制造业面临激烈的竞争局面，生产成本上涨和人民币升值导致我国劳动密集型产品出口竞争力不断削弱，产能和出口订单逐渐向生产成本较低的周边国家转移，制造业"空心化"趋势进一步显现。

第二节　区域产业结构趋同与区域经济一体化要求相背离

一、区域工业结构同质化

我国一直是重工业占主导地位，许多省市产业层次不高，大都以传统劳动密集型产业和高耗能产业为主，高新技术产业整体规模不大，产业结构不合理，各省区市的发展潜力未能充分挖掘。以中西部地区为例，许多省区市资源禀赋相近，产业重复建设、园区同质化竞争问题凸显。尽管当前部分省区市具有一定的资源和能源开采优势，但精深加工环节普遍薄弱。同质化竞争已成为工业发展和产业升级过程中的难题。

二、城市产业定位趋同

由于地方政府利益、市场分割和竞争等因素驱动，长三角地区很多省市的工业转型升级方向和目标相近，城市群中多数城市产业定位趋同。以长三角地区为例，近年来，上海、浙江、江苏三省产值最大的六大产业重合度较高，长三角地区的 16 个主要城市重点发展的高新技术产业也存在高度重叠。当前，很多城市只顾谋求自身发展，城市产业和功能定位趋同，发展路径较单一，城市间缺乏应具有的整体配合与体系化分工协作的关系。

三、区域产业集中度低

我国江苏、浙江、山东、广东等东部沿海地区集聚了中国主要工业区，形成由北往南连续分布的工业地带，这些省份的很多行业在全国所占份额都处于前列；陕西、山西、河南、内蒙古、四川等西部地区具有较明显的资源优势；中部地区的河南和辽宁制造业有一定发展基础。但这些地区的优势产业大多数集中于产业链低端环节，产品附加值低，缺乏具有规模优势的大企业，工业结构"小而散"问题明显，市场竞争力不强，这不符合工业化中后期的阶段特征。

第三节　部分新兴产业产能过剩与新兴产业平稳健康发展目标相矛盾

近年来，国务院将节能环保、新能源等领域确定为战略性新兴产业，并作为未来经济的新增长点。在国家推动战略性新兴产业平稳健康发展利好政策的刺激下，地方政府也更加重视新兴产业发展，抓紧抢先布局。我国 31 个省区市中，有 1/2 的省区市将新能源、新能源汽车等产业作为重点发展的新兴产业，并加大新兴产业项目的投入和实施力度。但国内这些领域的技术较为滞后，市场需求也不充分，新兴产业的重复建设和区域同质化竞争导致这些产业在不同程度上出现产能过剩。尤其是在当前技术水平不成熟的情况下，多晶硅、风电设备等新兴产业为低端产品产能过剩，高端产品还是要依赖国外进口。

第四节　企业经营环境未明显改善与
企业发挥主体作用目标不匹配

一、企业生产经营困难较大

我国经济下行压力加大，劳动力、土地等要素成本上涨，产品出口订单减少，出口价格下降，且财政扶持、贷款融资、生产要素公平使用等在制度上存在障碍，企业经营面临多重困境。

从盈利情况看，2014 年，我国全部国有及规模以上非国有工业企业主营业务收入增长 6.4%，比 2013 年低 4.4 个百分点；企业利润大幅缩水，近三年，利润总额年均增速仅为 1.8%。企业盈利能力明显下降。

从融资情况看，2014 年工业企业财务费用增长 11.2%，比 2013 年高 3.7 个百分点；利息支出增长 8.4%，比 2013 年高 0.9 个百分点。尽管 2014 年银行贷款利率已有所下降，但非金融部门贷款加权平均利率却将近 7%，小微企业民间借款利率高达 20% 以上。

二、企业债务风险较高

从资产和负债情况来看，2014 年，工业企业负债总额比 2013 年增长 7.0%，资产负债率为 56.8%，已经逼近 60% 的警戒线，企业面临的资金问题更加严峻。

从亏损企业情况来看，2014 年有亏损工业企业 4.3 万家，比 2013 年多 1200 家；企业亏损额将近 7000 亿，增长 20.7%，比 2013 年 3.2% 的负增长要高将近 24 个百分点，企业债务违约风险扩大。

三、企业创新能力依然不强

从企业研发投入情况来看，当前，我国规模以上工业企业的研发投入强度集中在 0.6%—0.7% 的区间内，远低于发达国家 3%—4% 的投入水平。

从科研成果转化情况来看，目前我国受理的专利申请中，主要还是实用新型专利和外观设计，发明专利占比仅为 1/3。另外，当前我国科研成果转化率约为 10%，与发达国家 40% 的水平相比相差甚远。

第五节　污染随产业跨区域转移与生态环保要求相违背

当前，国家大力推动发达地区产业向中西部地区转移，广东、上海、江苏等省市已加快推动资源、能源型工业和劳动密集型产业向土地、劳动力等要素成本相对较低的中西部地区转移。但大多数中西部省区市资源、能源型工业和重化工业占比高，企业技术水平较差，落后产能占比较高，生态环保投入力度不大，生态环境污染较为严重。因此，如果中西部地区盲目承接煤化工、钢铁等能源工业和重化工业转移，对环境将造成严重的二次污染，为承接产业转移地区的生态环保和节能减排工作带来严重阻碍。

行　业　篇

第七章 工业细分行业发展质量整体评价与分析

第一节 指标体系的构建与指标选取

行业与地区是衡量经济发展的两个不同维度，因此在评价地区工业发展质量的 22 个指标中，有部分指标并不适用于行业评价。例如，衡量地区工业发展质量的结构调整类指标便不适用于行业比较。同时考虑到指标体系的可比性、可获取性等原则，资源环境、两化融合和人力资源的大部分指标较难收集，且受行业自身特点影响，这几类指标对于行业之间的比较意义有限。因此，本书为力求突出行业之间的差异性和特色性，选取地区发展质量评价指标体系中的速度效益和技术创新两大类共计 8 项指标，对 2013 年全国各工业行业发展质量进行评价。2011 年国家统计局将工业细分行业调整为 41 个，但开采辅助活动、其他采矿业和废弃资源综合利用业 3 个行业的部分指标缺失，故最终参与评价的行业共计 38 个。具体评价指标如下表所示。

表 18　2013 年 38 个工业行业速度效益、技术创新类指标

	速度效益				技术创新			
	工业增加值增速（%）	工业总资产贡献率（%）	工业成本费用利润率（%）	工业主营业务收入利润率（%）	工业R&D经费投入强度（%）	工业R&D人员投入强度（%）	单位工业R&D经费发明专利数（件/万元）	工业新产品占比（%）
总计	8.30	15.00	6.60	6.11	0.81	2.67	24.66	12.48
煤炭开采和洗选业	2.50	12.17	7.92	7.31	0.48	1.02	4.52	3.52
石油和天然气开采业	3.50	33.37	55.36	31.29	0.69	2.81	11.01	0.05
黑色金属矿采选业	10.60	20.78	12.25	10.68	0.08	0.42	32.95	0.39

（续表）

	速度效益				技术创新			
	工业增加值增速（%）	工业总资产贡献率（%）	工业成本费用利润率（%）	工业主营业务收入利润率（%）	工业R&D经费投入强度（%）	工业R&D人员投入强度（%）	单位工业R&D经费发明专利数（件/万元）	工业新产品占比（%）
有色金属矿采选业	7.40	21.42	11.58	10.20	0.35	0.73	3.91	5.06
非金属矿采选业	7.80	26.02	9.07	8.07	0.15	0.61	25.03	0.98
农副食品加工业	7.70	19.88	5.56	5.22	0.29	1.04	17.86	3.57
食品制造业	8.60	23.04	9.41	8.53	0.54	1.54	21.79	6.04
酒、饮料和精制茶制造业	6.50	24.31	12.67	10.89	0.54	1.54	11.32	7.47
烟草制品业	8.20	86.83	45.15	14.74	0.27	2.06	43.65	19.19
纺织业	6.70	17.33	5.97	5.59	0.44	0.98	14.01	11.20
纺织服装、服饰业	7.20	19.04	6.36	5.93	0.36	0.84	13.65	7.67
皮革、毛皮、羽毛及其制品和制鞋业	6.20	23.11	7.09	6.55	0.27	0.48	17.82	5.91
木材加工和木、竹、藤、棕、草制品业	9.50	27.98	7.33	6.74	0.23	0.64	25.30	2.79
家具制造业	8.70	18.50	6.74	6.25	0.35	0.90	26.40	6.05
造纸和纸制品业	6.50	11.50	5.93	5.56	0.65	1.43	12.78	10.26
印刷和记录媒介复制业	10.00	16.87	8.68	7.94	0.57	1.61	29.02	8.24
文教、工美、体育和娱乐用品制造业	13.60	19.23	5.57	5.24	0.41	1.40	26.84	7.25
石油加工、炼焦和核燃料加工业	5.40	22.85	1.30	1.19	0.22	1.49	9.11	6.51
化学原料和化学制品制造业	10.30	13.49	5.75	5.39	0.87	3.72	22.54	11.97
医药制造业	12.30	19.65	11.24	10.06	1.69	6.78	30.13	17.51
化学纤维制造业	8.50	9.05	3.69	3.57	0.92	3.59	16.32	20.73
橡胶和塑料制品业	8.60	16.63	6.77	6.28	0.73	2.07	20.90	10.73
非金属矿物制品业	9.30	17.65	8.01	7.33	0.42	1.42	22.94	4.70
黑色金属冶炼和压延加工业	6.20	7.21	2.29	2.22	0.83	2.92	9.11	10.45
有色金属冶炼和压延加工业	12.40	10.03	3.21	3.11	0.65	3.03	11.50	11.16
金属制品业	11.60	15.95	6.13	5.72	0.70	2.43	22.40	8.29
通用设备制造业	9.10	14.28	7.25	6.70	1.28	4.12	26.09	16.99

（续表）

	速度效益				技术创新			
	工业增加值增速（%）	工业总资产贡献率（%）	工业成本费用利润率（%）	工业主营业务收入利润率（%）	工业R&D经费投入强度（%）	工业R&D人员投入强度（%）	单位工业R&D经费发明专利数（件/万元）	工业新产品占比（%）
专用设备制造业	6.90	12.95	7.22	6.70	1.60	5.67	34.21	18.39
汽车制造业	11.80	19.74	9.26	8.44	1.12	5.21	13.29	24.92
铁路、船舶、航空航天和其他运输设备制造业	12.70	8.55	5.94	5.59	2.25	2.80	15.85	28.75
电气机械和器材制造业	9.40	13.25	6.02	5.66	1.34	4.39	31.01	22.72
计算机、通信和其他电子设备制造业	12.20	10.42	4.48	4.28	1.62	4.79	40.33	31.29
仪器仪表制造业	9.40	16.33	9.19	8.42	1.94	6.46	39.86	19.39
其他制造业	5.20	11.89	5.77	5.41	0.63	0.89	43.37	7.71
金属制品、机械和设备修理业	12.10	6.17	5.22	4.97	0.84	3.30	24.66	10.09
电力、热力生产和供应业	2.20	8.55	6.84	6.43	0.11	1.04	115.35	0.41
燃气生产和供应业	16.50	11.50	9.98	9.28	0.09	0.39	6.15	0.38
水的生产和供应业	7.40	3.98	8.00	7.93	0.27	0.44	25.96	0.91

资料来源：《中国统计年鉴2014》，赛迪智库整理计算。

第二节 38个行业发展质量评价

由于行业之间存在各自特性，因此权重的确定不宜有明显差距。与地区评价不同，本部分行业发展质量评价的8个指标取等权，通过计算截面指数来综合判断各行业的效益和创新水平。

首先，需要说明的是，由于行业发展特点不同，因此行业之间的部分指标并不具有绝对可比性。本书的行业比较旨在找出相对差距，排名并不是最终目的。根据行业发展质量的评价指标体系，利用等权处理方式，计算2013年全国工业38个行业发展质量指数及分类指数，得到结果见表19。

表19 2013年38个工业行业发展质量截面指数、分类指数及排名

	指数			排名		
	速度效益	技术创新	发展质量	速度效益	技术创新	发展质量
煤炭开采和洗选业	5.57	5.02	10.59	36	32	38
石油和天然气开采业	30.57	9.05	39.62	2	23	7
黑色金属矿采选业	16.35	3.46	19.82	5	37	22
有色金属矿采选业	13.30	4.26	17.55	11	34	31
非金属矿采选业	12.88	3.59	16.46	15	36	32
农副食品加工业	9.87	5.48	15.35	27	30	34
食品制造业	13.40	9.33	22.73	10	22	19
酒、饮料和精制茶制造业	13.48	8.73	22.21	9	25	20
烟草制品业	33.51	16.47	49.98	1	11	1
纺织业	8.86	8.82	17.68	31	24	30
纺织服装、服饰业	9.78	6.65	16.43	28	28	33
皮革、毛皮、羽毛及其制品和制鞋业	9.95	5.20	15.15	26	31	35
木材加工和木、竹、藤、棕、草制品业	13.70	4.83	18.54	8	33	26
家具制造业	11.23	7.47	18.70	22	27	24
造纸和纸制品业	7.78	10.43	18.21	33	20	29
印刷和记录媒介复制业	13.27	11.33	24.61	12	19	16
文教、工美、体育和娱乐用品制造业	14.94	9.35	24.29	7	21	17
石油加工、炼焦和核燃料加工业	5.64	6.15	11.79	35	29	37
化学原料和化学制品制造业	11.29	17.91	29.20	20	10	11
医药制造业	17.18	31.70	48.87	4	3	2
化学纤维制造业	7.81	20.75	28.57	32	9	12
橡胶和塑料制品业	10.89	13.23	24.11	24	16	18
非金属矿物制品业	12.37	7.97	20.34	17	26	21
黑色金属冶炼和压延加工业	4.64	14.02	18.66	37	14	25
有色金属冶炼和压延加工业	11.07	13.74	24.81	23	15	15
金属制品业	13.02	12.94	25.96	13	17	14
通用设备制造业	11.25	23.48	34.73	21	8	10
专用设备制造业	9.12	29.81	38.93	29	5	8
汽车制造业	15.62	26.45	42.07	6	7	6

（续表）

	指数			排名		
	速度效益	技术创新	发展质量	速度效益	技术创新	发展质量
铁路、船舶、航空航天和其他运输设备制造业	12.77	30.03	42.80	16	4	5
电气机械和器材制造业	10.64	27.18	37.82	25	6	9
计算机、通信和其他电子设备制造业	11.73	34.09	45.82	18	2	4
仪器仪表制造业	12.99	34.38	47.37	14	1	3
其他制造业	6.60	11.64	18.24	34	18	27
金属制品、机械和设备修理业	11.46	16.40	27.86	19	12	13
电力、热力生产和供应业	4.15	14.08	18.22	38	13	28
燃气生产和供应业	19.00	0.43	19.43	3	38	23
水的生产和供应业	8.89	4.03	12.93	30	35	36

整体来看，2013年，全国38个工业行业中，工业发展质量排在前5位的分别是烟草制品业、医药制造业、仪器仪表制造业、计算机通信和其他电子设备制造业、铁路船舶航空航天和其他运输设备制造业，工业发展质量指数分别为49.98、48.87、47.37、45.82和42.80。除烟草制品业以外，其他4个行业发展质量较高主要是得益于较高的技术创新水平，技术创新指数均处于全国前4位。而烟草制品业则是凭借较高的效益水平支撑其较高的发展质量。需要说明的是，医药制造业的综合实力较强，技术创新指数位于各行业第3位，速度效益位于第4位，也印证了其高技术产业的战略地位。

位于38个行业发展质量后5位的行业分别是煤炭开采和洗选业、石油加工炼焦和核燃料加工业、水的生产和供应业、皮革毛皮羽毛及其制品和制鞋业、农副食品加工业，工业发展质量指数分别为10.59、11.79、12.93、15.15和15.35。从分类指数来看，这些行业的速度效益指数和技术创新指数均位于各行业下游水平，排名25位以后。

从行业分布特点来看，计算机、仪器仪表、医药等高端制造业的发展质量较好，而石化、电力等传统高耗能行业表现较差，纺织服装等劳动密集型产业的发展质量也表现不佳，表明传统行业正面临严峻的形势，工业转型升级任重而道远。

第八章　2014年重点行业发展情况[1]

第一节　钢铁

2014年，受宏观经济及固定资产投资增速下降的双重影响，国内钢材市场需求增长乏力，钢材市场整体表现出供大于求的现象。在这种形势下，钢铁企业积极应对，通过采取加强内部管理、优化产品结构、缩减库存等手段，仍然保持了行业整体运行的平稳，企业效益有所回升。但是，受市场需求萎缩与资金链的双重影响，钢铁行业仍面临较为严峻的经营环境。

一、行业运行情况

（1）钢铁产量小幅回升，增速明显下降

据国家统计局数据显示，2014年全国生铁、粗钢和钢材（含重复材）的产量分别达到71160万吨、82270万吨和112557万吨，增速分别为0.5%、0.9%和4.5%，与同期相比各回落5.7个、6.6个和6.9个百分点；粗钢全年平均日产量为225.4万吨。

（2）钢材出口增速较快，进口则相对平稳

国家统计局数据显示，2014年全国钢材累计出口达9378万吨，同比增幅达到50.5%；钢材进口累计达1443万吨，同比增幅为2.5%；其中，铁矿石进口累计达9.33亿吨，同比增幅为13.8%。

（3）企业经营效益有所好转，资产负载率呈下降趋势

钢铁协会统计数据显示，2014年会员钢铁企业工业总产值累计达29219亿元，

---

[1]　本章全部数据来自国家统计局、工信部发布的《2014年中国工业通信业运行报告》以及各行业协会。

实现销售收入达到 35882 亿元，同比均为小幅下降；实现利税达 1091 亿元，同比增幅达 12.2%；实现利润达 304 亿元，同比增幅达 40.4%。钢铁企业效益回升得益于铁矿石等原材料价格的大幅下降以及钢铁企业大力开展节能降耗。

（4）钢材社会库存大幅减少，企业库存有所回升

受钢材价格持续下降影响，钢材社会库存呈持续下降态势，尤其是从 2 月份开始，呈现持续快速下降，全年下降幅度达 28.7%。与此同时，企业库存各月数据也呈现下滑态势，但高于 2013 年同期水平。据钢铁协会统计数据显示，截至 12 月下旬会员企业钢材库存达 1324 万吨，环比减少 45 万吨，但同比增加 63 万吨。

（5）钢铁行业固定资产投资呈下降趋势

受国家严控钢铁产能、清理过剩建设项目政策影响，钢铁行业固定资产投资呈现下降趋势。据国家统计局数据，2014 年全年钢铁行业固定资产投资总额为 6479 亿元，同比回落 3.8%。这表明国家严控新增产能的效果显著。

（6）市场竞争加剧，钢材价格持续波动下滑

2014 年，受宏观经济增速及固定资产投资下滑等影响，全国钢材需求增长乏力，市场总体呈现供大于求的现象，导致钢材价格持续下滑。至 2014 年末，钢铁协会监测 CSPI 钢材综合价格指数为 83.1 点，同比下降 16.2%。

二、存在的问题

（1）下游用钢行业增速下滑，钢铁需求增长乏力

2014 年钢铁产量虽仍呈现增长态势，但增速已明显回落。究其原因，是受国内宏观经济形势萎靡、固定资产投资特别是房地产投资放缓影响，导致下游用钢行业需求大幅减少。国家统计局数据显示，2014 年我国 GDP 增速为 7.4%，同比回落 0.3%；全年固定资产投资增速为 15.7%，同比回落 3.9%；全年房地产开发投资增速为 10.5%，同比回落 9.3%；房屋新开工面积同比回落 10.7%。

（2）钢材出口以价换量，出口结构有待优化

2014 年我国钢材出口量达历史最高水平，这既与国际市场钢材需求旺盛、价格较高有关，也与国内市场需求不振有关。2014 年我国钢材平均出口价格为每吨 755 美元，同比回落 11.5%；与此同时，钢材平均进口价格为每吨 1241 美元，同比上升 2.5%。进出口钢材的差价扩大，这既与品种结构变化有关，也与出口钢材恶意压价竞争有关。

（3）企业资金链吃紧，融资难、融资贵现象突出

目前我国实体经济普遍面临融资难、融资贵的问题，虽然国家为解决该问题采取了很多举措，但从钢铁行业整体情况来看，企业仍普遍反映存在资金链紧张、融资难、融资贵等问题。这是因为：一方面，自2013年开始，银行系统普遍收紧过剩行业，特别是钢贸企业的信贷规模，有些银行在贷款审批上采取"一刀切"做法，导致中小企业贷款更加困难；另一方面，钢铁企业难以享受贷款基准利率，普遍要上浮10%以上，甚至是20%以上，这加剧了钢铁行业融资难的困境。

（4）产业集中度弱，市场无序竞争导致价格持续回落

受宏观经济形势影响，2014年我国钢材市场需求萎靡。与此同时，钢材产量岁增速放缓，但仍保持较高产量，这导致钢铁市场供大于求现象突出。再加上产业集中度弱，市场竞争激烈导致钢材价格持续走低。2014年，CSPI全年平均价格指数下降到91.3点，创2003年以来最低水平。

（5）化解产能任务艰巨，环保压力巨大

钢铁行业虽然面临产能过剩的问题，但由于其对地方财政收入、保障就业仍起到关键作用，一些地方政府在化解钢铁行业过剩产能时难以有效执行市场优胜劣汰机制，导致淘汰落后产能与兼并重组工作进展缓慢。与此同时，国家对节能减排、大气治理的重视程度与执行力度不断加大，特别是新《环保法》的颁布实施以及民众环保意识的增强，钢铁企业普遍面临着巨大的环保压力，环保投入与运行成本将进一步增加，钢铁企业盈利空间进一步收缩。

第二节　汽车

2014年汽车行业在面对复杂的国内外经济环境下，仍保持了行业运行基本平稳，总体实现了较好发展。2014年全国汽车产销量突破2300万辆，为全球历史新高水平，已经连续六年蝉联全球之最；行业经济效益继续增长，新能源汽车成为亮点。

一、行业运行情况

（1）2014年汽车产销量保持平稳增长

2014年全年汽车产销量突破2300万辆，为全球历史新高水平，已经连续六

年蝉联全球之最。行业整体保持平稳运行，产销增速比 2013 年分别下降 7.5% 和 7%。从分月份数据来看，月度销量均高于 2013 年同期水平，最高点出现在 12 月，销量为 241 万辆；最低点出现在 2 月，销量为 159.6 万辆。整体来看，全年月度销售情况与历史规律吻合。

（2）乘用车成为拉动汽车增长的动力源

2014 年乘用车产量为 1991.9 万辆，销量为 1970 万辆，分别比 2013 年增长 10.2 个百分点与 9.9 个百分点，增速分别高出全行业 2.9% 与 3%。

与此同时，乘用车市场结构也在发生变化。由于近年来市场需求变化较快，乘用车结构随之发生变化。这主要体现为 SUV 市场占有率大幅增加与轿车市场占有率下降。SUV 占乘用车比重从 2008 年的 7% 上升至 2014 年的 20.7%，同期销量从 45 万辆增加到 408 万辆；而轿车市场占有率则从 2008 年的 74% 下滑至 2014 年的 63.8%。

（3）中国品牌乘用车市场占有率明显下降

2014 年中国品牌乘用车虽然销量达到 757.3 万辆，同比上升 4.1%，但市场占有率比 2013 年下降 2.14%。其中，中国品牌轿车销量为 277.4 万辆，同比下滑 17.4%，市场占有率比 2013 年下降 5.6%，这已经是中国品牌乘用车和轿车连续 4 年市场占有率下降。究其原因是合资品牌越来越重视中国市场，加强了在中低端车型市场的竞争，针对中国市场设计研发了多款车型，该领域竞争日趋激烈。

2014 年外系乘用车销量排名分别为德系、日系、美系、韩系与法系，销量分别为 394.1 万辆、309.5 万辆、252.5 万辆、176.6 万辆与 72.7 万辆，市场占有率分别为 20%、15.7%、12.8%、9% 与 3.7%。从销量增速来看，除日系车增速较低外，其余各车系销量增速均超过 10%。

（4）商用车产销量双双下降

2014 年，商用车产销量分别为 380.3 万辆与 379.1 万辆，与 2013 年同期相比分别下降 5.7% 与 6.5%。受客运市场增长带动，客车产销量整体呈现增长态势，主要表现为旅游客车的增长，而长途汽车则受高铁影响出现产销下降。货车受国家排放标准提升的影响也出现产销下降的现象。受 2014 年宏观经济下滑影响，与固定资产投资、基建、房地产等相关的重型客车也出现销量下滑，幅度为 3.9%。

（5）汽车出口下降、进口增加

据中国汽车工业协会（以下简称中汽协）统计数据显示，2014 年汽车出口累计达 91 万辆，同比下降 6.9%。出口车型主要为轿车、客车与载货车。

据海关数据显示，2014 年 1—11 月汽车进口累计达 129.5 万辆，与上年同期相比增长 20.7%，进口车型主要为越野车、轿车和小型客车。

（6）新能源汽车产销增长迅猛

据中汽协会统计数据显示，2014 年新能源汽车产量为 78499 辆，销量为 74763 辆，分别增长 350% 与 320%。其中纯电动汽车产销量分别达 48605 辆与 45048 辆，分别增长 240% 与 210%；插电混合动力汽车分别达 29894 辆与 29715 辆，分别增长 810% 与 880%。新能源汽车的大幅增长主要得益于国家政策扶持，2014 年国务院及各部委相继颁布多项鼓励新能源汽车发展政策。

二、存在的问题

（1）汽车限购政策实施范围扩大

处于环保、交通、土地资源等多方面压力，继北京、上海、天津、广州、杭州、石家庄、贵阳之后，2014 年深圳已成为我国第 8 个实施汽车限购的城市，预计2015 年实施汽车限购政策的城市仍将有所增加，这将对汽车销售带来负面影响。另外，限购的蔓延还会导致其他城市短期内发生抢购，形成透支消费，长远来看不利于汽车市场的稳定发展。

（2）大城市限制机动车使用强度政策

为降低城市交通拥堵，多个大城市采取限行、收取拥堵费、提高停车费标准等手段降低机动车使用强度，这些政策将在一定程度上抑制居民对汽车消费的需求。

（3）载货汽车市场前景不容乐观

预计 2015 年国内经济发展仍面临较大下行压力，受基础设施建设、房地产投资下滑等影响，货物运输量下降并导致载货汽车市场的不景气。另外，2015 年将实施新的排放标准，排放检查力度将更加严格，这都将对载货汽车发展带来一定的负面影响。

（4）汽车出口或将一直低迷

虽然近年来国际经济好转对我国汽车出口带来一定拉动效应，但受到品牌影响力、营销实力限制、技术水平差距等因素制约，以及国际地缘政治不稳定性因素加剧，如东欧地区、中东地区部分国家政局的动荡、南美及非洲等市场政策的不稳定、卢布危机等，这些都对我国汽车出口带来诸多不稳定性，使得汽车出口形势近两年来一直处于下滑趋势。

第三节 电子信息

一、行业运行情况

（1）行业保持较快增长

2014年，我国规模以上电子信息制造业增加值同比增长12.2%，较2013年提高0.1个百分点。规模以上电子信息制造业收入和利润总额占工业总体比重均有所提高，占比分别为9.3%和7.2%，较2013年分别提高0.2个和0.6个百分点。

（2）投资增速持续放缓

2014年，电子信息行业500万元以上项目完成固定资产投资额12065亿元，较上年同比增长11.4%，增速下降1.5个百分点。分行业来看，重点行业呈较快增长。通信设备、集成电路和光电子器件行业的固定资产投资增速分别为21.0%、11.4%和18.9%。

（3）出口面临一定压力

2014年，我国电子信息产品进出口总额为13302亿美元，同比增速为-0.5%。主要是由于进口出现下滑，2014年电子信息行业实现进口额5340亿美元，同比下降2.8%；出口额为7897亿美元，同比增长1.2%。外贸结构方面，一般贸易比重有所提高，较2013年提高了3.2个百分点至22.6%，一般贸易出口额达到1784亿美元，同比增速为17.8%。

（4）效益水平有所提升

2014年前11个月，规模以上电子信息制造业实现主营业务收入91993亿元，同比增长9.8%；利润总额达到4023亿元，同比增速为22.9%。行业平均利润率有所提升，较上年上升0.5个百分点至4.4%。分各季度看，电子信息行业利润率呈逐季上升态势，2014年一季度、上半年和前三季度分别为3.2%、4.0%和4.1%。

二、行业存在的问题

（1）产能过剩凸显阶段性结构性矛盾

LED行业面临较为严重的结构性产能过剩危机。受芯片和外延等环节投资过热影响，价格出现大幅下降，进一步加剧了下游企业的竞争，致使部分企业关停。

LED 产业中的产能过剩主要是下游低端产品的过剩，真正高附加值的上游产品仍然不足，因此 LED 行业的产能过剩实际上是结构性过剩。当前，全球范围内电子信息产业正处于一场深刻变革之中。伴着国内经济下行压力增强的同时，新技术和新业态也不断涌现。在这样复杂的背景下，主要行业企业的转型升级难度加大，一些结构性矛盾更加凸显。

（2）核心技术和关键设备仍然受制于人

虽然电子信息产业在技术上取得重大突破，但是我国核心技术和关键设备受制人。以电子产品最为核心的集成电路为例，我国当前主要生产的还是 40nm 制造技术，国际上最先进的量产芯片制程已经能够达到 22nm。同时，集成电路的生产线设备也主要依靠进口。受美国、日本、欧洲等国家和地区对我国高技术产品禁运的影响，我国进口集成电路设备往往落后这些发达国家和地区两代到三代，这大大制约了我国集成电路核心技术的突破。

（3）新一轮国际贸易壁垒愈演愈烈

2014 年以来，欧美国家已对我国电子信息产业采取包括显性和隐性在内的多种贸易保护措施，严重阻碍我国电子制造业发展。例如通过各种"反倾销"和"反补贴"调查，以及以信息安全、知识产权和标准认证等为理由阻止我国电子产品的出口。2012 年，美国就以危害国家安全为由，做出禁止使用华为、中兴通信产品和阻止其投资贸易活动的建议。

第四节　机械工业

2014 年，机械工业在面临宏观经济增速下滑的严峻形势，通过转型升级、结构调整等手段，全行业基本保持了"稳中有进"的运行态势，增幅快于全国工业平均水平。但行业分化情况明显，与房地产、煤炭、钢铁等行业相关的领域增速缓慢并呈现增速下滑态势。整体来看，尽管面临较多困难，机械工业运行仍不乏诸多亮点。

一、行业运行情况

（1）主要指标保持稳定增长，且增幅高于全国工业平均水平

2014 年，机械工业累计增加值的增幅达到 10%，与同期全国工业平均增幅

相比，高出了 1.7 个百分点；其中，前 11 个月主营业务收入达到 19.9 万亿元，同比增长 9.7%，比同期全国工业平均增幅高出 2.4 个百分点；1—11 月实现利润总额 1.4 万亿元，同比增幅为 11.2%，比同期全国工业平均增幅高出 5.9 个百分点；1—11 月实现税金总额 7266 亿元，同比增幅为 9.3%，比同期全国工业平均增幅高出 2.1 个百分点；全年实现外贸出口总额达 7255 亿元，同比增幅为 8.1%，比同期全国工业平均增幅高出 4.7 个百分点。

（2）主要产品产量保持增长态势

2014 年机械工业实现产品产量增长的达到 46 种，占全部重点监测 64 种产品的 72%。其中具备代表性的产品有：

汽车方面，全年产销量双双突破 2300 万辆，连续六年稳居世界第一。

发电设备方面，全年实现累计产量达 1.3 亿千瓦，连续九年实现产量超亿千瓦。

大中型拖拉机方面，全年累计生产量达 64.4 万台，比 2013 年高出 6 万台。

金切机床方面，全年产量累计为 85.9 万台，同比增长 3.1%。其中，数控机床产量达到 26.1 万台，同比增长 14.8%。

机型工业是服务于国民经济的装备工业，其发展应具备一定领先性，因此机械工业发展速度适当快于全国工业平均速度有利于国家经济结构调整。另外，通过发展资源消耗量较低以及附加值较高的工业产品，可大幅提高我国工业运行的质量与效益。

二、存在的问题

（1）机械工业行业之间分化趋势不断加剧

受宏观经济下滑影响，基础设施投资建设、房地产市场等波动加剧，因此与之相配套的传统装备制造业也出现明显的经济运行下滑趋势，如挖掘机、装载机等产品 2014 年产量明显下滑。而一些新兴经济增长点，如环保、仪表、基础件、汽车等，这些有利于民生改善及提升全行业素质的子行业与产品则发展较快，增速高于全行业平均水平。如汽车领域，受国家扶持力度加大的利好带动，新能源汽车在 2014 年取得非凡成绩，呈现爆炸性增长；在环保领域，例如环境监测专用仪器仪表、污染防治专用设备等也表现出强劲增长势头。

（2）产品价格指数在低位徘徊，各项经济指标增幅继续下降

受市场整体需求不足的影响，机械产品的市场竞争度不断加剧，总体价格水

平延续了 2013 年的低迷态势，截至 2014 年 12 月，机械产品累计价格指数呈现出连续 35 个月低于 100% 的低迷形势。与此同时，全行业主营业务收入增幅以及利润增幅也都出现了不同程度的回落。

（3）固定资产投资增速回落，库存压力增大

2014 年，机械工业累计完成固定资产投资总额为 4.5 万亿元，同比增幅为 12.7%，但从分月数据来看，增速自 6 月份开始出现逐月下滑态势，从上半年的超过 10% 回落至 12 月的 9.5%。与此同时，机械工业存货的产成品增速全年呈现出逐步升高的趋势。1—11 月，机械工业存货同比增幅为 9.5%，高出上年同期 2.7 个百分点；产成品同比增速为 17.5%，高出上年同期 11.4 个百分点。

第五节　纺织

一、行业运行情况

（1）生产增速有所下降

2014 年，全国规模以上纺织企业工业增加值同比增速 7%，较 2013 年下降了 1.3 个百分点，较 2014 年上半年下降了 0.5 个百分点。其中，纺织业与纺织服装业分别同比增长 6.7% 和 7.2%，增速分别较上半年下降了 1.2 个和 0.5 个百分点。从主要产品产量看，布产量为 703.7 亿米，服装产量为 299.2 亿件，同比增速分别为 -0.5% 和 1.6%，分别较上半年下降 3.5 个和 2.2 个百分点。

（2）出口增速有所回落

2014 年，我国纺织服装出口总额达到 2984.3 亿美元，同比增长 5.1%，较 2013 年下降了 6.3 个百分点。其中，纺织业和纺织服装业分别出口 1121.4 亿美元和 1862.9 亿美元，分别同比增长 4.9% 和 5.2%。分市场来看，我国对欧洲和美国出口保持较快增长，但是对东盟的出口增速明显下降。数据显示，2014 年我国纺织行业对欧洲和美国的出口增速均为两位数增长，对东盟的出口仅为个位数增长。

（3）投资增速放缓

2014 年，我国纺织行业 500 万以上项目完成固定资产投资 10362.5 亿元，同比增速为 13.4%，较上半年回落了 2.7 个百分点。新开工项目数呈负增长，同比为 -0.5%，表明纺织企业信心不足。分行业来看，化纤织造行业、麻纺行业

和纺织专用设备制造业的投资呈回落态势，2014年三个行业的投资增速分别为 -22.3%、-25.6% 和 -10.4%。从投资结构来看，在东南沿海产业转移的大背景下，中西部投资保持较快增长，2014年投资增速高达 15.7%，比全国平均投资高出 2.3 个百分点。

二、行业存在的问题

（1）棉花问题依然困扰纺织行业

为了稳定大幅波动的棉花价格，国家实施了收储政策，导致国内外的棉花价格差距越来越大。数据显示，2013年棉价差额最高达到 5400 元 / 吨。2014年，国家对棉花政策进行了调整，将收储改为直补，在一定程度上将有利于棉价差距的收窄。但是，受气候、期货市场等外部因素影响，国外棉价的大幅波动仍难以避免。

（2）成本约束进一步增强

纺织行业作为劳动密集型产业，受人力资源成本上涨影响十分明显。数据显示，纺织行业的劳动力成本年均增速高达 15%，劳动力成本占比不断攀升，使得纺织业尤其是服装行业遭受巨大压力。目前，东南亚服装行业的工人工资水平仅为我国服装行业的三分之一，长期以来我国的低成本竞争优势已经十分有限。

（3）市场竞争愈发激烈

近年来，综合考虑到汇率、成本等因素，越南、孟加拉国等东南亚国家的竞争优势不断增强，在国际市场上的占比也有所提高。受综合成本不断上升影响，我国纺织行业的国际竞争压力不断增强。数据显示，2014年我国占美国和日本服装进口总额的比重较上年均有所下降，表明当前国际市场竞争十分激烈。

第六节　有色

一、行业运行情况

（1）重点产业产量呈平稳增长

2014年，我国十种有色金属产量为 4417 万吨，较上年增长 7.2%，回落了 2.7 个百分点。其中，精炼铜产量为 796 万吨，同比增长 13.8%；原铝产量为 2438 万吨，同比增长 7.7%；铅产量为 422 万吨，增长 -5.5%；锌产量为 583 万吨，增速为 7%。

铜材产量为 1784 万吨，同比增长 13.3%，增速回落了 11.7 个百分点；铝材产量为 4846 万吨，同比增长 18.6%，增幅回落 5.4 个百分点。

（2）投资增长有所回落

2014 年，有色金属行业完成固定资产投资 6912.5 亿元，较上年增长 4.6%，增幅回落 15.2 个百分点。分行业看，铝冶炼行业投资呈负增长，完成固定资产投资 618.6 亿元，同比增速为 –17.8%；有色加工行业完成固定资产投资 3810.7 亿元，同比增速为 15.4%。

（3）外贸呈平稳增长

2014 年，有色金属进出口总额 1771.6 亿美元，同比增长 12.1%。外贸平稳发展主要得益于出口的快速增长。实现出口额 771.6 亿美元，涨幅高达 40.9%；进口额 1000.2 亿美元，同比增速为 –3.2%。进口的负增长一定程度上是受印尼限制原矿出口政策调整影响。政策调整后，铝土矿、红土镍矿进口降幅分别高达 48.7% 和 33%。

二、行业存在的问题

（1）产能过剩压力较大

目前，电解铝产能为 3500 万吨，其中应该淘汰的落后产能十分有限。此外，部分企业在关停过程中也遭遇许多难以解决的问题，如税收、就业、债务等方面。由于淘汰产能的渠道并不十分通畅，当前电解铝产能过剩压力仍较大。除了电解铝之外，其他品种产能及一些中低档加工产能过剩亦较严重。

（2）企业财务费用快速增长

受体制原因影响，煤炭价格虽然已经下跌，但是由此带来的发电成本下降并不能传导至用户，一些采用网电的企业如国有电解铝、海绵钛等出现严重亏损。进而引发银行收紧了对企业的信贷，企业不得不求助于影子银行，导致企业融资成本进一步提高。数据显示，2014 年规模以上有色金属工业企业财务费用增长高达 20%。

（3）主要产品仍以中低端为主

2013 年我国进口额最大的商品是集成电路芯片，进口额达 2300 亿美元，而集成电路材料中有色金属占比达 70% 以上，对有色金属行业形成有利支撑。但是，总体上我国有色金属精深加工产品国际产业链的位置依然是中低端，一些高端有色金属产品如海洋工程、航空用材等依然以进口为主。

第七节 建材

一、行业运行情况

（1）总体呈中速平稳增长

2014年，规模以上建材工业实现主营业务收入4.8万亿元，同比增长9.7%，增速下降6.2个百分点。分季度看，一季度、上半年和前三季度增速分别为13.6%、13.2%和11.5%，呈逐季回落态势。这表明在新常态大背景下，建材工业总体已经进入增速换挡期，未来一段时期将在中速区间保持平稳增长。

（2）主要产品产量增速呈回落态势

受宏观环境及行业内部结构调整等因素影响，传统建材产品增长速度大幅回落。2014年，几个主要建材产品中，水泥和平板玻璃呈低速增长。水泥产量达到24.8亿吨，较上年同比增长1.8%；平板玻璃产量达到7.9亿重量箱，较上年同比增长1.1%。陶瓷砖和卫生陶瓷产量增速也均低于建材和工业增长速度。产销率方面，水泥和平板玻璃产销率分别为98.9%和96%，较上年分别下降0.4个和2个百分点。

（3）投资保持稳定增长

2012年以后，建材工业固定资产投资增长速度呈高位回落态势。2014年建材工业固定资产投资同比增速为14%，增速与上年基本持平。分行业看，占建材行业投资前4位的行业分别是：混凝土与水泥制品业、建筑用石开采与加工业、砖瓦及建筑砌块制造业、轻质建材制造业。受房地产市场萎缩影响，水泥制造业投资增速回落明显，从2013年的23.8%降到2014年的7.4%，卫生陶瓷制造业和平板玻璃制造业等行业投资为负增长。

（4）对外贸易增势疲软

2014年，建材行业出口增速出现放缓，对建材工业增长的拉动作用有所减弱。建材及非金属矿出口超过360亿美元，较上年增长11%，增速下降了10个百分点；剔除汇率、价格因素，建材行业实际出口同比增速仅为5.3%。2014年，建材行业进口呈高速增长，进口额超过460亿美元，较2013年同比增长110.8%。进口的快速增长和出口增长的回落，导致建材行业于7月份以后出现贸易逆差。

二、行业存在的问题

（1）行业运行面临较大的下行压力

建材行业发展依然属于粗放式增长模式，因此在产品销售量和价格持续下行的背景下，建材工业的毛利率持续下降，2014年较上年下降了0.9个百分点。2014年建材及非金属矿出厂价格全年平均比2013年上升0.2%。2014年，建材主要产品出厂价格环比逐月下滑。以水泥和平板玻璃为例，水泥价格2014年前9个月呈下降趋势，平板玻璃价格从2013年10月至2014年8月也持续下跌。因此，未来一定时期内，建材主要产品价格仍将处于低位增长区间，行业运行压力依然较大。

（2）应收账款高居不下

2014年，建材工业应收账款为5000亿元，占主营业务收入比重为10.4%，同比增速为12.7%。混凝土与水泥制品业、水泥制造业面临的应收账款居高不下造成的呆坏账风险十分明显。2014年末，混凝土与水泥制品业应收账款较2013年增长15.7%，水泥制造业应收账款与2013年末持平，两者分别占各自行业主营业务收入的22.8%和7.7%。

（3）产成品库存高企

2014年，规模以上建材工业产成品库存同比增长13.2%，增长幅度高于销售和成本增长速度。规模以上建材工业产成品存货可供销售天数为12.4天，较去年提高了0.4天。产能过剩行业中，水泥制造业和平板玻璃制造业的产成品存货可供销售天数分别提高了1.0天和0.1天。

（4）中小企业经营压力凸显

部分建材大企业集团通过转变发展方式，提升了企业的盈利能力。但是受经营管理能力不足、技术落后的因素影响，中小企业的经营面临严峻形势。2014年规模以上水泥制造业企业亏损面达到24.2%，较上年提高了3.6个百分点，亏损企业亏损额近100亿元，同比增速为21.4%；平板玻璃制造业企业亏损面为29.5%，较2013年提高了5.8个百分点，亏损企业亏损额近35亿元，增幅高达147%。此外，融资困难也是中小企业的主要约束。受建材企业融资成本上升影响，建材企业尤其是中小企业面临的瓶颈日益明显。2014年，规模以上建材工业财务费用呈快速增长，同比增速为10.9%。其中，利息支出是最主要的部分。利息支出和财务费用的快速增长导致建材企业成本快速上涨。

第八节　轻工业

2014年，轻工业经济运行走势呈现出较大波动。与2013年相比，主要经济指标增速均有所回落，但轻工业发展仍有三大亮点：轻工出口增速、轻工投资额增速均高于全国平均水平，轻工企业电商迅猛发展，这些对提升轻工业经济发展起到重要作用。展望未来，轻工业发展将逐渐进入新常态。

一、行业运行情况

（1）轻工业主要指标保持稳定增长

2014年，轻工业工业增加值同比增速为8.6%，出口交货值达27246.1亿元，同比增速达7.2%；主营业务收入达198351.8亿元，同比增速达9%；利税总额为17757.7亿元，同比增长7.5%，利润总额为11666.3亿元，同比增速为7%。

（2）轻工业进出口发展迅猛

2014年，轻工业出口额达5569.1亿美元，同比增速达10.6%，进口额为1412.6亿美元，同比增速高达24.6%。其中，规模以上企业完成出口交货值累计达2.72万亿元，同比增速为7.2%。全年轻工贸易顺差达4156.9亿元，达到全国贸易顺差的1.3倍。轻工商品中出口增速有提高的主要是以下商品：工艺美术品、玩具、冷藏冷冻箱及空调用压缩机、农副食品。

（3）轻工业主要行业投资增速快于全国平均水平

2014年，轻工业主要行业投资增速比上年虽有所回落，但相对于全国投资以及制造业投资增速来看，轻工业投资增速仍属高位增长。例如，轻工业中投资增速较高的食品制造业投资同比增长22%、金属制品业投资同比增长21.4%。

二、存在的问题

（1）企业经营压力依旧较大

从全行业整体情况来看，轻工企业仍面临融资难、融资贵等现象，企业经营压力依旧较大。具体来看，从财务费用、利息支出来看，其增长速度比2013年均有所加快。与此同时，全行业负债增速、资产负债率水平均呈现下降趋势，如资产负债率 2012 年高达 54.9%，而目前已下降至 51.7%。

（2）轻工业市场内需乏力，增长前景不容乐观

2014 年，受宏观经济形势下滑、房地产行业不景气影响，轻工业内需市场增长乏力。具体表现在如下方面：

一方面快速消费品增速出现较大回落，并进一步拉低了轻工业整体增速。快速消费品主要由食品生产、农副食品加工、酒与饮料生产等行业组成，其占轻工业主营业务收入比例高达 45%。由于前几年大食品工业增速较快，年均增长率达 30% 以上，而自 2013 年以后，由于需要消化过剩产能，并且同时受高端消费以及集团消费增速回落等多重因素影响，大食品行业的主营业务收入增速急剧下滑至 10% 左右，严重影响了轻工业整体发展水平。

另一方面，2014 年房地产行业整体不景气，因此与之相关的轻工业发展速度放缓，例如家电、卫浴、家具等耐用消费品行业。1—11 月，耐用消费品行业的主营业务增速为 10.2%，比 2013 年末下滑了 4.6 个百分点。

区域篇

第九章 四大区域工业发展质量评价与分析

第一节 四大区域截面指数分析

综合篇中我们分析了全国工业发展质量指数，可以看到2005—2013年我国工业发展质量整体明显提升。本章从东部、东北、中部和西部四大区域的角度出发[1]，全面透彻地分析四大区域的工业发展质量及其特点，为引导我国区域均衡发展提供相应的决策参考。

表20 2005—2013年四大区域截面指数

	2005	2006	2007	2008	2009	2010	2011	2012	2013
东部地区	41.1	42.6	40.8	40.7	43.7	43.6	44.4	46.6	45.2
东北地区	28.8	30.1	30.7	29.8	32.3	31.7	30.4	31.1	27.9
中部地区	23.4	25.4	26.8	26.7	29.8	30.9	30.1	30.0	29.3
西部地区	21.8	22.8	23.9	23.5	24.3	24.7	26.1	27.4	26.4

表21 2005—2013年四大区域截面指数排名

	2005	2006	2007	2008	2009	2010	2011	2012	2013
东部地区	1	1	1	1	1	1	1	1	1
东北地区	2	2	2	2	2	2	2	2	3
中部地区	3	3	3	3	3	3	3	3	2
西部地区	4	4	4	4	4	4	4	4	4

利用本书的评价指标体系，借助主客观赋权法，得到2005—2013年全国30

[1] 东部地区包括北京、天津、河北、上海、江苏、浙江、福建、山东、广东和海南10省（市）；中部地区包括山西、安徽、江西、河南、湖北和湖南6省；西部地区包括内蒙古、广西、重庆、四川、贵州、云南、西藏（未参与分析）、陕西、甘肃、青海、宁夏和新疆12省（区、市）；东北地区包括辽宁、吉林和黑龙江3省。

个省（区、市）工业发展质量截面指数（各省分析详见第六章），据此计算出四大区域的工业发展质量截面指数及排名，结果见表20和表21。

从表20和表21中可以看到，2005—2013年，四大区域中，东部地区工业发展质量截面指数始终位于首位，2005—2012年，东北地区和中部地区分列第2和第3位，2013年中部地区工业发展质量截面指数超越东北地区排在第2位，而西部地区始终位于四大区域末位。东北地区工业发展质量排名的走势，与东北经济发展水平呈现出一定的吻合性，近两年，东北地区经济增速整体处于全国靠后水平。从工业来看，2015年3月，东部地区工业增加值同比增长6.3%，中部地区增长6.3%，西部地区增长7.1%，而东北地区下降3.2%，进一步凸显出当前东北老工业基地转型升发展的困境。

整体看，近些年中部地区的经济发展取得了显著成绩，湖北、湖南等省份根据国家提出的走中国特色新型工业化道路的总体指导思想，各省结合自身工业实际情况，以推动产业自主创新作为发展的核心与主题，以节约资源和保护环境作为衡量科学发展的准则，以信息化建设和优势人力资本作为发展的重要推力，中部地区的新型工业化呈现出产业结构优化、发展方式向好的良好局面，工业发展质量整体明显提升。

第二节　四大区域分类指数分析

第一节分析了四大区域工业发展质量截面指数的综合比较情况，本部分详细分析影响工业发展质量截面指数的6个分类指数的具体表现，以便从深层次上挖掘四大区域提升工业发展质量的着力点。

为了看到四大区域6个分类指数的各自表现及变动情况，利用2005年和2013年四大地区6个分类指数，绘制雷达图，结果见图19和图20。

表22　2005年四大区域六个分类指数

	速度效益	结构调整	技术创新	资源环境	两化融合	人力资源
东部地区	2.7	10.6	7.0	9.8	7.4	3.6
东北地区	4.8	3.1	6.2	6.9	3.4	4.5
中部地区	2.8	3.7	5.9	5.4	2.8	2.9
西部地区	4.0	2.9	5.4	4.2	1.8	3.4

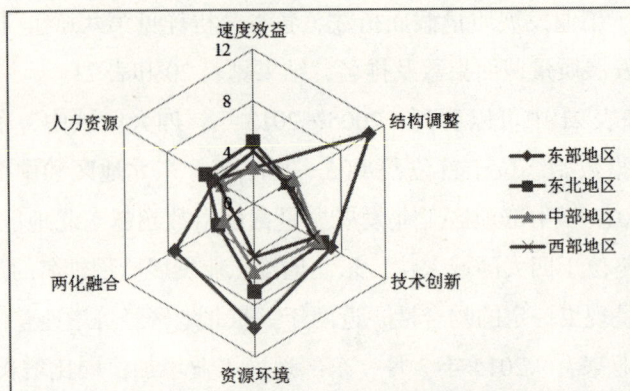

图19　2005年四大区域工业发展质量分类指数

图 19 显示，2005 年，6 个分类指数中，东部地区在结构调整、资源环境和两化融合方面领先优势明显，在技术创新和人力资源方面也处于小幅领先地位，东北地区在速度效益和人力资源方面处于领先地位，中部地区在结构调整、技术创新和资源环境等多个方面均处于中游水平，西部地区在速度效益和人力资源方面表现较好，处于第 2 位。

图 20 显示，2013 年，6 个分类指数中，东部地区在结构调整、资源环境和两化融合方面的领先优势依然明显，在技术创新方面的优势明显扩大，技术创新指数由 2005 年领先 0.8 点到 2013 年的 2.5 点，表明东部地区技术创新能力明显增强的同时，还实现了结构不断优化、环境逐步改善，且人力资源依然保持小幅领先态势。西部地区的速度效益指数超过东北地区位居四大区域首位，表明近些年来我国产业梯度转移效果十分显著，西部地区正处于工业加速发展时期。同时中部地区的技术创新指数和资源环境指数明显提升，跃居四大区域第 2 位，表现出在注重经济发展内生动力的同时也没有忽视资源环境的保护。

表 23　2013 年四大区域 6 个分类指数

	速度效益	结构调整	技术创新	资源环境	两化融合	人力资源
东部地区	5.9	9.4	9.1	8.7	8.2	3.8
东北地区	6.0	3.8	4.6	5.2	4.2	4.1
中部地区	6.6	4.3	6.6	5.5	4.1	2.2
西部地区	7.5	3.9	4.5	4.2	3.2	3.1

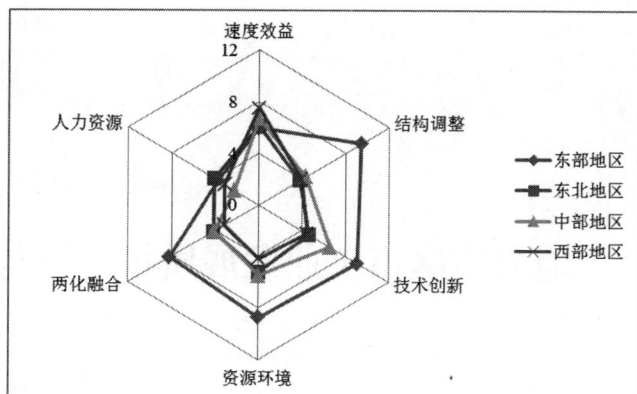

图20　2013年四大区域工业发展质量分类指数

第十章　地方省区市工业发展质量评价与分析

第一节　梯队分析

利用本书的评价指标体系，借助主客观赋权法，计算得到2005—2013年全国30个省（区、市）工业发展质量截面指数及排名，计算结果见表24和表25（2005—2013年各地区工业发展质量6个分类指数详细情况见附表1-16），表中最后一列是2005—2013年截面指数的均值及排名，体现的是2005年以来各地区工业发展质量的横向对比水平。表26是2005—2013年全国30个省（区、市）工业发展质量时序指数，表中最后一列是2005—2013年时序指数的年均增速，体现的是2005年以来各地区工业发展质量的增长水平。为衡量各地区在截面和时序上的综合表现，将表24和表26最后一列利用聚类分析进行归类，聚类方法选用Ward法，度量标准采用平方欧氏距离，最终将30个省（区、市）分成四组，结果见表27。同时，为直观看出各地区工业发展质量在两个维度上的表现，以各地区截面指数均值和全国时序指数为基准绘制散点图，将30个省（区、市）划分在四个象限中，结果见图21。

表24　2005—2013年30个省区市工业发展质量截面指数

	2005	2006	2007	2008	2009	2010	2011	2012	2013	2005—2013
北 京	51.8	53.2	55.2	56.3	55.6	54.9	56.1	60.2	58.1	55.7
天 津	53.0	49.4	46.5	47.0	47.1	47.7	48.3	51.4	48.9	48.8
河 北	24.2	22.2	22.8	22.9	24.4	21.7	22.5	23.7	22.7	23.0
山 西	21.1	22.5	23.8	22.6	19.5	27.4	26.4	23.0	18.1	22.7
内蒙古	26.8	27.1	29.8	26.5	31.2	26.9	31.0	28.2	26.7	28.2
辽 宁	30.6	31.3	29.4	29.4	30.4	30.6	28.6	29.4	28.8	29.8

（续表）

	2005	2006	2007	2008	2009	2010	2011	2012	2013	2005—2013
吉 林	18.4	22.9	28.4	24.6	30.2	27.7	28.0	28.1	24.4	25.8
黑龙江	37.6	36.1	34.3	35.6	36.4	36.8	34.5	35.9	30.6	35.3
上 海	50.8	56.9	50.3	48.8	51.9	54.2	52.9	52.8	52.8	52.4
江 苏	44.2	47.5	47.0	50.7	52.2	50.4	53.5	56.5	55.6	50.8
浙 江	37.3	37.8	38.2	37.2	38.4	41.4	42.1	45.5	45.8	40.4
安 徽	21.9	23.2	26.2	26.7	30.6	32.2	33.3	32.4	32.6	28.8
福 建	36.4	35.2	33.4	33.7	37.4	40.4	41.4	43.2	41.7	38.1
江 西	22.8	26.1	27.0	25.0	29.6	27.1	23.9	24.7	30.9	26.3
山 东	38.8	37.5	36.2	36.0	42.8	38.9	43.2	44.9	41.4	40.0
河 南	25.2	26.6	27.2	28.1	29.6	26.3	27.5	27.6	27.6	27.3
湖 北	23.7	27.5	28.3	30.4	33.3	36.4	33.7	34.9	32.7	31.3
湖 南	25.5	26.4	28.1	27.6	35.9	35.9	35.6	37.1	34.1	31.8
广 东	55.1	58.5	56.2	55.9	58.8	58.9	59.0	60.9	60.2	58.2
广 西	23.3	22.5	25.6	21.3	22.9	23.9	24.4	26.8	27.4	24.2
海 南	19.5	28.0	22.1	18.2	28.0	27.4	25.3	26.6	24.6	24.4
重 庆	28.6	30.7	33.7	34.4	35.7	36.1	37.5	38.9	43.1	35.4
四 川	24.3	25.7	26.7	25.6	28.3	26.8	26.2	31.1	30.7	27.3
贵 州	17.7	20.6	17.1	19.6	19.9	23.5	23.3	28.1	26.3	21.8
云 南	18.4	19.6	17.2	17.7	18.8	20.7	21.5	22.5	19.1	19.5
陕 西	29.2	27.8	29.1	30.6	34.2	34.2	37.7	36.4	38.0	33.0
甘 肃	18.5	14.9	20.2	16.9	16.8	15.6	17.1	22.1	15.8	17.5
青 海	14.6	18.6	20.4	20.2	15.2	18.4	22.2	20.1	16.6	18.5
宁 夏	17.7	18.7	18.4	19.4	18.6	21.2	20.2	20.8	22.5	19.7
新 疆	20.8	24.3	25.3	26.4	25.7	24.3	26.5	25.9	24.3	24.8

表 25　2005—2013 年 30 个省区市工业发展质量截面指数排名

	2005	2006	2007	2008	2009	2010	2011	2012	2013	2005—2013
北 京	3	3	2	1	2	2	2	2	2	2
天 津	2	4	5	5	5	5	5	5	5	5
河 北	17	25	24	22	23	26	26	25	25	24
山 西	22	23	23	23	26	18	20	26	28	25
内蒙古	13	15	11	17	14	20	15	17	20	16
辽 宁	10	10	12	13	16	15	16	16	17	14

（续表）

	2005	2006	2007	2008	2009	2010	2011	2012	2013	2005—2013
吉 林	27	22	14	21	17	16	17	19	23	20
黑龙江	7	8	8	8	9	9	12	12	16	10
上 海	4	2	3	4	4	3	4	4	4	3
江 苏	5	5	4	3	3	4	3	3	3	4
浙 江	8	6	6	6	7	6	7	6	6	6
安 徽	21	21	20	16	15	14	14	14	13	15
福 建	9	9	10	10	8	7	8	8	8	8
江 西	20	18	18	20	19	19	24	24	14	19
山 东	6	7	7	7	6	8	6	7	9	7
河 南	15	16	17	14	18	22	18	20	18	17
湖 北	18	14	15	12	13	10	13	13	12	13
湖 南	14	17	16	15	10	12	11	10	11	12
广 东	1	1	1	2	1	1	1	1	1	1
广 西	19	24	21	24	24	24	23	21	19	23
海 南	24	12	25	28	21	17	22	22	22	22
重 庆	12	11	9	9	11	11	10	9	7	9
四 川	16	19	19	19	20	21	21	15	15	18
贵 州	29	26	30	26	25	25	25	18	21	26
云 南	26	27	29	29	27	28	28	27	27	28
陕 西	11	13	13	11	12	13	9	11	10	11
甘 肃	25	30	27	30	29	30	30	28	30	30
青 海	30	29	26	25	30	29	27	30	29	29
宁 夏	28	28	28	27	28	27	29	29	26	27
新 疆	23	20	22	18	22	23	19	23	24	21

表 26　2005—2013 年 30 个省区市工业发展质量时序指数

	2005	2006	2007	2008	2009	2010	2011	2012	2013	2005—2013年均增速
北 京	100.0	104.5	125.0	132.8	131.2	132.8	142.4	154.4	157.6	5.8
天 津	100.0	96.5	104.5	107.9	113.7	121.1	128.7	139.4	146.2	4.9
河 北	100.0	103.1	110.0	121.5	129.7	143.7	151.9	165.7	182.2	7.8
山 西	100.0	115.6	136.5	143.0	147.4	159.8	173.8	212.5	225.5	10.7
内蒙古	100.0	130.5	138.3	147.9	158.3	171.2	195.3	199.8	226.7	10.8
辽 宁	100.0	106.6	116.8	127.9	150.5	169.5	178.3	191.7	207.0	9.5
吉 林	100.0	113.8	134.3	140.7	173.1	186.7	204.9	225.5	243.9	11.8

（续表）

	2005	2006	2007	2008	2009	2010	2011	2012	2013	2005—2013年均增速
黑龙江	100.0	99.7	109.6	115.5	126.2	136.0	147.5	156.8	179.4	7.6
上 海	100.0	106.0	115.4	110.4	122.9	130.7	133.5	139.4	144.4	4.7
江 苏	100.0	109.8	122.3	135.4	144.7	154.4	165.5	176.8	188.9	8.3
浙 江	100.0	106.8	116.3	119.1	127.8	137.8	145.4	156.5	171.1	6.9
安 徽	100.0	107.3	130.7	142.8	163.9	185.3	220.5	244.6	274.6	13.5
福 建	100.0	102.8	111.2	121.4	133.7	146.5	156.7	170.5	180.0	7.6
江 西	100.0	114.3	131.2	149.9	175.2	200.2	217.3	222.2	265.5	13.0
山 东	100.0	105.5	112.4	123.3	136.0	145.5	156.4	164.9	177.9	7.5
河 南	100.0	109.7	117.9	131.2	141.6	155.0	174.1	194.3	219.9	10.4
湖 北	100.0	109.6	123.6	137.4	153.3	172.9	189.2	213.6	238.6	11.5
湖 南	100.0	108.0	120.0	134.1	156.8	176.3	195.0	220.5	237.8	11.4
广 东	100.0	107.9	120.2	121.1	130.5	138.4	144.5	153.7	160.1	6.1
广 西	100.0	106.1	120.4	134.6	141.9	161.4	189.9	215.3	245.3	11.9
海 南	100.0	159.5	131.2	134.3	160.4	175.3	206.4	270.6	290.4	14.3
重 庆	100.0	106.7	122.9	138.5	154.2	175.7	219.4	264.0	307.5	15.1
四 川	100.0	112.0	124.1	135.8	154.7	171.7	197.5	233.0	265.4	13.0
贵 州	100.0	110.9	113.5	131.1	142.2	161.5	164.4	191.5	204.9	9.4
云 南	100.0	107.0	118.2	115.9	124.1	132.7	139.8	152.4	162.7	6.3
陕 西	100.0	101.9	109.6	121.5	132.8	149.6	161.2	172.4	199.0	9.0
甘 肃	100.0	115.3	129.4	118.6	128.2	140.1	145.9	161.4	171.3	7.0
青 海	100.0	114.6	123.3	134.2	149.3	149.5	172.3	190.5	207.3	9.5
宁 夏	100.0	107.7	114.9	135.4	148.0	159.0	185.5	192.3	206.0	9.5
新 疆	100.0	103.3	122.0	136.3	136.2	154.9	165.4	163.1	184.3	7.9

从工业发展质量截面指数来看，表 24 显示，北京、天津、上海、江苏、浙江、福建、山东和广东是我国工业发展质量较好的地区，2005—2013 年始终处于全国前十名。

广东工业发展质量基本处于全国首位，这与其多年来在结构调整、技术创新、两化融合和资源环境等方面始终处于全国领先水平密切相关，2005—2013 年四大类指数均值位于全国前四名，其中结构调整指数位居全国第一。

北京工业发展质量基本处在全国第 2 位，主要得益于技术创新、资源环境、两化融合和人力资源的突出表现，其中技术创新、资源环境和两化融合三大类指数 2005—2013 年均值均位居全国首位，同时，北京在人力资源和结构调整方面也取得了明显成就，分别位居全国第 2 和第 6 位，处于全国前列。

上海工业发展质量处在全国第 3、4 位，主要原因在于其结构调整、技术创新、两化融合、资源环境和人力资源等多个方面的良好表现，其中两化融合指数处于全国第 2 位，资源环境指数和人力资源指数处于全国第 3 位，技术创新指数和结构调整指数分别位于第 4 和第 5 位。

江苏工业发展质量处于全国第 3、4 位，主要得益于其在结构调整、技术创新、资源环境和两化融合等方面的良好表现，特别是结构调整指数在 2005—2013 年的均值位居全国第 2 位，两化融合指数和资源环境指数分别位居第 4 和第 5 位。

天津工业发展质量的排名有所下滑，从 2005 年的第 2 位下降至 2013 年的第 5 位，主要原因在于天津技术创新指数、资源环境和两化融合指数的排名有所下滑，但需要强调的是，天津是工业发展质量排在全国前列各省市中表现最为均衡的一个，六大类指数 2005—2013 年均值排名均处于全国前 8 位，综合表现比较均衡。

浙江工业发展质量排名较为稳定，保持在全国第 6 位，与排在前几位的省市类似，浙江省工业发展质量六大类指数中，也是在结构调整、技术创新、资源环境和两化融合方面表现较好，均处于全国前 7 位，优势比较明显。但浙江在速度效益和人力资源方面则表现一般，分别位居全国第 28 和第 22 位。

山东工业发展质量基本保持在全国第 7 位左右。从各指数表现来看，结构调整指数表现最好，2005—2013 年指数均值排在全国第 4 位，资源环境指数和两化融合指数也表现较好，均处于全国第 8 位。但山东的速度效益指数、技术创新指数和人力资源指数表现一般，均处于全国中游水平。

福建工业发展质量基本保持在全国第 7 位左右。从各指数表现来看，两化融合指数表现最好，2005—2013 年指数均值排在全国第 5 位，结构调整指数和资源环境指数也表现较好，分别处于全国第 8 和第 7 位。但福建的速度效益指数、技术创新指数和人力资源指数表现一般，均处于全国中游水平。

地区分布方面，除东部沿海地区的工业发展质量截面指数处于全国前列以外，东北的黑龙江和辽宁、西部的陕西和重庆、中部的安徽、湖北和湖南也表现较好，均处于全国中上游水平，其中湖北、湖南和安徽的排名均呈上升趋势，但辽宁和黑龙江的排名有所下降。此外，河北、山西、内蒙古和甘肃的排名下降幅度较大，江西和贵州的排名有明显上升。

　　分类指数方面，中西部地区具有自身的特点和优势。例如，内蒙古、新疆等西部地区在速度效益、人力资源等方面取得了突出成就，均处于全国领先水平，湖南、湖北等中部省份在技术创新等方面提升明显。结合东部地区的表现来看，我国东中西部地区的工业发展各具特色，各有优势。

　　从工业发展质量时序指数来看，表26显示，东北的吉林、中部的安徽、江西、湖南、湖北以及西部的重庆、四川和广西等省区市的工业发展质量增长较快，年均增速均超过11%。而北京、天津、上海、广东等东部地区的工业发展质量增速相对较慢，除广东年均增长6.1%以外，其余地区增速均在6%以下。

表27　30个省区市工业发展质量分组

分组	截面指数表现	时序指数表现
一	广东、北京、上海、江苏	重庆、海南、安徽、江西、四川、广西、吉林、湖北、湖南
二	天津、浙江、山东、福建、重庆、黑龙江、陕西	内蒙古、山西、河南、青海、辽宁、宁夏、贵州
三	湖南、湖北、辽宁、安徽、内蒙古、河南、四川、江西、吉林	陕西、江苏、新疆、河北、福建、黑龙江、山东
四	新疆、海南、广西、河北、山西、贵州、宁夏、云南、青海、甘肃	甘肃、浙江、云南、广东、北京、天津、上海

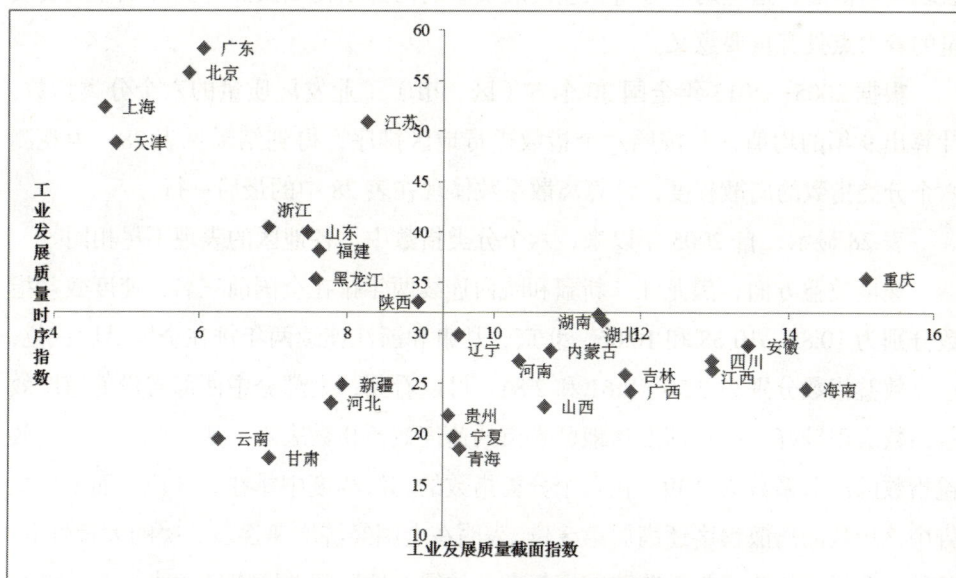

图21　30个省区市工业发展质量综合表现

综合来看,表 27 显示,东部发达地区的工业发展质量在截面指数中表现较好,而在时序指数排名中表现相对一般,这在一定程度上反映出当前中国产业转移成效显著,但工业转型升级面临较大挑战。图 21 显示,位于水平线上方的地区是工业发展质量截面指数位于全国平均水平以上的省区市,位于垂直线右侧的地区是工业发展质量时序指数增速高于全国平均水平的省区市,因此位于第一象限的地区是工业发展质量截面指数和时序指数均高于全国平均水平的省份。从 2013 年的情况来看,仅有重庆在横向比较中处于全国中上游水平,在纵向走势上也处于快速发展阶段。综合来看,我国各地区的工业发展质量确实面临一定的发展困境,对于实现规模和速度的统一还有很长的路要走。对位于第三象限的地区如云南、甘肃、河北和新疆等省份则处于存量基础不足、增量扩张乏力的困境,应采取相应措施加快工业发展质量提升的速度,扩大增量的同时做大存量。

第二节　分类指数分析

前文从截面指数和时序指数角度综合衡量了全国各省(区、市)所处梯队,本部分重点分析全国各地区六个分类指数中,哪些省区市表现突出,哪些省区市表现相对落后,这些对于分析工业发展质量的内部结构以及探寻提升工业发展质量的着力点具有重要意义。

根据 2005—2013 年全国 30 个省(区、市)工业发展质量的六个分类指数,计算出 9 年的均值,并按照六个指数进行地区排序,得到结果见表 28。为观测六个分类指数的离散程度,计算离散系数体现在表 28 中的最后一行。

表 28 显示,自 2005 年以来,六个分类指数中,各地区的表现不尽相同。

速度效益方面,黑龙江、新疆和陕西连续两年排在全国前三名,速度效益指数分别为 10.85、10.68 和 10.06,北京、甘肃和浙江连续两年排在全国最后三位,速度效益指数分别为 2.50、2.61 和 2.84。可以看到,大部分中西部省份的速度效益指数表现较好,而东部发达地区省市的速度效益指数表现一般。此外,速度效益指数的离散系数为 0.39,在六个分类指数的离散程度中排在第 5 位,而上年报告中该指数的离散程度还高居第 3 位,表明在全国经济增速逐步放缓的大背景下,各地工业经济的速度效益普遍较上年有所放缓,地区间差距有所缩小。

结构调整方面，广东、江苏和浙江连续两年排在全国前三名，结构调整指数分别为19.34、17.47和12.18，宁夏、甘肃和海南排在全国最后三位，结构调整指数分别为1.93、2.02和2.12。可以看到，东部发达省份在结构调整方面成绩显著，而中西部地区特别是西部地区的结构调整进程非常缓慢。这种差距也体现在离散系数上，结构调整指数的离散系数达到0.69，在六个分类指数的离散程度中连续两年排在第2位。

表28　2005—2013年各省区市工业发展质量分类指数均值

排名	速度效益		结构调整		技术创新		资源环境		两化融合		人力资源	
	省份	指数	省份	指数	省份	指数	省份	指数	省份	指数	省份	指数
1	黑龙江	10.85	广 东	19.34	北 京	12.37	北 京	11.77	北 京	13.53	内蒙古	6.61
2	新 疆	10.68	江 苏	17.47	广 东	11.70	天 津	10.87	上 海	12.09	北 京	6.22
3	陕 西	10.06	浙 江	12.18	重 庆	10.69	上 海	10.62	广 东	9.91	上 海	6.04
4	内蒙古	9.09	山 东	10.57	上 海	10.27	广 东	10.30	江 苏	8.97	天 津	5.76
5	青 海	8.35	上 海	10.54	湖 南	9.82	江 苏	9.14	福 建	7.48	新 疆	5.19
6	河 南	7.38	北 京	9.82	天 津	9.79	浙 江	8.79	天 津	7.15	黑龙江	4.60
7	天 津	6.80	天 津	7.92	浙 江	8.12	福 建	8.63	浙 江	6.23	吉 林	4.28
8	湖 南	6.54	福 建	6.94	江 苏	8.11	山 东	8.28	山 东	5.24	辽 宁	4.19
9	海 南	6.52	辽 宁	6.45	安 徽	7.81	重 庆	7.49	辽 宁	4.68	山 西	4.05
10	云 南	6.19	四 川	5.89	湖 北	7.74	海 南	6.40	重 庆	4.55	湖 北	3.71
11	江 西	6.14	江 西	5.52	陕 西	6.84	湖 北	6.02	湖 北	4.28	江 苏	3.66
12	四 川	5.97	河 北	5.24	山 东	6.83	安 徽	5.94	湖 南	3.77	海 南	3.56
13	福 建	5.80	重 庆	5.17	黑龙江	6.45	黑龙江	5.86	黑龙江	3.48	陕 西	3.47
14	山 东	5.71	湖 北	5.05	福 建	6.30	山 西	5.83	广 西	3.48	山 东	3.46
15	安 徽	5.63	陕 西	5.03	四 川	6.07	河 南	5.70	安 徽	3.38	宁 夏	3.41
16	贵 州	5.58	安 徽	4.80	贵 州	6.05	甘 肃	5.35	四 川	3.27	重 庆	3.23
17	湖 北	5.40	湖 南	4.51	辽 宁	5.93	宁 夏	5.29	河 北	3.12	广 东	3.17
18	吉 林	5.36	河 南	4.44	江 西	5.00	陕 西	5.26	江 西	2.91	福 建	3.14
19	广 西	5.35	吉 林	4.41	吉 林	4.92	湖 南	5.23	吉 林	2.91	河 北	3.05
20	重 庆	5.13	贵 州	3.81	河 南	4.86	辽 宁	4.91	河 南	2.90	湖 南	2.74
21	河 北	4.35	广 西	3.78	宁 夏	4.61	吉 林	4.90	陕 西	2.83	江 西	2.70
22	江 苏	4.33	黑龙江	3.77	广 西	4.57	广 西	4.88	山 西	2.52	浙 江	2.64
23	广 东	4.14	内蒙古	3.10	山 西	4.33	江 西	4.52	海 南	2.35	青 海	2.60
24	辽 宁	3.56	青 海	2.98	甘 肃	4.17	四 川	4.16	内蒙古	2.07	甘 肃	2.40
25	山 西	3.52	云 南	2.92	海 南	4.07	云 南	4.05	新 疆	1.95	贵 州	2.31
26	宁 夏	3.07	山 西	2.67	内蒙古	3.75	贵 州	3.82	宁 夏	1.67	四 川	2.29
27	上 海	3.01	新 疆	2.31	河 北	3.39	内蒙古	3.79	青 海	1.36	广 西	2.28

（续表）

排名	速度效益		结构调整		技术创新		资源环境		两化融合		人力资源	
	省份	指数	省份	指数	省份	指数	省份	指数	省份	指数	省份	指数
28	浙江	2.84	海南	2.12	云南	3.39	河北	3.71	云南	1.16	河南	2.28
29	甘肃	2.61	甘肃	2.02	新疆	2.17	新疆	3.04	甘肃	0.86	安徽	2.10
30	北京	2.50	宁夏	1.93	青海	1.93	青海	1.74	贵州	0.72	云南	1.92
离散系数	速度效益	0.39	结构调整	0.69	技术创新	0.42	资源环境	0.40	两化融合	0.73	人力资源	0.36

技术创新方面，北京、广东和重庆连续两年排在全国前三名，技术创新指数分别为12.37、11.70和10.69，青海、新疆和云南排在全国最后三位，技术创新指数分别为1.93、2.17和3.39。可以看到，东中部地区在技术创新领域优势较为明显，西部地区较为落后。此外，技术创新指数的离散系数为0.42，在六个分类指数的离散程度中排名由上年的第4位升至第3位，表明技术创新指数的离散程度较上年有所加剧。

资源环境方面，北京、天津和上海排在全国前三名，资源环境指数分别为11.77、10.87和10.62，青海、新疆和河北连续两年排在全国最后三位，资源环境指数分别为1.74、3.04和3.71。可以看到，东部地区在资源节约、环境保护方面取得了突出成绩，通过合理、高效利用资源逐步缓解资源环境束缚压力，而西部地区仍处在高污染、高消耗的阶段，资源环境压力较大。此外，资源环境指数的离散系数为0.40，在六个分类指数的离散程度中排名由上年的第5位升至第4位，表明中西部地区在承接产业转移发展经济的过程中仍需加大对环境保护的重视力度。

两化融合方面，北京、上海和广东排在全国前三名，两化融合指数分别为13.53、12.09和9.91，贵州、甘肃和云南排在全国最后三位，两化融合指数分别为0.72、0.86和1.16。可以看到，东部地区省市的两化融合取得了明显成效，而西部地区受自身传统条件的制约，两化融合步伐则明显滞缓。同时，两化融合的离散系数高达0.73，在六个分类指数的离散程度中排在首位，表明东部和中西部地区在两化融合方面存在明显差距。

人力资源方面，内蒙古、北京和上海排在全国前三名，人力资源指数分别为6.61、6.22和6.04，云南、安徽和河南排在全国最后三位，人力资源指数分别为1.92、2.10和2.28。可以看到，在人力资源方面地区间各有所长，差异较小，人力资源指数的离散系数仅为 0.36，是六个分类指数中离散程度最小的。

从上述六个分类指数的地区分析可以看到，当前，东部发达地区在结构调整、技术创新、资源环境和两化融合等方面明显领先中部和西部地区，在人力资源方面各有所长，但在速度效益方面相对落后，主要原因在于，东部发达地区经过多年的快速发展，现正处于结构调整、产业价值链提升的阶段，牺牲一定的增速是转型升级的阵痛，且中西部地区的资源密集型产业正发挥经济增长的引擎作用，效益明显高于东部地区。

第三节　地区分析

一、北京

（1）总体情况

①宏观经济总体情况

2014 年，北京实现地区生产总值 21330.8 亿元，同比增速为 7.3%。其中，第一、二、三产业增加值分别为 159 亿元、4545.5 亿元和 16626.3 亿元，同比增速分别为 –0.1%、6.9% 和 7.5%。全市常住人口人均 GDP 为 99995 元。三次产业结构为 0.7：21.4：77.9，与上年相比，工业比重略有下降。全年文化创意产业、信息产业和生产性服务业均保持快速增长，增速分别为 8.4%、9.8% 和 9.3%。随着行业的快速增长，占生产总值的比重也有所提升，三个产业占比分别为 13.1%、14.7% 和 51.9%，分别提高了 0.1、0.3 和 0.8 个百分点。

2014 年，全社会固定资产投资达到 7562.3 亿元，同比增速为 7.5%。民间投资增长快于国有控股单位。民间投资完成 2620.7 亿元，同比增速为 8.3%；国有控股单位完成投资 4457.1 亿元，同比增速为 7.2%。消费方面，实现社会消费品零售总额 9098.1 亿元，比上年同比增长 8.6%。进出口呈下滑趋势。全年北京地区进出口总值达到 4156.5 亿美元，同比增速为 –3.3%。其中，出口和进口均呈负增长，增速分别为 –1.2% 和 –3.7%。

②工业经济运行情况

2014 年，北京实现工业增加值 3746.8 亿元，较上年同比增长 6.0%。其中，规模以上工业增加值同比增速为 6.2%。规模以上工业中，战略性新兴产业呈快速增长，增幅达到 17.9%，对工业增长的贡献率高达 62.7%。规模以上工业销售产值为 17856.3 亿元，较上年增长 5.5%。其中，内销呈正增长，为 6.6%；但是出口交货值呈下降态势，增速为 -6.5%。

效益方面，2014 年规模以上工业企业经济效益综合指数为 299.18，比 2013 年提高 21.8 个百分点。工业企业利润保持快速增长，实现利润 1493.2 亿元，同比增速为 18.5%。战略性新兴产业实现利润 299.3 亿元，同比增速为 15.2%。分行业看，电力、热力生产和供应业和通用设备制造业两个行业的利润保持较快增长，增速分别为 30.8% 和 24.7%；专用设备制造业利润出现显著下降，同比增速为 -12.4%。

（2）指标分析

①时序指数

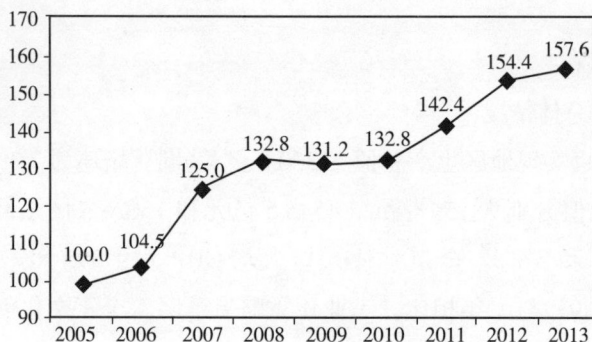

图22　北京工业发展质量时序指数

表 29　2005—2013 年北京工业发展质量时序指数

	2005	2006	2007	2008	2009	2010	2011	2012	2013	2005—2013 年均增速
速度效益	100.0	107.3	125.0	100.5	117.7	133.5	137.6	143.3	140.2	4.3
结构调整	100.0	99.2	124.7	117.8	116.8	113.1	104.7	105.1	105.0	0.6
技术创新	100.0	99.3	138.0	181.9	147.7	152.3	195.8	225.4	210.4	9.7
资源环境	100.0	108.7	115.8	135.3	133.2	116.7	131.5	150.5	170.3	6.9
两化融合	100.0	104.0	120.5	126.9	134.0	137.9	138.4	144.5	147.1	4.9
人力资源	100.0	116.0	127.5	143.8	154.1	172.2	186.4	205.5	226.8	10.8
时序指数	100.0	104.5	125.0	132.8	131.2	132.8	142.4	154.4	157.6	5.8

纵向来看，北京工业发展质量时序指数自 2005 年的 100.0 上涨至 2013 年的 157.6，年均增速为 5.8%，低于全国平均增速。

北京在技术创新和人力资源方面提升较快，年均增速分别达到9.7%和10.8%。技术创新方面，工业R&D人员投入强度和单位R&D经费支出的发明专利数快速增长，增速分别高达9.3%和16.7%。人力资源方面，第二产业全员劳动生产率和工业职工平均工资增速分别为10%和15.2%，是促进该方面快速发展的主要因素，但是就业人员平均受教育年限增速仅为1.9%，增长缓慢。

北京在速度效益、资源环境和两化融合方面发展比较均衡，稳步提高，年均增速分别为4.3%、6.9%和4.9%。速度效益方面，4项指标均有所提升，工业增加值增长相对较快，年均增速为8.5%。资源环境方面，单位工业增加值能耗和主要污染物排放强度明显下降，是促进该方面提升的主要因素。两化融合方面，互联网普及率增长较快，年均增速达12.8%。

北京在结构调整方面呈低速增长，年均增速仅为0.6%，主要是由于高技术产业占比和工业制成品出口占比呈下降趋势，年均增速分别为–4.5%和–7%。

②截面指数

表30　2005—2013年北京工业发展质量截面指数排名

	2005	2006	2007	2008	2009	2010	2011	2012	2013
速度效益	26	30	30	30	26	28	30	26	26
结构调整	7	6	5	5	5	5	6	6	6
技术创新	3	5	2	1	4	2	1	1	1
资源环境	2	1	1	1	2	4	2	1	1
两化融合	1	1	1	1	1	1	1	1	1
人力资源	4	2	4	2	6	2	3	2	1
截面指数	3	3	2	1	2	2	2	2	2

横向来看，北京工业发展质量截面指数连续多年处于全国前列，领先优势明显。2013年截面指数为58.1，排在全国第2名。

北京在技术创新、资源环境、两化融合和人力资源方面表现突出，均处于全国首位。技术创新方面，大中型工业企业R&D人员投入强度和大中型工业企业单位R&D经费支出发明专利两项指标处于全国首位，且近年来始终保持领先位置；大中型工业企业R&D经费投入强度和大中型工业企业新产品销售收入占比表现较好，分别为第7名和第9名。

资源环境方面，单位工业增加值能耗和工业主要污染物排放强度处于全国首位，且近年来始终保持领先优势，是支撑资源环境的有利因素；但工业污染治理投资强度表现欠佳，2013年仅排在第28名，且始终处于全国下游位置。

两化融合方面，电子信息产业占比和互联网普及率表现突出，多年来始终处于全国首位，领先优势十分明显；但是工业应用信息化水平呈下滑趋势，2005年为第2名，2013年已经滑落至第13名。

北京在结构调整方面处于全国上游水平，为第6名，且多年来基本保持这一水平。其中，高技术制造业主营业务收入占比表现突出，排在全国第2名；但是小型工业企业主营业务收入增速表现欠佳，2013年仅排在全国第29名，成为制约结构调整发展的不利因素。

北京在速度效益方面处于全国下游水平，2013年仅为第26名。其中，工业成本费用利润率和工业主营业务收入利润率相对较好，分别排在第12名和第11名，与2012年基本持平；但工业增加值增速和总资产贡献率的排名均表现欠佳，分别处于全国第27名和第29名，是影响速度效益的主要不利因素。

③原因分析

近年来，北京在技术创新、两化融合和资源环境等方面都取得了明显成效。

技术创新方面，依托中关村国家自主创新示范区，北京的科技创新能力持续增强。一是在电子信息、新材料、生物医药、节能环保和新能源等领域的关键技术攻关、成果产业化方面给予大力支持。二是充分发挥北京的高校资源优势，展开产学研用合作。将公共科技资源如国家工程中心、工程实验室、重点实验室等相互整合，在此基础上打造公共技术创新服务平台，面向企业提供技术服务。同时为企业在新产品的开发设计、产品结构调整和市场开拓上提供大力支持。

两化融合方面，信息化水平快速提升。近年来，新一代信息技术产业、数字文化创意产业等是北京重点发展的产业，一批相关工程如"祥云工程"行动计划、"感知北京"示范工程等也得以顺利实施。企业层面，不断鼓励企业深度应用信息技术，网络化运营模式如数字化经营管理和网络协同设计制造得以复制推广。同时，电子商务应用呈爆炸式增长，更多的传统制造业与电子商务相融合，实现融合化发展。

资源环境方面，2013年3月，《北京市2013年节能降耗与应对气候变化重点工作计划》发布。计划明确列出了年度目标与工作重点，同时将目标层层划分，最终分解至16个区县、17个重点行业领域主管部门以及57家市级考核重点用能单位。通过制定节能低碳统计制度、启动气候变化统计体系建设、修订并发布35项节能低碳标准等多项工作的展开，节能减排在制度上得以进一步完善。此外，北京不断探索创新节能技术，创建节能服务平台，也积极促进了北京在资源环境方面的发展进步。

（3）结论与展望

综合时序指数和截面指数来看，北京工业发展质量处于全国领先水平。六个分类指数中，速度效益排名靠后，反映出北京当前的发展重点将以发展质量为主，不再一味地追求工业增长速度。此外，结构调整指数虽然排名处于全国上游水平，但与其他方面相比仍是北京较弱的方面，未来应重点关注。

结构调整方面，北京要加快构建"高精尖"经济结构。一是加大扶持企业进行技术改造与自主创新，支持企业积极开展高精尖项目，从企业层面进行产业结构调整；二是发挥企业孵化器的作用，为小微企业提供技术与服务咨询；三是针对已经孵化成型的高精尖项目，要尽力提供资金、土地等要素保障；四是根据《北京市新增产业的禁止和限制目录》，增强对高精尖产业如节能环保、生物医药和高端装备制造等产业的招商力度；五是搭建企业融资担保平台，丰富高精尖企业的融资渠道。总之，未来北京要切实推动产业结构调整，进一步提高北京的工业发展质量。

二、天津

（1）总体情况

①宏观经济总体情况

2013年，天津实现地区生产总值14370.2亿元，同比增速为12.5%。其中，第一、二、三产业增加值分别为188.5亿元、7276.7亿元和6905亿元，分别同比增长3.7%、12.7%和12.5%。三次产业结构为1.3∶50.6∶48.1。

②工业经济运行情况

2013年，天津实现全部工业增加值为6678.6亿元，增长12.8%。其中，规模以上工业增加值较上年同比增长13%。2013年全部工业总产值和规模以上工业总产值分别为27169.1亿元和26400.4亿元，同比增速分别为13%和13.1%。

（2）指标分析

①时序指数

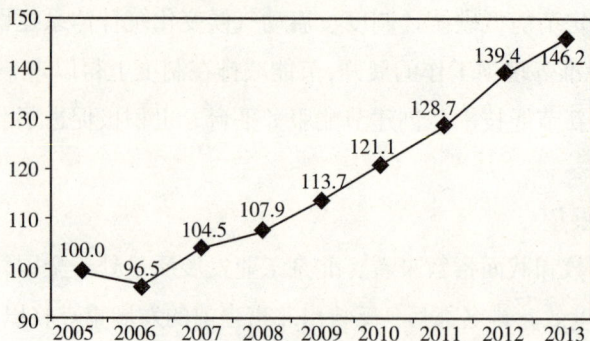

图23 天津工业发展质量时序指数

表31 2005—2013年天津工业发展质量时序指数

	2005	2006	2007	2008	2009	2010	2011	2012	2013	2005—2013年均增速
速度效益	100.0	106.8	120.9	98.4	108.8	145.9	158.0	165.6	163.5	6.3
结构调整	100.0	88.5	101.9	99.3	91.3	93.1	95.7	103.3	109.3	1.1
技术创新	100.0	83.1	92.9	105.2	115.3	109.9	118.8	131.9	132.7	3.6
资源环境	100.0	95.1	97.3	107.4	121.6	118.9	120.4	134.0	149.8	5.2
两化融合	100.0	104.5	98.7	109.8	115.7	124.1	132.5	137.7	144.6	4.7
人力资源	100.0	115.4	127.4	145.6	158.9	175.7	197.6	218.9	234.1	11.2
时序指数	100.0	96.5	104.5	107.9	113.7	121.1	128.7	139.4	146.2	4.9

纵向来看,天津工业发展质量时序指数自2005年的100.0上涨至2013年的146.2,年均增速为4.9%,低于全国平均增速。

天津在人力资源方面提升较快,年均增速分别为11.2%。其中,工业职工平均工资、第二产业全员劳动生产率和就业人员平均受教育年限三项值标均呈较快增长,年均增速分别为9.7%、21%和11.3%,共同推动了该方面增长。

天津在速度效益方面保持中速增长,年均增速为6.3%。其中,工业增加值呈快速增长,年均增速高达17.4%,是支撑该方面增长的有利因素;但是,由于其他三项指标总资产贡献率、工业成本费用利润率和工业主营业务收入利润率呈低速增长和负增长,仅为2.1%、−0.7%和−0.6%,使得速度效益整体发展处于中速水平。

天津在结构调整、技术创新、资源环境和两化融合方面呈缓慢增长态势,年均增速分别为1.1%、3.6%、5.2%和4.7%。结构调整方面,高技术产业占比、500 强企业占比和工业制成品出口占比三项指标均为负增长，年均增速分别为 -6.5%、-3.8% 和 -5.1%，规模以上工业小企业主营业务收入增长较快，年均增速达到 16.7%，但无法抵消其他因素下降带来的不利影响。技术创新方面，R&D 人员投入强度呈快速增长，增速高达 14%，但是单位工业 R&D 经费支出的发明专利数和大中型工业企业新产品销售收入占比两项指标呈负增长，年均增速分别为 -11.8% 和 -3.2%，是影响该方面的主要不利因素，表明天津在科技创新上投入较大但产出效率不高。资源环境方面，主要污染物排放强度显著下降，增速为 14.4%，但是工业固体废物综合利用率和工业污染治理投资强度两项指标主要为下降趋势，尤其工业污染治理投资强度的年均降幅高达 16.6%，成为影响资源环境方面的不利因素。两化融合方面，互联网普及率的年均增速为 13.4%，是促进该方面发展的有利因素；但电子信息产业占比呈负增长，年均增速为 -5.4%，一定程度上抵消了有利因素的作用。

②截面指数

表 32　2005—2013 年天津工业发展质量截面指数排名

	2005	2006	2007	2008	2009	2010	2011	2012	2013
速度效益	7	10	12	12	16	8	6	6	5
结构调整	6	7	7	6	7	8	7	7	8
技术创新	1	4	4	4	6	6	6	5	7
资源环境	1	2	2	2	1	2	1	4	4
两化融合	4	4	5	6	6	6	6	7	7
人力资源	7	3	2	4	4	6	6	3	3
截面指数	2	4	5	5	5	5	5	5	5

横向来看，2013 年天津工业发展质量截面指数为 48.9，排在全国第 5 名，2007 年以来始终保持在这一水平。

2013 年，天津的六个方面均处在全国领先水平，表现比较均衡。排名最高的是人力资源，排在第 3 名；随后是资源环境和速度效益，排名分别为第 4 位和第 5 位。人力资源方面，第二产业全员劳动生产率和就业人员平均受教育年限表现突出，分别为第 2 名和第 3 名，且近年来始终保持在这一水平；工业城镇单位就业人员平均工资增速出现明显回落，从 2012 年的第 9 名下滑至 2013 年的第 21 名。资源环境方面，工业固体废物综合利用率表现突出，近年来始终排在全国首位；工业主要污染物排放强度和单位工业增加值能耗两项指标亦表现较好，但是工业污染治理投资强度出现明显下滑，从 2012 年的第 13 名下滑至 2013 年的第 23 名，是资源环境中排名最差的指标。速度效益方面，工业增加值增速表现较好，排名为第 4 位；工业成本费用利润率和工业主营业务收入利润率两项指标均排在第 6 名，比 2012 年均上升了一个名次；但是总资产贡献率下降了两个名次至第 9 名。

结构调整、技术创新和两化融合方面处于全国中上游水平，分别为第 8 名、第 7 名和第 7 名。结构调整方面，高技术制造业主营业务收入占比、500 强企业占比和工业制成品出口占比处于全国中上游水平且比较稳定，2013 年分别排在第 6、7、9 名；小型工业企业主营业务收入增速出现显著提升，2013 年大幅提高了 11 个名次升至第 9 名。技术创新方面，大中型工业企业 R&D 经费投入强度和大中型工业企业新产品销售收入占比分别排在第 3 名和第 4 名，是支撑技术创新的有利因素；大中型工业企业 R&D 经费投入强度和大中型工业企业单位 R&D 经费支出发明专利两项指标处于中游水平，分别排在第 12 名和第 16 名。两化融合方面，电子信息产业占比和互联网普及率均表现较好，近年来排名处于中上游水平且相对稳定，2013 年分别排在第 6 名和第 5 名。

③原因分析

天津在人力资源方面表现突出。2013 年，天津积极开展"引智引才"工作，充分挖掘海外人才智力资源，引进留学人员数量达 2620 人，在津留学回国人员总数达 22000 人，8 人入选国家"千人计划"，总数增加至 88 人。外国专家引进数量达 18800 人，其中高层次外国专家达 1627 人。开展"引智引才"工作的同时，产学研合作亦进展顺利，天津的高校、研究机构和企业相互合作，对人才引进也形成了较强的吸引力。

在资源环境方面，天津利用市级节能专项资金，积极开展节能技术改造工作，在节能技术改造、合同能源管理、能源管理取得较大进展。天津将子牙环保产业园作为试点，推进园区节能工程；天钢集团、天津石化等大的产业集团也在各产业链环节开展节能工程。根据第三批天津市先进实用节能技术、产品推广目录，一些节能新产品、新设备得到推广，为节能减排工作提供有力支撑。企业层面，随着"万家企业节能低碳行动"的开展，国家下达的节能目标得到逐级分解，企业节能任务得到充分落实。这些方面的努力，成为天津环境明显改善的重要保障。

技术创新方面也是天津的优势所在。2013 年，随着一批自主创新产业化重大项目的部署，天津技术创新取得新突破。一批科技专项和示范工程如大数据、增材制造、生物医药以及高端医疗器械等启动实施。其中，自主创新产业化重大项目投资额达到 352.2 亿元，共 160 项。创新投入加大的同时，研发成果显著，数据显示，新产品共 911 项，申请发明专利共计 650 项，授权发明专利共计 323 项，实现累计销售收入 612.1 亿元。从技术成果上看，大面积超顺排碳纳米管薄膜、大型万能 H 钢生产线成套设备以及食品安全快速检测设备均为国际领先技术产品。

（3）结论与展望

综合时序指数和截面指数来看，天津在人力资源方面表现突出，保持了较快的增长速度，排名处于全国领先水平，优势明显；另外技术创新方面虽然排名较靠前，但是增长速度较低，因此天津未来应以此为重点提升。

未来，要依托滨海高新区，构建创新生态系统，打造产业创新中心和区域创新中心。一是以世界 500 强企业的科研机构或研发中心作为重点引进对象，以此丰富天津的国际科技要素。二是以园区共建为抓手，在科技研发上与北京、河北展开合作，建设一批新型研发机构、中试和产业化基地。三是鼓励企业建立研发机构以及产学研协同创新平台等，促进科技成果转化，以形成新的经济增长点和创新动力。四是以战略性新兴产业和新业态为核心，加强关键技术和产品研发。五是优化科技创新企业的发展环境，推进科技服务与科技金融便利化。六是大力发展科技信用贷款、科技担保、科技保险、科技租赁等金融服务，为小微企业提供科技众筹基金和创业风险投资基金等。

三、河北

（1）总体情况

①宏观经济总体情况

2014 年，河北实现生产总值 29421.2 亿元，比上年增长 6.5%。其中，第一、二、三产业增加值分别为 3447.5 亿元、15020.2 亿元和 10953.5 亿元，增长速度分别为 3.7%、5.0% 和 9.7%。一、二、三产占全省生产总值的比重分别为 11.7%、51.1% 和 37.2%。2014 年，河北完成全社会固定资产投资 26671.9 亿元，同比增长 15.0%。其中，完成固定资产投 26147.2 亿元，较上年同比增长 15.5%；农户投资 524.7 亿元,较上年下降 7.0%。在固定资产投资中,第一产业投资增长最快,增速高达 46.0%;二产和三产投资增长相对较低,增速分别为 18.5% 和 10.5%。2014 年,实现社会消费品零售总额 11690.1 亿元,同比增速为 12.4%。其中,乡镇消费增长水平快于城镇消费增速,乡村消费品零售额完成 2566.5 亿元,同比增长 13.1%,城镇消费品零售额完成 9123.6 亿元,增速为 12.2%。进出口总值达到 598.8 亿美元,比上年增长 9.1%。进出口的较快增长主要得益于出口的大幅增长,2014 年完成出口总值 357.1 亿美元,同比增速为 15.4%;进口总值为 241.7 亿美元,同比增速仅为 0.9%。

②工业经济运行情况

2014 年,河北实现工业增加值 13330.7 亿元,同比增长 5.0%。规模以上工业增加值达到 11758.3 亿元,同比增速为 5.1%。分主要行业看,保持较快速增长的行业包括装备制造业和纺织服装业,同比增速分别为 8.8% 和 7.5%;钢铁工业增长 5.1%,与工业整体增速持平。六大高耗能行业增加值比上年增长 2.8%,增速比上年大幅回落 3.9 个百分点。高新技术产业保持快速增长,工业增加值增速为 13.2%。其中,高端装备制造、电子信息和新能源三个领域分别增长 12.8%、19.4% 和 14.0%。2014 年,河北完成工业投资 13114.1 亿元,较上年增长 18.8%,完成工业技改投资 8397.0 亿元,同比增长 14.7%,占工业投资比重较上年下降 2.3 个点至 64.0%。

(2)指标分析

①时序指数

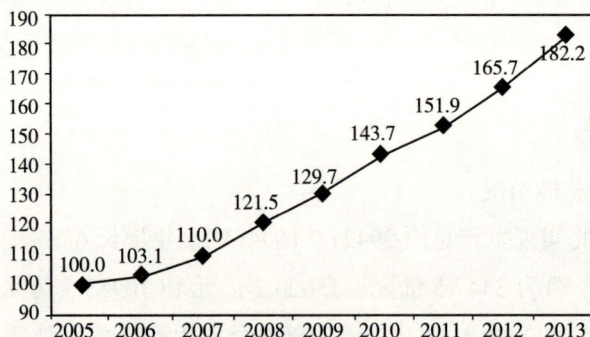

图24　河北工业发展质量时序指数

表 33　2005—2013 年河北工业发展质量时序指数

	2005	2006	2007	2008	2009	2010	2011	2012	2013	2005—2013 年均增速
速度效益	100.0	108.0	117.3	110.7	110.5	125.6	129.8	127.7	130.7	3.4
结构调整	100.0	91.6	109.1	120.1	114.3	135.3	147.5	159.6	169.4	6.8
技术创新	100.0	99.5	95.3	98.8	119.4	112.9	131.0	150.6	165.7	6.5
资源环境	100.0	102.7	110.1	123.8	132.8	131.3	118.8	130.0	159.2	6.0
两化融合	100.0	119.5	112.6	146.8	172.8	213.3	224.3	254.1	286.4	14.1
人力资源	100.0	110.0	121.5	137.2	148.3	164.6	184.2	197.6	209.2	9.7
时序指数	100.0	103.1	110.0	121.5	129.7	143.7	151.9	165.7	182.2	7.8

纵向来看，河北工业发展质量时序指数自 2005 年的 100.0 上涨至 2013 年的 182.2，年均增速为 7.8%，低于全国平均增速。

河北在两化融合和人力资源方面提升较快，年均增速分别高达 14.1% 和 9.7%，比时序指数增速分别高出 7.8 个和 1.9 个百分点。构成两化融合的各指标中，互联网普及率的年均增速高达 26.5%，是促进该方面快速发展的主要因素；电子信息产业占比增长相对较慢，年均增速为 5.7%。人力资源方面，工业职工平均工资增长较快，年均增速为 14.6%，成为人力资源增长的有利因素，另一指标第二产业全员劳动生产率相对较低，年均增速为 7.8%。

结构调整、技术创新、资源环境稳步发展，年均增速分别为 6.8%、6.5% 和 6%，略微低于时序指数年均增速。结构调整方面，规模以上工业小企业主营业务收入涨幅明显，高达 22.4%，是支撑结构调整平稳增长的主要因素，但是 500 强企业占比呈负增长，年均增速为 -4.1%。技术创新方面，各要素增长比较均衡，其中 R&D 人员投入强度相对较高，年均增速为 7.9%。资源环境方面，单位工业增加值能耗和主要污染物排放强度显著下降，增速分别为 6.4% 和 13.6%，但是工业固体废物综合利用率和工业污染治理投资强度均为负增长，年均增速分别为 -0.8% 和 -3.9%。

速度效益呈中低速增长，年均增速为 3.4%。其中，工业增加值快速增长，高达 12.6%，是支撑速度效益平稳增长的主要因素，但是工业成本费用利润率和工业主营业务收入利润率为负增长，年均增速分别为 -1.8% 和 -1.7%，总资产贡献率为零速增长，这三个指标成为导致速度效益低速增长的不利因素。

②截面指数

表34　2005—2013年河北工业发展质量截面指数排名

	2005	2006	2007	2008	2009	2010	2011	2012	2013
速度效益	11	13	20	19	21	25	23	22	21
结构调整	9	14	12	13	13	11	11	16	16
技术创新	25	26	28	27	27	27	23	25	23
资源环境	23	24	25	22	24	25	30	28	27
两化融合	18	16	19	17	18	19	20	15	17
人力资源	16	19	15	10	15	20	20	23	28
截面指数	17	25	24	23	23	26	26	25	25

横向来看，2013年河北工业发展质量截面指数为22.7，排在全国第25名，近年来基本保持这一水平。

2013年，河北在结构调整和两化融合方面表现相对靠前，分别排在全国第16名和第17名，且始终比较稳定。结构调整方面，500强企业占比始终处于全国上游水平，2008年以来一直排在第5名，是支撑结构调整的有利因素；但高技术产业占比和小型工业企业主营业务收入增速均处于全国下游水平，均排在第24名。两化融合方面，工业应用信息化水平和互联网普及率表现较好，分别处于全国第11名和第12名；但电子信息产业占比表现不佳，处于全国第23名，且始终处于这一区间，成为制约两化融合发展的不利因素。

2013年，河北在速度效益、技术创新、资源环境和人力资源4个方面处于全国下游水平，分别排在第21名、第23名、第27名和第28名。速度效益方面，工业增加值增速、总资产贡献率、工业成本费用利润率和工业主营业务收入利润率四项指标均处于靠后位置，排名分别为第23、22、22、21名。技术创新方面，大中型工业企业R&D经费投入强度、大中型工业企业R&D人员投入强度、大中型工业企业单位R&D经费支出的发明专利数和大中型工业企业新产品销售收入占比4项指标均处于全国下游水平，其中大中型工业企业单位R&D经费支出发明专利数排名最靠后，仅为第26名。资源环境方面，工业污染治理投资强度表现较好，排在全国第13名，但是单位工业增加值能耗和工业固体废物综合利用率处于下游水平，分别为第22名和第24名。人力资源方面，就业人员平均受教育年限表现较好且比较平稳，处于全国中游水平，为第16名；但工业城镇单位就业人员平均工资增速和第二产业全员劳动生产率表现相对较差，分别为第26名和第23名。

③原因分析

河北在两化融合方面表现较好,处于全国中游水平且呈较快增长。2012 年底,河北发布了《河北省重点产业和领域两化深度融合实施指南》。从生产制造、经营管理、集成化应用、集团化发展等各个方面,针对各行业、各领域提出了行之有效的实施方案。通过推行生产制造执行系统和企业资源计划系统等,逐步实现信息流、物流与资金流的同步。同时,河北还在全省范围内举办了"河北省两化深度融合促进工业转型升级巡回培训活动"。启动会上,邀请专家对国家两化深度融合发展战略与行动计划进行深入解读,河北省级"两化融合"示范企业冀凯集团作为典型案例进行展示交流。这些措施有力地促进了河北两化融合的发展。

河北在资源环境表现较差,仅排在全国第 27 名。传统产业是河北工业的主要部分,占比高达 80% 以上。这种产业结构导致经济发展对资源环境高度依赖,且造成了严重的环境污染。2013 年 3 月,对河北钢铁行业的全面调查发现,60% 的钢铁企业存在环保问题,70% 除尘设施运行不正常,80% 企业生产废水违规排放。除了产业结构偏倚重化工之外,河北县域经济主要以小企业为主,这些企业在塑料、建材、冶炼的加工方式比较原始,亦对大气、水环境造成较大程度的污染。

(3)结论与展望

综合时序指数和截面指数来看,河北在两化融合方面表现相对较好,稳步增长的同时处于全国中等水平;人力资源指数呈较快增长但处于全国下游水平,说明河北在该方面有较大的提升空间。

未来,河北应从以下几个方面着手,加大环境保护力度。一是下大力削减燃煤总量。以电力行业为例,要加强对 30 万千瓦级以上机组进行节能改造,同时关停小火电机组。二是积极化解产能过剩。尤其是钢铁行业,要大幅度缩减产能,淘汰落后产能,着力化解过剩产能,且严格控制"两高"行业新增产能等。三是控制污染排放。强化节能减排项目建设,大幅度减少工业生产过程中产生的二氧化硫、氮氧化物、细颗粒物等污染物的排放。

四、山西

(1)总体情况

①宏观经济总体情况

2014 年,山西完成生产总值 12759.4 亿元,同比增速为 4.9%。其中,一产增加值为788.1亿元，同比增长3.8%，占比为6.2%；二产增加值为6343.3亿元，同比增速为3.7%，占比为49.7%；三产增加值为5628.0亿元，同比增速为7.0%，占比为44.1%。

2014年，山西完成全社会固定资产投资12354.5亿元。其中，固定资产投资为11977.0亿元，同比增长11.5%。分产业看，第一产业和第三产业投资增长速度较快，分别为34.5%和12%；第二产业投资同比增长7.6%低于固定资产投资增速。2014年全省社会消费品零售总额为5549.9亿元，同比增长11.3%。其中，实现城镇消费品零售额4600.8亿元，同比增速为11.2%；乡村消费品零售额为949.1亿元，同比增长11.7%，乡村消费增长快于城镇。2014年全省进出口总额为162.5亿美元，同比增长2.9%。进出口总额的低速增长主要是由于进口的影响。2014年山西进口额为73.1亿美元，呈负增长，同比增速为-6.3%；出口额为89.4亿美元，增速为11.8%。

②工业经济运行情况

2014年，山西规模以上工业增加值同比增长3.0%。规模以上工业企业个数为3720家，较2013年减少了226家。全省完成工业投资5054亿元，同比增长7.5%。规模以上工业企业实现主营业务收入17119.9亿元，较2013年同比下降6.1%。几个主要行业中，装备制造和医药工业呈增长态势，增速分别为9.4%和14.8%；煤炭、焦炭、冶金、电力、化学、建材和食品工业为负增长，增速分别为-8.0%、-21.9%、-8.3%、-0.6%、-2.8%、-3.0%和-1.0%。2014年工业企业实现利润210.6亿元，较2013年出现显著下滑，降幅高达61.4%。

（2）指标分析

①时序指数

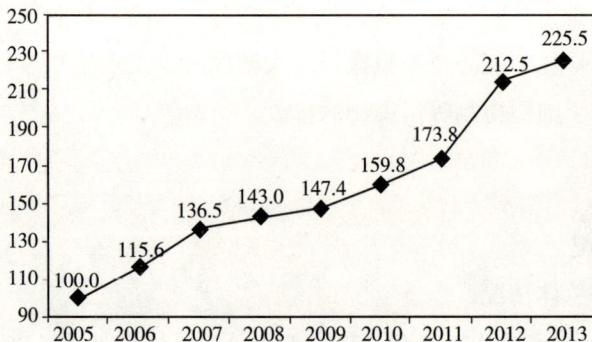

图25　山西工业发展质量时序指数

表35　2005—2013年山西工业发展质量时序指数

	2005	2006	2007	2008	2009	2010	2011	2012	2013	2005—2013年均增速
速度效益	100.0	109.0	133.4	122.3	102.0	139.4	148.2	128.1	104.4	0.5
结构调整	100.0	111.9	123.5	114.5	99.7	120.1	131.1	166.5	177.6	7.4
技术创新	100.0	121.4	128.2	141.0	176.8	160.6	180.0	184.0	202.4	9.2
资源环境	100.0	123.3	134.3	134.6	132.8	128.1	123.5	142.9	162.7	6.3
两化融合	100.0	116.7	184.5	233.0	268.7	287.0	318.5	501.6	547.4	23.7
人力资源	100.0	110.2	124.4	139.0	145.3	168.3	196.4	214.6	218.9	10.3
时序指数	100.0	115.6	136.5	143.0	147.4	159.8	173.8	212.5	225.5	10.7

纵向来看，山西工业发展质量时序指数自2005年的100.0上涨至2013年的225.5，年均增速为10.7%，高于全国平均增速1.4个百分点。

山西在两化融合方面快速增长，年均增速达到23.7%，比时序指数增速高出13个百分点，其中电子信息产业占比和互联网普及率均保持高速增长，年均增速分别高达27.5%和25.1%，有力地促进了两化融合水平的快速提升。

在人力资源和技术创新方面保持稳步增长，年均增速分别为10.3%和9.2%。人力资源方面，工业职工平均工资呈较快增长，增速高达15.7%，但第二产业全员劳动生产率和就业人员平均受教育年限增长缓慢，分别为7.9%和1.7%，成为人力资源发展的不利因素。技术创新方面，工业R&D人员投入强度和单位R&D经费支出的发明专利数实现了快速增长，年均增速分别为9.3%和15.6%，是推动技术创新发展的有利因素，但是大中型工业企业新产品销售收入占比为负增长，仅为–1.2%，一定程度上抑制了技术创新指数的增长。

山西在速度效益、结构调整和资源环境三个方面呈中低速增长，年均增速分别为0.5%、7.4%和6.3%。速度效益方面，工业增加值快速增长，增速为12.3%，但总资产贡献率、工业成本费用利润率和工业主营业务收入利润率三项指标均为负增长，成为速度效益发展的不利因素。结构调整方面，高技术产业占比和规模以上小企业主营业务收入快速增长，年均增速分别高达13.3%和18.2%，但500强企业占比呈负增长，年均增速为–8.3%，成为影响结构调整方面的不利因素。资源环境方面，主要污染物排放强度明显下降，增速为11.4%，是促进该方面表现较好的主要因素，但工业污染治理投资强度呈负增长，年均增速为–0.2%。

②截面指数

表36　2005—2013年山西工业发展质量截面指数排名

	2005	2006	2007	2008	2009	2010	2011	2012	2013
速度效益	16	19	18	24	30	19	19	25	30
结构调整	27	27	25	28	30	20	19	25	27
技术创新	27	22	25	22	21	22	21	23	22
资源环境	19	12	10	12	10	18	20	20	19
两化融合	25	23	23	22	21	21	22	20	19
人力资源	3	9	11	7	16	4	7	12	27
截面指数	22	23	23	23	26	18	20	26	28

横向来看，2013年山西工业发展质量截面指数为18.1，排在全国第28名，较2012年下降了2名，表明山西工业发展质量发展相对有所降低。

2013年，山西在资源环境和两化融合方面处于中等偏下水平，均排在全国第19名。资源环境方面，工业污染治理投资强度表现最好，排名为第2名，较上年提升了4个名次；工业固体废物综合利用率名次略有下降，排在第16名，但仍处于全国中等偏上水平；单位工业增加值能耗和工业主要污染物排放强度两项指标排名靠后，分别为第26名和第25名，导致资源环境方面整体表现一般。两化融合方面，互联网普及率处于全国上游水平，排名为全国第10位，与上一年持平；但是工业应用信息化水平和电子信息产业占比两项指标均处于下游水平，排名分别为第22位和第21位。

山西在速度效益、结构调整、技术创新和人力资源四个方面均均处于全国下游水平。分别排在第30位、第27位、第22位和第27位。速度效益方面，工业增加值增速排名相对靠前，为第19位，但是其他三项指标总资产贡献率、工业成本费用利润率和工业主营业务收入利润率均处于全国末位，导致速度效益指数整体也处于末位。结构调整方面，高技术产业占比、500强企业占比和小型工业企业主营业务收入增速排名均比较落后，排名分别为第23、23和26位。技术创新方面，大中型工业企业R&D经费投入强度表现相对较好，排在全国第16名，但是大中型工业企业单位R&D经费支出发明专利和大中型工业企业新产品销售收入占比两个指标处于全国中下游水平，分别为第22名和第24名。人力资源方面，就业人员平均受教育年限表现突出，处于全国第5名，且近年来始终保持在这一水平;但是工业城镇单位就业人员平均工资增速处于下游水平,排名仅为第29位。

③原因分析

山西在两化融合方面表现较好,排在全国中游水平且呈较快增长,这与山西加快工业转型升级,大力推进两化融合改造提升工程有很大关系。为推进山西两化深度融合,更加充分发挥典型示范作用,山西省开展了两化融合示范企业评选活动,对于成效突出的示范企业,将给予政策和资金支持,有效地提高了企业的积极性。2013年山西省评选出了16家示范企业,涉及钢铁、煤炭、装备、有色、电力、轻工等十个行业。同时,山西还积极开展产学研合作,组织专家团队为企业提供咨询服务以及技术支持,成功搭建了由企业与高校、科研机构组建的产学研合作平台,为企业两化进一步深度融合提供保障。

(3)结论与展望

综合时序指数和截面指数来看,虽然部分指数增长较快,但六个指数在全国排名均表现一般。由于山西长期以来以煤炭和钢铁等重化工业为主,在当前经济下行的背景下,导致速度效益方面排名十分落后,另外人力资源方面也较弱。

在速度效益方面,要以内生增长、绿色发展为主推动山西省工业增长。一是推进宽带山西、移动互联和智慧城市的建设,并以此促进消费升级并创造新消费需求;二是大力发展新能源汽车、节能环保等绿色产业,同时积极鼓励企业开展清洁生产、提高资源利用效率,使山西工业向循环经济方向发展;三是有关政策部门要创新工作思路、加强行业的跟踪分析,为稳定工业发展提供政策保障和宏观指导。

人力资源方面,继续实施山西重大人才工程,具体包括海外高层次人才引进工程、新兴产业领军人才培养和引进工程、高端创新型人才引进和培养工程以及高技能人才开发工程。一是有针对性地引进多名海外高层次人才;二是根据新兴产业发展规划需求,选拔创业式人才;三是依托博士后流动站、产学研合作平台以及工程技术研究中心等优势资源,培养高端创新型人才;四是建立示范性人才培训基地,为人才培养提供有力支撑。

五、内蒙古

(1)总体情况

①宏观经济总体情况

2014年,内蒙古实现生产总值17769.5亿元,同比增长7.8%。其中,第一、二、三产业增加值分别为 1627.2 亿元、9219.8 亿元和 6922.6 亿元,分别同比增长 3.1%、9.1% 和 6.7%；三次产业结构为 9.1：51.9：39。

2014 年,内蒙古完成全社会固定资产投资总额 12074.2 亿元,同比增长 15.6%。其中,500 万元以上项目固定资产投资总额为 11920.3 亿元,同比增速为 15.7%。分投资主体来看,国有经济单位增长较快,增长 18%；集体单位为负增长,同比下降 14.2%。消费方面,全年实现社会消费品零售总额 5619.9 亿元,同比增速为 10.6%。其中,乡村消费增长快于城镇消费增长 0.4 个百分点。外贸方面,2014 年进出口总额为 145.5 亿美元,同比增长 21.4%。其中,出口增长显著高于进口增长,分别为 56.2% 和 3.3%。

②工业经济运行情况

2014 年,内蒙古完成全部工业增加值 8004.4 亿元,同比增长 9.5%。规模以上工业增加值同比增速为 10%。其中,轻工业增长快于重工业,两者增加值分别增长 10.6% 和 9.8%。工业投资实现较快增长,工业投资额为 5546.9 亿元,同比增长 16%。新兴产业发展较快,高新技术产业增加值同比增速为 14.2%,装备制造业增加值同比增速为 16.1%,战略性新兴产业增加值同比增速为 15.7%。主要工业产品产量方面,焦炭、发电量保持较快增长,增速分别为 8.4% 和 8.2%,载货汽车降幅明显,增速为 −18.3%。

（2）指标分析

①时序指数

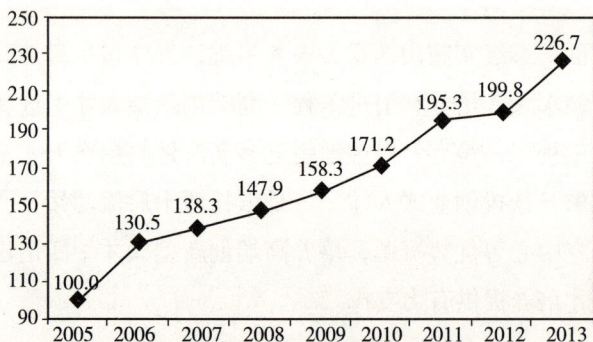

图26　内蒙古工业发展质量时序指数

表 37 　2005—2013 年内蒙古工业发展质量时序指数

	2005	2006	2007	2008	2009	2010	2011	2012	2013	2005—2013年均增速
速度效益	100.0	114.7	152.9	143.9	157.4	198.3	210.5	199.3	193.3	8.6
结构调整	100.0	115.3	114.5	131.6	133.9	154.7	180.5	184.0	192.9	8.6
技术创新	100.0	99.0	98.1	110.8	110.9	100.5	105.8	123.0	140.1	4.3
资源环境	100.0	225.8	207.1	210.9	210.4	199.3	245.0	225.2	329.7	16.1
两化融合	100.0	104.2	133.4	143.7	184.3	204.9	231.9	258.3	279.2	13.7
人力资源	100.0	114.1	130.5	151.5	171.6	192.2	217.2	237.3	248.0	12.0
时序指数	100.0	130.5	138.3	147.9	158.3	171.2	195.3	199.8	226.7	10.8

纵向来看，内蒙古工业发展质量时序指数自 2005 年的 100.0 上涨至 2013 年的 226.7，年均增速为 10.8%，高于全国平均增速。

内蒙古在资源环境、两化融合、人力资源三个方面增长较快，年均增速为 16.1%、13.7% 和 12%，比年均时序指数增速分别高出 5.3 个、2.9 个和 1.2 个百分点。构成资源环境的各指标中，主要污染物排放强度明显降低，工业污染治理投资强度也明显增大，增速分别为 19.9% 和 20.8%。两化融合方面，互联网普及率的年均增速为 31.5%，是促进该方面快速发展的主要因素；电子信息产业占比为负增长，年均增速为 −11.4%。人力资源方面，工业职工平均工资增速和第二产业全员劳动生产率年均增速分别为 16% 和 12.2%，比年均时序指数增速高出 5.2 个和 1.4 个百分点，是促进该方面快速发展的主要因素。

内蒙古在速度效益、结构调整和技术创新方面增长较为缓慢，年均增速分别为 8.6%、8.6% 和 4.3%。构成速度效益的 4 项指标中，工业增加值快速增长，年均增速达 20.2%，其他三项指标工业总资产贡献率、工业成本费用利润率和工业主营业务收入利润率呈低速增长，年均增速分别为 3.2%、3.2% 和 1.4%。构成结构调整的 4 个指标中，规模以上小企业主营业务收入增速表现较好，增速高达 31.6%，其余 3 个指标高技术产业占比、500 强企业占比和工业制成品出口占比年均增速均出现下滑，年均增速分别为 −7.8%、−3.5% 和 −6.3%，阻碍了内蒙古结构调整指数的增长。技术创新方面，工业 R&D 经费投入强度和工业 R&D 人员投入强度增长速度较高，分别为 9.4% 和 8.5%，是促进技术创新方面增长的主要原因，但是大中型工业企业新产品销售收入占比为负增长，年均增速为 −6.4%，影响了技术创新水平的提高。

②截面指数

表38　2005—2013年内蒙古工业发展质量截面指数排名

	2005	2006	2007	2008	2009	2010	2011	2012	2013
速度效益	4	4	4	5	3	3	3	5	4
结构调整	12	15	18	23	20	30	25	28	30
技术创新	23	24	26	25	26	26	27	26	24
资源环境	29	27	26	27	28	28	17	27	22
两化融合	21	24	20	24	24	24	25	26	27
人力资源	1	5	1	3	1	1	1	1	2
截面指数	13	15	11	17	14	20	15	17	20

横向来看，2013年内蒙古工业发展质量截面指数为26.7，排在全国第20名，较2012年下滑了3个名次。

2013年，内蒙古在人力资源方面排在全国第2名，处于全国领先水平。其中，第二产业全员劳动生产率排在全国第1名，是促进内蒙古人力资源方面全国领先的主要支撑指标，但是工业城镇单位就业人员平均工资增速出现明显下降，2013年下降12个名次至第20名。

内蒙古在速度效益方面表现比较突出，2013年上升一个名次至全国第4名。其中，工业成本费用利润率和工业主营业务收入利润率分别排在全国第4名和第3名，是支撑速度效益指数的有利因素。

2013年，内蒙古在结构调整、技术创新、资源环境和两化融合四个方面均处于全国下游水平，分别排在全国第30名、第22名、第24名和第27名。结构调整方面，高技术制造业主营业务收入占比、500强企业占比、小型工业企业主营业务收入增速、工业制成品出口占比4项指标均处于全国下游水平，排名分别为第27名、第23名、第25名和第22名。技术创新方面，大中型工业企业R&D人员投入强度表现较好，排在全国第13名，较上年提升了5个名次；大中型工业企业单位R&D经费支出发明专利和大中型工业企业新产品销售收入占比2个指标均处于全国下游水平，排名分别为第30位和第27位，是导致技术创新指数在全国排名比较落后的主要原因。资源环境方面，工业污染治理投资强度表现较好，2013年排在全国第4名，较2012年上升了7个名次；其他3个指标单位工业增加值能耗、工业主要污染物排放强度、工业固体废物综合利用率均处于相对落后水平，排名分别为第 23、24、22 位。两化融合方面，互联网普及率表现相对较好，排在全国第 16 名，但是工业应用信息化水平和电子信息产业占比在全国的排名均比较靠后，排名分别为第 26 位和第 28 位。

③原因分析

内蒙古工业经济一直呈平稳增长。从增速上看，工业保持了两位数增长，2013 年，全区规模以上工业增加值同比增长 12%，高于全国工业增速 2.3 个百分点。2013 年，为支持企业发展，各部门积极实施电价补贴、减少涉企收费项目以及电力多边交易等政策措施，有效降低了企业生产经营成本，其中，企业用电成本共降低 29.4 亿元，煤炭企业共减免税费达 12 亿元。这些举措有力地保证了工业经济的稳步增长。

人力资源方面，2010 年起内蒙古自治区开始实施"草原英才"工程。依托三大平台，内蒙古的人才引进与培育取得了明显成效。三大平台分别为：以创新创业团队、创新创业基地支撑计划为主的特色产业高端人才聚集平台、以加快领军人才、高端人才队伍建设为主的草原硅谷人才特区平台和以人才合作协议和人才对口培训项目为主的京蒙人才交流合作平台。此外，一些高新产业示范区如包头稀土高新区与中关村战略联盟、呼和浩特高校产业科技园、鄂尔多斯未来新型产业城等示范核心区等项目的落成，也为内蒙古人力资源实力的增强提供支撑。

（3）结论与展望

综合时序指数和截面指数来看，内蒙古在速度效益和人力资源两个方面均表现较好，排名靠前且增速较快。但是在结构调整、技术创新、资源环境和两化融合方面的实力仍然相对薄弱，很多关键指标都排在全国下游。未来，内蒙古需要在以下几个方面推动工业转型升级，带动经济社会的快速发展。

结构调整方面，内蒙古要摆脱"一煤独大"的产业发展格局，尽快形成多元发展、多极支撑的现代产业体系。一是要加快战略性新兴产业和装备制造业的发展，提高非煤产业占比；二是要推进传统行业的转型升级，一些三高产业要向深度、精细加工方向发展，冶金、装备制造等产业的产业链条也要向上升级延伸；三是一些传统优势行业如农畜产品加工要继续做大做强。四是做好顶层设计，制定实施产业结构调整指导意见和 11 个重点专项规划，推动内蒙古经济结构调整。技术创新方面，要从企业技术创新和商业模式创新两个方面着手。一方面要加大对企业技术创新的支持力度，保护企业的研发成果，为企业创新营造公平良好的分为；另一方面鼓励企业利用物联网、大数据等工具在商业模式上进行创新，突破原有经营方式和范围的局限。资源环境方面，要进一步加强煤炭资源的合理配置，将节能减排目标层层分解、逐级落实。两化融合方面，做大做强云计算产业。以数据中心为基础，加强上下游配套项目的建设，打造完整等的云计算产业链的同时，形成配套产业集群。重点领域包括：主机制造与维修、软件开发与应用等。

六、辽宁

（1）总体情况

①宏观经济总体情况

2014年，辽宁实现地区生产总值28626.6亿元，同比增速为5.8%。其中，第一、二、三产业增加值分别为2285.8亿元、14384.6亿元和11956.2亿元；增速分别为2.2%、5.2%和7.2%。三次产业结构为8.0：50.2：41.8。人均GDP达到65201元，同比增长5.7%。

2014年，辽宁实现全社会固定资产投资（不含农户）24426.8亿元，比上年有所下降，同比增速为–1.5%。这主要是由于房地产投资的快速下滑导致投资的下降，2014年房地产开发投资5301.3亿元，同比增速为–17.8%。消费方面，2014年社会消费品零售总额为11793.1亿元，同比增速为12.1%，保持了较快增长。其中，实现城镇零售额10678.0亿元，同比增速为11.4%；乡村零售额1115.1亿元，同比增速为18.2%。进出口方面，实现进出口总额1139.6亿美元，比上年有所下降，同比增速为–0.5%。主要是由于出口总额降幅较为明显，2014年出口总额为587.6亿美元，较2013年下降了9.0%。

②工业经济运行情况

2014年，辽宁规上工业增加值比上年同比增长4.8%。三大门类中，电力、热力、燃气及水生产和供应业增长最快，同比增速达到11.8%；采矿业和制造业都呈中低速增长，同比增速分别为5.1%和4.3%。按照企业规模来看，小型企业增长最快，工业增加值同比增长7.8%，大型企业同比增长6.5%，但是中型企业呈下降趋势，同比增速为–0.9%。全年规模以上工业企业高新技术产品工业增加值同比增长7.8%，占规模以上工业增加值的比重提高3.3个百分点至47.2%。实现规模以上工业企业完成出口交货值3260.1亿元，呈低速增长，同比增速仅为0.9%。

（2）指标分析

①时序指数

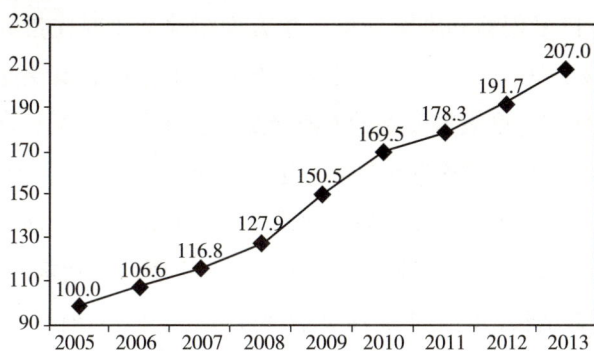

图27　辽宁工业发展质量时序指数

表39　2005—2013 年辽宁工业发展质量时序指数

	2005	2006	2007	2008	2009	2010	2011	2012	2013	2005—2013 年均增速
速度效益	100.0	103.8	134.5	116.4	159.9	203.5	197.9	189.2	189.0	8.3
结构调整	100.0	100.6	117.8	133.0	148.7	174.8	188.6	203.4	224.7	10.6
技术创新	100.0	115.1	109.3	122.9	145.0	125.9	130.9	149.0	159.1	6.0
资源环境	100.0	110.0	95.3	107.5	117.0	126.6	124.5	140.1	157.4	5.8
两化融合	100.0	101.2	124.0	146.0	185.5	220.7	244.0	267.1	295.1	14.5
人力资源	100.0	114.2	128.5	148.5	160.2	179.8	200.4	216.6	226.2	10.7
时序指数	100.0	106.6	116.8	127.9	150.5	169.5	178.3	191.7	207.0	9.5

　　纵向来看，辽宁工业发展质量时序指数自 2005 年的 100.0 上涨至 2013 年的 207.0，年均增速为 9.5%，与全国平均增速基本持平。

　　辽宁在两化融合方面提升较快，年均增速为 14.5%，比时序指数增速高出 5 个百分点。构成两化融合的各指标中，互联网普及率增速较快，年均增速为 26%，是促进该方面快速发展的主要因素，电子信息产业占比增长平稳，年均增速为 8.1%。

　　辽宁在结构调整和人力资源方面也保持了较快增长，年均增速分别为 10.6% 和 10.7%。结构调整方面，规模以上工业小企业主营业务收入高速增长，年均增速达到 33.5%，是推动结构调整和优化升级的重要因素，但是其余三项指标高技术产业占比、500 强企业占比和工业制成品出口占比均为负增长，影响了结构调整的发展。人力资源方面，工业就业人员平均工资和第二产业全员劳动生产率均保持较快增长，年均增速分别为 14% 和 11.7%，但是就业人员平均受教育年限增长缓慢，年均增速仅为 0.8%。

　　速度效益、技术创新和资源环境三个方面增速低于时序指数的增速，年均增速分别为 8.3%、6% 和 5.8%。速度效益方面，工业增加值快速增长，年均增速为 14.6%，是促进速度效益发展的有利要素。技术创新方面，起主要拉动作用的是单位 R&D 经费支出的发明专利数，年均增速高达 13.6%，但是工业 R&D 经费投入强度和工业 R&D 人员投入强度表现不佳，年均增速分别为 1.5% 和 −1%，拉低了技术创新增长水平。资源环境方面，工业主要污染物排放强度显著下降，促进资源环境指数增长，但是工业污染治理投资强度呈负增长，年均下降幅度高达 18%。

　　②截面指数

表 40　2005—2013 年辽宁工业发展质量截面指数排名

	2005	2006	2007	2008	2009	2010	2011	2012	2013
速度效益	28	28	27	25	24	23	25	23	27
结构调整	10	9	8	8	8	9	10	12	15
技术创新	8	13	14	16	17	18	15	15	18
资源环境	9	10	19	19	22	21	27	25	23
两化融合	9	11	9	10	9	9	10	9	9
人力资源	10	8	8	6	11	9	12	9	9
截面指数	10	10	12	13	16	15	16	16	17

　　横向来看，2013 年辽宁工业发展质量截面指数为 28.8，排在全国第 17 名，与 2012 年排名基本持平。

　　2013 年辽宁在两化融合和人力资源方面表现较好，均排在全国第 9 位。两化融合方面，电子信息产业占比和互联网普及率两项指标均表现较好，分别排在全国第 9 位和第 7 位；但是，工业应用信息化水平处于全国中下游水平，排在第 18 位。人力资源方面，第二产业全员劳动生产率表现较好，排在全国第 8 位；工业城镇单位就业人员平均工资增速和就业人员平均受教育年限表现一般，分别排在全国第 14 位和第 17 位。

　　2013 年，辽宁在结构调整方面排在第 15 位，处于全国中游水平。其中，500 强企业占比和工业制成品出口占比表现较好，分别排在第 8 位和第 7 位，是支撑结构调整指数排名靠前的主要因素；小型工业企业主营业务收入增速也表现较好，都处于全国中等偏上水平，排在第 14 位。

辽宁在资源环境方面排在第 23 位，实力相对较弱，处于全国下游水平。资源环境方面，单位工业增加值能耗和主要污染物排放强度，分别排在第 15 位和第 16 位，对辽宁资源环境的改善起到了重要作用，但工业污染治理投资强度和工业固体废物综合利用率排名相对较低，分别排在全国第 25 位和第 28 位，影响了辽宁资源环境指数的总体排名。

技术创新方面实力相对较弱，排在全国第 22 位。其中，大中型工业企业 R&D 经费投入强度表现较好，排在全国第 5 位，较 2012 年提升了 6 名；但是大中型工业企业 R&D 人员投入强度和大中型工业企业单位 R&D 经费支出发明专利处于相对落后水平，排名分别为第 25 位和第 29 位，影响了技术创新指数的排名。

辽宁在速度效益方面处于下游水平，排在第 27 名，较 2012 年下滑了 4 名。其中，工业增加值增速、工业成本费用利润率、工业主营业务收入利润率均排名靠后，分别排在全国第 24、27 和 27 位，表明辽宁工业在增长速度和效益方面实力都较弱；总资产贡献率表现相对较好，排在第 16 位。

③原因分析

近年来，辽宁在两化融合和人力资源方面表现较好。两化融合方面，辽宁省结合实际，抓住沈阳经济区成为国家新型工业化综合配套改革试验区的契机和辽宁老工业基地振兴机遇，开展两化融合工作。在信息技术推动产业的数字化和信息化发展，推进信息技术在科技研发的应用，提高企业自主创新能力等方面均取得了一定成效。人力资源方面，2009 年辽宁省启动实施千人计划和十百千工程，这为海外高层次人才在辽宁创业提供了优质的平台和良好的环境。目前，该工程已经取得了一定成效。通过百千万人才工程选拔出的人才已经成为各领域的学术带头人和技术带头人，不仅改善了辽宁省的人才结构，提升了人才素质，同时也形成了年轻人才持续成长的机制。

（3）结论与展望

综合时序指数和截面指数来看，辽宁在两化融合和人力资源方面表现较为突出，但速度效益和资源环境等方面增长较为缓慢且处于全国下游水平，成为未来辽宁需要改进和提升的主要方面。

速度效益方面，辽宁要从企业提升工程、项目工程、产业集群工程、并购工程与节能降耗和淘汰落后产能工程五个方面促进工业发展：一是大力促进企业提升核心竞争力；二是以重大工业项目、新兴产业项目等为抓手，推动工业发展；三是将产业集群化发展作为工业发展的重要支撑点；四是鼓励企业并购，特别是鼓励企业通过并购获取辽宁工业发展需要的关键核心技术，完成产业链的向上延伸；五是从节能项目、节能技术、节能产品入手，继续加大节能减排和淘汰落后产能。

资源环境方面，大力推进转变增长方式，推进节能减排工作的顺利进行。首先，以循环经济、绿色经济作为未来工业经济的重点，鼓励企业进行清洁生产；其次，根据《辽宁省产业能效指导目录》，将目录中的重点节能减排新技术和新产品加以推广和应用；第三，进一步完善节能考核体系，落实节能降耗责任，加强基础管理。

七、吉林

（1）总体情况

①宏观经济总体情况

2014年，吉林完成地区生产总值13803.8亿元，同比增速为6.5%。其中，第一、二、三产业增加值分别为1524.6亿元、7287.3亿元和4992亿元，同比增速分别为4.6%、6.6%和6.9%。2014年，人均GDP为50162元，同比增速为6.5%。2014年，吉林三次产业的结构为11.0：52.8：36.2，第一、二、三产业对经济增长的贡献率分别为6.8%、55.6%和37.6%。投资方面，2014年吉林省全社会固定资产投资总额为11486.5亿元，比2013年同比增长15.1%，其中，第一、二、三产业投资额分别为414亿元、6445.2亿元和4395.6亿元，分别同比增长44.7%、16.0%和12.4%。消费方面，吉林全年社会消费品零售总额为6080.9亿元，同比增速为12.1%。消费方面，城镇消费品零售额和乡村消费品零售额分别为5385.3亿元和695.6亿元，同比增速分别为12.0%和12.3%。外贸方面，2014年，吉林实现进出口总值263.8亿美元，同比增速为2.1%。其中，出口总值和进口总值分别为57.8亿美元和206亿美元，同比增速分别为−14.3%和7.9%。

②工业经济运行情况

2014年，吉林完成规模以上工业增加值6492.9亿元，同比增长6.6%。其中，轻、重工业分别实现增加值1997.2亿元和4495.8亿元，同比增速分别为7.8%和6.0%。

分经济类型看，集体企业增长最快，同比增速达 9.5%；国有企业同比增长 5.2%；外资企业增长相对较慢，增速仅为 2.3%。六大高耗能行业工业增加值为 1345.7亿元，同比增速为 6.4%。高技术制造业工业增加值为 548.1 亿元，同比增速为 8.4%。装备制造业工业增加值为 600.3 亿元，同比增速为 9.1%。工业投资方面，2014年工业企业完成投资 6233.6 亿元，同比增速为 15.3%，对全省固定资产投资增长的贡献率更是高达 55.0%。工业企业效益方面，2014 年，规模以上工业企业实现主营业务收入 23220 亿元，同比增速为 6%；实现利润总额 1397.7 亿元，同比增速为 12.3%。

（2）指标分析

①时序指数

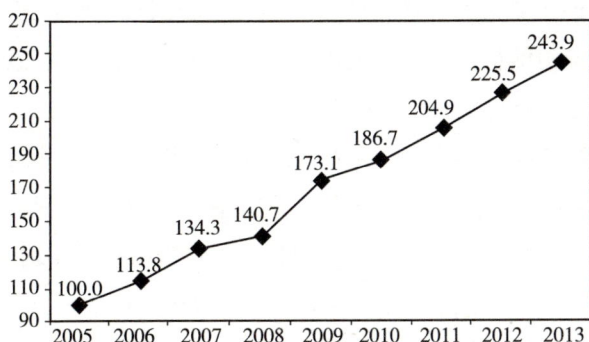

图28　吉林工业发展质量时序指数

表 41　2005—2013 年吉林工业发展质量时序指数

	2005	2006	2007	2008	2009	2010	2011	2012	2013	2005—2013年均增速
速度效益	100.0	117.4	184.6	138.9	163.1	192.3	210.4	205.3	207.0	9.5
结构调整	100.0	119.7	129.2	164.7	197.3	226.0	257.3	308.9	353.7	17.1
技术创新	100.0	119.2	112.1	112.8	180.1	149.6	151.9	155.3	132.1	3.5
资源环境	100.0	103.5	124.2	126.9	140.4	146.3	161.0	184.3	214.1	10.0
两化融合	100.0	108.4	134.3	143.7	182.1	205.4	219.2	225.6	249.0	12.1
人力资源	100.0	110.4	128.4	144.6	157.1	180.0	201.3	220.7	233.9	11.2
时序指数	100.0	113.8	134.3	140.7	173.1	186.7	204.9	225.5	243.9	11.8

纵向来看，吉林工业发展质量时序指数自 2005 年的 100.0 上涨至 2013 年的243.9，年均增速为 11.8%，高于全国平均增速。

吉林在结构调整方面快速增长，年均增速为17.1%。其中，规模以上小企业主营业务收入高速增长，年均增速高达39.1%，是促进结构调整指数的快速增长的主要支撑要素，500强企业占比呈较快增长，年均增速为9.1%，高技术产业占比和工业制成品出口占比增速平稳，年均增速分别为6.3%和3.5%。

吉林在速度效益、资源环境、两化融合和人力资源方面呈较快增长，年均增速分别为9.5%、10%、12.1%和11.2%。速度效益方面，工业增加值呈快速增长，年均增速达到17%，总资产贡献率年均增速为9%。而工业成本费用利润率和工业主营业务收入利润率较低，分别为5.1%和4.7%。资源环境方面，主要污染物排放强度持续降低，单位工业增加值能耗和工业固体废物综合利用率有所改善，但工业污染治理投资强度出现显著下滑，年均增速为−10.5%，成为影响资源环境指数改善的不利要素。两化融合方面，互联网普及率高速增长，年均增速为24.3%，工业应用信息化水平和电子信息产业占比增长相对较慢，年均增速为3.2%和4.3%。人力资源方面，工业就业人员平均工资和第二产业全员劳动生产率增长较快，年均增速分别为14.8%和11.9%，是支撑人力资源发展的有利因素。

吉林在技术创新方面呈低速增长，年均增速仅为3.5%。其中，工业R&D人员投入强度和单位工业R&D经费支出发明专利数表现较好，年均增速分别为9.3%和7.2%。但是，大中型工业企业新产品销售收入占比呈负增长，年均增速为−13%，给技术创新方面带来不利影响。

②截面指数

表42 2005—2013年吉林工业发展质量截面指数排名

	2005	2006	2007	2008	2009	2010	2011	2012	2013
速度效益	30	23	9	18	17	17	13	17	20
结构调整	28	19	15	12	16	23	14	22	24
技术创新	21	16	22	24	11	17	16	19	28
资源环境	24	25	22	21	23	19	21	18	14
两化融合	17	14	15	16	15	15	19	23	24
人力资源	8	13	6	11	10	8	13	6	7
截面指数	27	22	14	21	17	16	17	19	23

横向来看，吉林工业发展质量截面指数连续多年处于全国下游水平，2013年截面指数为24.4，排在第23位，较2012年下滑4名。

2013年吉林的人力资源处于全国上游水平，排在第7位。其中，第二产业全员劳动生产率排在全国第6位，较2012年下滑了2个位次；工业城镇单位就业人员平均工资增速排在第5位，较上年有较大提升。

2013年吉林的资源环境排在第14名，处于全国中游水平，较上年提升了4个名次。其中单位工业增加值能耗和工业固体废物综合利用率近年来表现较好，2013年分别排在第11位和第12位；主要污染物排放强排在第15位；而工业污染治理投资强度提升不明显，排在全国第26位，对吉林资源环境的排名产生一定负面影响。

吉林在速度效益、结构调整、两化融合方面处于全国中下游水平，分别排在第20、24和24位。速度效益方面，工业增加值增速在2012年排全国第9位，但2013年出现大幅回落，排在第22位；总资产贡献率近年来上升明显，2013年排在全国第6位，处于全国上游水平；工业成本费用利润率和工业主营业务收入利润率始终处于全国下游水平，2013分别处于全国第19位和第20位。结构调整方面，小型工业企业主营业务收入增速出现大幅回落，从2012年的第9位下滑至2013年的第22位；高技术产业占比表现相对较好，排在全国第17位；500强企业占比和工业制成品出口占比始终处于相对落后水平，2013年分别排在全国第22位和第20位。两化融合方面，工业应用信息化水平、电子信息产业占比和互联网普及率3项指标均处于全国下游水平，2013年分别均排在第23、20、20位，直接影响了吉林两化融合指数的排名。

③原因分析

吉林在结构调整方面增长最快。吉林提出了依托技术创新促进产业转型升级，推动新兴产业发展。具体包括，与清华大学、吉林大学等著名高校签订了战略合作协议，开展产学研合作；明确企业的创新主体身份，鼓励企业加强技术中心建设；大力推进兼并国内外科技型企业，并通过技术创新手段有效化解产能过剩，为加快工业转型升级；灵活运用相关优惠政策如财政、税收、人才等，为企业创新营造良好的社会氛围，激发企业的创新热情。

人力资源方面，吉林在长春市、吉林市、辽源市等十个城市开展技能振兴专项活动。并出台了明确的专项活动方案，保障了技能振兴专项活动的顺利开展。同时，吉林还开展了劳动者素质培训计划。针对企业在岗职工、城镇失业人员、农村劳动力等不同类型的人力资源进行分类培训，提高各层劳动力的就业能力。

在相关基础设施建设上，吉林建立了职业技能实训基地，更加有序地推进培训工作开展。对于符合人才振兴计划的高技能人才，给予财政补贴。

（3）结论与展望

综合时序指数和截面指数可以看到，吉林工业发展质量在全国的总排名处于下游水平，其中技术创新方面呈低速增长且在全国排名靠后，是未来吉林需要重点努力的方面。

技术创新方面，要依托吉林丰富的高校及研究资源，积极展开产学研用合作。当前，吉林拥有12个国家重点实验室，3个省部共建重点实验室，此外还拥有多个省级重点实验室、省级院士工作站和省级科技创新中心，以及汽车零部件、农作物育种和医药公共创新服务等3个省级公共技术研发平台。鼓励企业利用这些研发优势，通过人才引进与自主开发相结合，同时发挥企业的资金和市场优势，加强研发成果产业化。

八、黑龙江

（1）总体情况

①宏观经济总体情况

2013年,黑龙江实现地区生产总值14382.9亿元,同比增长8.0%。其中,第一、二、三产业增加值分别为2516.8亿元, 5918.2亿元和5947.9亿元, 分别同比增长5.1%、6.6%和10.4%。人均地区生产总值实现37509.3元, 同比增速为7.9%。

②工业经济运行情况

2013年，黑龙江工业增加值为5090.3亿元，同比增长7.0%，占GDP的35.4%。其中，规模以上工业增加值为4857.3亿元，同比增速为6.9%。分轻重工业看，轻工业增长快于重工业3.7个百分点，工业增加值分别为991.2亿元和3866.1亿元，同比增速分别为9.9%和6.2%。

（2）指标分析

①时序指数

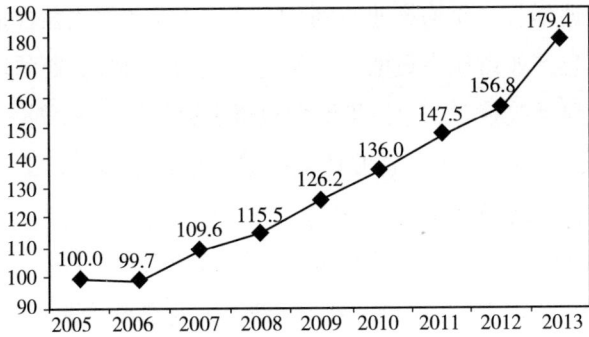

图29 黑龙江工业发展质量时序指数

表43 2005—2013年黑龙江工业发展质量时序指数

	2005	2006	2007	2008	2009	2010	2011	2012	2013	2005—2013 年均增速
速度效益	100.0	102.9	104.7	101.7	76.9	89.6	96.5	94.9	92.4	−1.0
结构调整	100.0	90.7	104.5	119.7	131.0	151.9	155.7	173.9	191.0	8.4
技术创新	100.0	99.2	114.3	111.6	126.0	131.7	157.2	168.0	188.6	8.3
资源环境	100.0	103.9	114.4	111.2	124.9	108.1	123.4	116.3	175.6	7.3
两化融合	100.0	101.1	104.6	116.1	149.2	163.5	167.6	182.8	202.3	9.2
人力资源	100.0	110.4	120.7	137.4	154.1	177.1	196.6	216.8	232.7	11.1
时序指数	100.0	99.7	109.6	115.5	126.2	136.0	147.5	156.8	179.4	7.6

　　纵向来看，黑龙江工业发展质量时序指数自2005年的100.0上涨至2013年的179.4，年均增速为7.6%，低于全国平均增速。

　　黑龙江在人力资源方面快速增长，年均增速为11.1%。其中，工业职工平均工资快速增长，年均增速为15.7%；第二产业全员劳动生产率也保持较快增长，年均增速为10.7%；但是就业人员平均受教育年限增长缓慢，增速仅为0.5%。

　　结构调整、技术创新、两化融合均保持较快增长，年均增速分别为8.4%、8.3%和9.2%。结构调整方面，规模以上小企业主营业务收入快速增长，年均增速达到29.2%，是促进结构调整指数增长的主要因素；500强企业占比为零速增长；高技术产业占比和工业制成品出口占比均为负增长，年均增速分别为−4.6%和−2.8%，严重制约了结构调整指数的增长。技术创新方面，单位R&D经费支出的发明专利数增速较快，年均增速16.6%；大中型工业企业新产品销售收入占比呈负增长，年均增速为−1.7%，制约了技术创新指数的增长。两化融合方面，互联网普及率快速增长，年均增速达到 21.5%，是推动两化融合指数增长的主要因素；而电子信息产业占比为负增长，年均增速为 –0.8%。资源环境方面，主要污染物排放强度显著改善，工业污染治理投资强度保持快速增长，年均增速达到 11.6%，这两个指标共同促进了资源环境指数的增长；但是，工业固体废物综合利用率表现不佳，年均增速仅为 –2.8%。

黑龙江在速度效益方面表现不佳，年均增速仅为 –1%。其中，工业增加值保持快速增长，年均增速为 11.9%，但是，工业总资产贡献率、工业成本费用利润率和工业主营业务收入利润率 3 项指标均呈负增长，年均增速为分别为 –5.3%、–12.9 % 和 –11.4%。

②截面指数

表 44　2005—2013 年黑龙江工业发展质量截面指数排名

	2005	2006	2007	2008	2009	2010	2011	2012	2013
速度效益	1	1	1	1	1	4	2	4	9
结构调整	24	26	24	19	23	12	24	17	21
技术创新	13	15	15	17	15	12	13	13	16
资源环境	10	11	18	17	15	16	12	15	13
两化融合	10	10	10	11	11	12	17	17	21
人力资源	5	7	7	8	3	5	11	7	8
截面指数	7	8	8	8	9	9	12	12	16

横向来看，黑龙江工业发展质量截面指数呈下滑趋势。2013 年截面指数为 30.6，排在全国第 16 名，较 2012 年下滑 4 名。

黑龙江在速度效益和人力资源方面表现较好，2013 年分别排在全国第 9 名和第 8 名，处于全国上游水平。速度效益方面，只有工业增加值增速处于下游水平，2013 年排在全国第 28 名，较 2012 年滑落了 4 个名次。总资产贡献率、工业成本费用利润率和工业主营业务收入利润率 3 项指标自 2005 年以来，一直居全国领先水平，2013 年分别排在全国第 4 名、第 3 名和第 4 名。人力资源方面，第二产业全员劳动生产率一直处于全国上游位置，2013 年排在第 5 名；工业城镇单位就业人员平均工资增速在 2012 年大幅提升后，2013 年又出现显著下滑，从第 7 名下滑至第 18 名。

技术创新和资源环境方面处于全国中游水平，2013 年分别排在第 16 和第 13

名。技术创新方面，R&D 人员投入强度处于全国上游水平，2013 年排在全国第7 名；R&D 经费投入强度处于全国中等偏上水平，2013 年排在全国第 13 名；单位 R&D 经费支出的发明专利数和大中型工业企业新产品销售收入占比表现不佳，均处于全国下游水平，2013 年分别排在第 20 名和第 25 名。

结构调整和两化融合处于相对落后水平，2013 年均排在第 21 名。结构调整方面，小型工业企业主营业务收入近几年有大幅度提升，从 2005 年的第 23 名提升至 2013 年的第 6 名；高技术制造业主营业务收入占比、500 强企业占比和工业制成品出口占比 3 项指标都处于下游水平，2013 年分别排在第 22 名、第 20 名和第 24 名。两化融合方面，互联网普及率和电子信息产业占比 2 项指标都相对落后，分别排在第 21 名和第 25 名。

③原因分析

速度效益方面，黑龙江省出台新"工业 17 条"促进县域经济发展保障措施以稳定工业增长。金融服务上，黑龙江不断加大融资服务力度，银行帮助企业融资达到 170 亿元，为企业提供担保贷款达到 349.7 亿元。投资方面，黑龙江加大招商引资和项目服务力度，在战略性新兴产业和传统产业的投资项目数均明显增加，工业固定资产投资保持两位数的快速增长，在全国处于领先。此外，要素保障方面，黑龙江积极协调煤电油气运等主要生产要素的供应配套。人力资源方面，2013 年年初黑龙江出台《黑龙江省领军人才梯队管理办法（暂行）》。加大了对人才培养的支持力度。政策从专项资助、津贴、住房、人才资助经费学术交流及培训等方面给予了领军人才优惠支持。

（3）结论与展望

总体来看，黑龙江的工业发展质量在全国排名处于中游水平，且呈逐年下降趋势。未来，应在结构调整和两化融合方面重点发展。

结构调整方面，一是加强技术改造，同时淘汰落后的技术和工艺；二是鼓励企业兼并重组，积极打造竞争力强、带动作用大的龙头企业；三是密切跟踪省十大重点产业的发展态势，针对指标下滑明显但是具有一定成长性的企业予以扶持，增强企业发展活力。

两化融合方面，继续依托《黑龙江省推进信息化与工业化深度融合的实施意见》，开展"两化融合深度行"活动。政府要以两化融合促进产业结构优化升级为主线，发挥政府的引导作用，不断优化提升两化融合发展环境，促进传统制造产业与信息化的相互融合；同时，将企业竞争力的提升作为突破口，积极鼓励加大两化融合力度。

九、上海

（1）总体情况

①宏观经济总体情况

2014年，上海市实现地区生产总值（GDP）2.4万亿元，比上年增长7.0%，增速较上年回落0.7个百分点。从三次产业看，第一产业、第二产业和第三产业增加值分别为124.3亿、8164.8亿元和15271.9亿元，分别增长0.1%、4.3%和8.8%。第三产业增加值占比达到64.8%，比上年提高1.6个百分点。常住人口人均GDP为9.7万元。

2014年，上海全社会固定资产投资总额达到6016.4亿元，比上年增长6.5%。其中，第一产业、第二产业和第三产业投资分别为11.9亿元、1157.3亿元和4847.3亿元，比上年分别下降35.7%、下降6.8%和增长10.5%。第一产业投资降幅较大，第二产业投资小幅下降，第三产业投资小幅增长。2014年实现社会消费品零售总额8718.7亿元，比上年增长8.7%。外贸方面，2014年上海市货物进出口总额为4666.2亿美元，比上年增长5.6%。其中，进口2563.5亿美元，出口2102.8亿美元，分别增长7.9%和3.0%。从贸易伙伴国看，上海市最大的出口贸易国是美国，出口额为498.5亿美元，比上年下降1.6%；上海市最大的贸易进口国是欧盟，进口额为648.9亿美元，比上年增长16.9%。上海市城市居民和农村居民家庭人均年可支配收入分别为47710元和21192元，分别比上年增长8.8%和10.3%，扣除价格因素，分别实际增长5.9%和7.4%。

②工业经济运行情况

2014年，上海实现工业增加值7362.8亿元，比上年增长4.3%；完成工业总产值34071.2亿元，比上年增长1.6%。其中，规模以上工业总产值32237.2亿元，增长1.6%；实现利润总额2661.1亿元，增长10.4%；实现税金总额1857.9亿元，增长2.8%；企业亏损面为21.2%。工业企业产销环节衔接较好，规模以上工业产品销售率达到99.5%。

2014年，上海战略性新兴产业总产值达到8113.3亿元，增长5.5%。2014年电子信息、汽车、石油化工、精品钢材、成套设备、生物医药等6大重点工业行业共实现工业总产值为 2.2 万亿元，增长 1.4%，占全市规模以上工业总产值的比重为 67.1%。

（2）指标分析

①时序指数

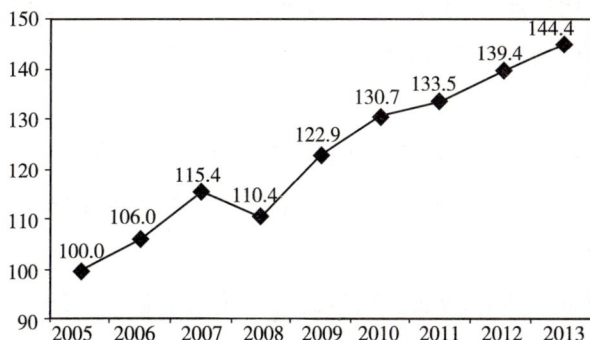

图30 上海工业发展质量时序指数

表 45 2005—2013 年上海工业发展质量时序指数

	2005	2006	2007	2008	2009	2010	2011	2012	2013	2005—2013 年均增速
速度效益	100.0	102.9	115.7	85.6	109.6	136.8	132.3	129.1	141.8	4.5
结构调整	100.0	105.0	103.7	102.9	95.6	98.3	98.2	90.7	85.0	−2.0
技术创新	100.0	118.4	117.3	106.5	158.1	148.2	163.4	178.6	196.4	8.8
资源环境	100.0	94.8	124.2	117.3	123.0	140.7	133.6	155.0	154.5	5.6
两化融合	100.0	100.6	120.1	129.5	134.8	136.9	140.5	149.1	153.2	5.5
人力资源	100.0	120.6	120.0	132.3	140.2	151.8	169.4	176.8	190.1	8.4
时序指数	100.0	106.0	115.4	110.4	122.9	130.7	133.5	139.4	144.4	4.7

纵向来看，上海工业发展质量时序指数自 2005 年的 100.0 上涨至 2013 年的 144.4，年均增速为 4.7%，低于全国平均增速。

上海在技术创新和人力资源方面快速增长，年均增速分别为 8.8% 和 8.4%。技术创新方面，R&D 人员投入强度高速增长，年均增速达到 17.0%。单位 R&D 经费支出的发明专利数的年均增速也达到 8.8%，这 2 项指标成为带动技术创新指数增长的主要因素。而工业新产品占比出现下降趋势，年均增速为 −0.2%，限制了技术创新指数的增长。

人力资源方面，工业就业人员平均工资增速较快，年均增速达到 14.6%。第二产业全员劳动生产率和就业人员平均受教育年限提高相对缓慢，年均增速分别为 4.0% 和 1.2%。

上海在资源环境、两化融合和速度效益方面增长相对缓慢，年均增速分别为 5.6%、5.5% 和 4.5%。资源环境方面，主要污染物排放强度和单位工业增加值能耗下降显著，年均增速分别为 14.8% 和 5.6%。但是，工业固体废物综合利用率无明显改善，年均增速仅为 0.1%。工业污染治理投资强度还出现了下滑，年均增速为 −12.9%。

两化融合方面，互联网普及率快速提升，年均增速达到 13.0%。工业应用信息化水平稳步提升，年均增速为 3.3%。电子信息产业占比提高有限，年均增速为 0.8%。

速度效益方面，工业增加值稳步提高，年均增速为 8.5%。总资产贡献率、工业成本费用利润率和工业主营业务收入利润率 3 项指标的增长幅度均较低，年均增速分别为 3.7%、2.8% 和 2.5%。

上海在结构调整方面进展不大，年均增速为 −2.0%。其中，构成结构调整的 4 项指标中，仅规模以上小企业主营业务收入实现了增长，年均增速为 6.4%。其余 3 项指标均呈下降趋势，高技术产业占比、500 强企业占比和工业制成品出口占比年均增速分别为 −2.7%、−4.5% 和 −5.3%。

②截面指数

表 46　2005—2013 年上海工业发展质量截面指数排名

	2005	2006	2007	2008	2009	2010	2011	2012	2013
速度效益	23	26	28	28	28	20	28	30	22
结构调整	5	3	4	4	6	4	5	5	5
技术创新	4	2	5	5	5	5	4	4	3
资源环境	5	4	3	3	3	1	3	2	2
两化融合	2	2	2	2	2	2	2	2	2
人力资源	2	1	5	5	2	10	5	5	4
截面指数	4	2	3	4	4	3	4	4	4

横向来看，上海工业发展质量截面指数连续多年排在全国前 4 名，处于全国领先水平，2013 年截面指数为 52.8，排在第 4 位。

速度效益方面，2013 年上海排在第 22 位，较上年排名有明显提升，但仍处于全国下游水平。其中工业增加值增速排名靠后，2011—2013 年连续三年都排在全国第 30 位。总资产贡献率一直处于全国下游水平，2013 年排在第 21 位。工业成本费用利润率和工业主营业务收入利润率排名较上年都有明显提高，2013 年分别排在第 9 位和第 7 位。

结构调整方面，2013 年上海排在第 5 位，处于全国上游水平。其中，高技术产业占比和工业制成品出口占比始终处于全国前 5 位之列，2013 年分别排在第 3 位和第 5 位。500 强企业占比也处于全国上游水平，2013 年排在第 8 位。规上小企业主营业务收入增长较慢，一直处于全国落后位置，2013 年排在第 28 位。

技术创新方面，2013 年上海排在第 3 位，处于全国上游水平。其中，工业新产品占比表现最好，一直排在全国前 5 名之列，2013 年名列第 3。R&D 经费投入强度和 R&D 人员投入强度也处于全国上游水平，2013 年在全国分别排在第 3 位和第 2 位。单位 R&D 经费支出的发明专利数稍微逊色，2013 年排在全国第 10 位。

资源环境方面，2013 年上海排在第 2 位，处于全国上游水平。其中，单位工业增加值能耗和主要污染物排放强度大幅下降，分别排在全国第 4 位和第 2 位。工业固体废物综合利用率提升显著，排在全国第 2 位。工业污染治理投资强度在全国处于下游水平，2013 年排在第 30 位。

两化融合方面，2013 年上海排在第 2 位，处于全国上游水平。其中，工业应用信息化水平一直处于全国领先水平，2013 年排在全国第 3 位。互联网普及率自 2005 年以来一直处于第 2 名。电子信息产业占比提高也很高，排在全国第 3 位。这表明虽然上海的两化融合水平的年均增速低于全国平均水平，但是由于其基数较高，所以较低的增长也能使其保持全国领先优势。

人力资源方面，2013 年上海排在第 4 位，处于全国上游水平。其中就业人员平均受教育年限自 2005 年以来一直排在全国第 2 位，处于全国领先水平。第二产业全员劳动生产率处于上游水平，排在第 4 位。而工业就业人员平均工资增速波动较大，2013 年排在全国第 19 位。

③原因分析

上海作为我国改革开放的前沿阵地，在经济建设方面取得瞩目成就，其工业发展质量也处于全国上游水平，特别是在两化融合、资源环境和技术创新等方面一直处于全国领先水平。

两化融合方面，上海作为首批 8 个国家级两化融合试验区之一，在推进两化深度融合方面积累了很多经验，其主要做法体现在 10 个聚焦：聚焦规划政府引导、聚焦典型示范引路、聚焦平台共性服务、聚焦园区集群发展、聚焦难点、聚焦突破、聚焦创新促进转型、聚焦培训建设队伍、聚焦评估激发动力、聚焦合作联动发展、聚焦宣传社会动员。通过全方位推进两化深度融合，改造提升传统产业，经济培育新产业、新业态、新技术和新模式经济发展。

资源环境方面，认真贯彻落实党的十八大提出的关于加快生态文明建设的重大战略部署，2010—2014 年持续印发《节能减排和应对气候变化重点工作安排》，强化总量控制（能耗、碳排放和污染排放）和效率提升（能源效率和污染浓度）"双控"制度。此外，上海市还在全国率先建立了环境保护和建设综合协调推进机制，自 2000 年开始已滚动实施了五轮环保三年行动计划，环境保护工作在多方面实现重大战略转变：从点上污染治理转变为面上环境综合整治，从末端污染治理转变为通过推进结构布局优化调整等进行源头防控，从中心城区为主转变到城乡一体和区域联动。为进一步强化大气污染治理，改善环境空气质量，上海市还制定了《上海市清洁空气行动计划（2013—2017）》。

技术创新方面，上海一方面继续部署实施科技重大专项，不断创新合作方式和创新专项投入方式；另一方面进一步强化前沿基础研究和人才培养，继续调整优化基础研究投入结构，加强高层次人才服务工作，创新人才网络；此外，继续加强研发基地建设，加快上海海洋科技中心建设，研究编制海洋科技三年行动计划。《上海张江国家自主创新示范区发展规划纲要（2013—2020 年）》开始实施等都带动上海的技术创新能力更上新台阶。

（3）结论与展望

从纵向和横向分析综合来看，上海工业发展质量较高，已逐步由要素驱动转向创新驱动。从工业发展质量指标看，上海在两化融合、资源环境和技术创新等方面，都处于全国领先水平；但在速度效益、结构调整和人力资源等方面仍有提升空间。

速度效益方面，由于上海目前已处于后工业化阶段，增长速度已不再是其主要的发展目标，上海应充分抓住机遇，加快提升改造传统制造业，积极培育新兴制造业，逐步形成新的经济增长点。此外，还要优化资本在不同行业间的配置，提高资本产出效益，提高企业资产的获利能力。

结构调整方面,要继续贯彻落实《上海市战略性新兴产业发展"十二五"规划》,重点发展新一代信息技术、高端装备制造、生物、新能源和新材料等五大主导产业,积极培育节能环保和新能源汽车两大先导产业。此外,还要继续贯彻实施《上海市促进中小企业发展条例》,为中小企业发展创造更好的市场环境,激发中小企业发展活力,逐步优化产业结构。

人力资源方面,要贯彻落实好《上海市人才发展"十二五"规划》,优化提升人才队伍结构,提高就业人员平均受教育年限,增加技能劳动者中高技能人才比例;通过实施海外高层次人才、创新型科技领军人才和首席技师三个"千人计划",以及国际金融、国际航运、国际贸易、战略性新兴产业和高新技术产业化人才等重点领域人才开发,全面推进人才队伍整体开发。通过提升人才队伍素质,带动劳动生产率提高。

十、江苏

（1）总体情况

①宏观经济总体情况

2014年,江苏省实现地区生产总值（GDP）6.5万亿元,比上年增长8.7%。从三次产业看,第一产业、第二产业和第三产业增加值分别为3634.3亿元、31057.5亿元和30396.5亿元,分别增长2.9%、8.8%和9.3%。人均GDP达到81874元,增长8.4%。三次产业增加值占比分别为5.6%、47.7%和46.7%。

2014年,江苏省完成固定资产投资4.2万亿元,比上年增长15.5%。第一产业、第二产业和第三产业投资分别为207.0亿元、20300.5亿元和21045.3亿元,分别增长29.8%、10.3%和20.8%。第二产业投资中,工业投资为2.0万亿元,比上年增长10.2%。其中,制造业投资1.9万亿元,同比增长10.4%;高新技术产业投资为7172.1亿元,同比增长11.6%,占工业投资的比重达35.4%。2014年实现社会消费品零售总额2.3万亿元,比上年增长12.4%。外贸方面,2014年进出口总额达到5637.6亿美元,增长2.3%。其中,出口3418.7亿美元,增长4.0%;进口2218.9亿美元,与上年持平。2014年江苏省居民人均可支配收入为27173元,增长9.7%;按常住地分,城镇居民和农村居民家庭人均年可支配收入分别为34346元和14958元,分别增长8.7%和10.6%。

②工业经济运行情况

2014年,江苏省规模以上工业企业实现增加值增长9.9%,其中轻工业和重工业增加值分别增长 9.8% 和 9.9%。规模以上工业企业完成主营业务收入 14.2 万亿元，增长 7.5%；完成利税 1.5 万亿元，增长 13.1%；完成利润 8839.8 亿元，增长 12.8%。企业亏损面有所下降，为 12.9%。工业企业总资产贡献率为 16.5%，主营业务收入利润率为 6.2%，成本费用利润率为 6.7%。

分行业看，在规模以上工业中，汽车制造产业产值为 6448.8 亿元，增长 13.4%；医药制造业产值为 3136.4 亿元，增长 13.7%；专用设备制造业产值为 5622.2 亿元，增长 10.0%；电气机械及器材制造业产值为 16003.3 亿元，增长 9.8%；通用设备制造业产值为 8134.3 亿元，增长 10.5%；计算机、通信和其他电子设备制造业产值为 18055.9 亿元，增长 4.1%。

（2）指标分析

①时序指数

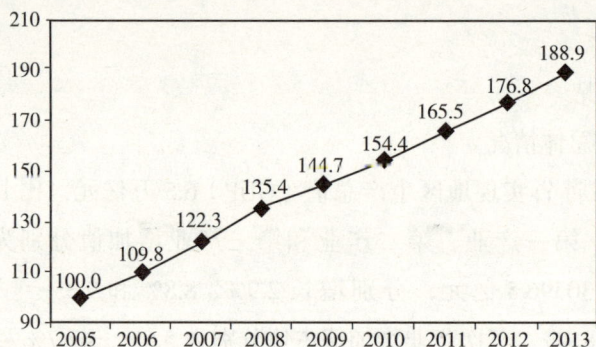

图31　江苏工业发展质量时序指数

表47　2005—2013 年江苏工业发展质量时序指数

	2005	2006	2007	2008	2009	2010	2011	2012	2013	2005—2013年均增速
速度效益	100.0	110.6	134.0	144.4	142.7	162.2	168.8	167.4	173.7	7.1
结构调整	100.0	124.4	119.7	145.6	146.7	149.2	150.9	158.9	162.5	6.3
技术创新	100.0	100.3	115.4	124.0	156.0	163.0	190.3	204.7	218.6	10.3
资源环境	100.0	95.0	112.6	113.9	116.7	119.4	124.6	139.0	161.1	6.1
两化融合	100.0	110.5	135.3	146.2	164.8	184.4	199.1	217.0	221.6	10.5
人力资源	100.0	110.8	121.7	136.7	145.3	161.5	183.0	201.8	234.0	11.2
时序指数	100.0	109.8	122.3	135.4	144.7	154.4	165.5	176.8	188.9	8.3

纵向来看，江苏工业发展质量时序指数自 2005 年的 100.0 上涨至 2013 年的

188.9，年均增速为 8.3%，低于全国平均增速。

江苏在人力资源、两化融合和技术创新方面快速增长，年均增速分别达到 11.2%、10.5% 和 10.3%。人力资源方面，工业就业人员平均工资快速增长，年均增速达到 15.7%。第二产业全员劳动生产率也实现了较快增长，年均增速为 10.3%。就业人员平均受教育年限提高较慢，年均增速为 2.2%。

两化融合方面，互联网普及率高速增长，年均增速达到 21.9%，是促进两化融合水平快速提升的重要方面。工业应用信息化水平提高较快，年均增速为 6.0%。电子信息产业占比增长相对较慢，年均增速为 1.7%。

技术创新方面，单位 R&D 经费支出的发明专利数和 R&D 人员投入强度快速增长，年均增速分别为 15.8% 和 12.1%，是促进技术创新指数快速增长的重要因素。工业新产品占比和 R&D 经费投入强度增长较慢，年均增速分别为 5.9% 和 3.2%。

江苏在速度效益、结构调整和资源环境方面均较快发展，年均增速分别为 7.1%、6.3% 和 6.1%。速度效益方面，工业增加值快速增长，年均增速达到 13.2%。总资产贡献率、工业成本费用利润率和工业主营业务收入利润率 3 项指标增长较慢，年均增速在 5% 附近。

结构调整方面，规模以上小企业主营业务收入高速增长，年均增速达到 20.5%，是促进结构调整指数快速增长的重要因素。其余 3 项指标增长相对较慢，年均增速均不足 3%，对结构调整指数的快速增长起到一定的抑制作用。

资源环境方面，主要污染物排放强度明显下降；但工业固体废物综合利用率和工业污染治理投资强度呈下降趋势，年均增速分别为 –0.7% 和 –7.0%，这 2 项指标对江苏资源环境指数的增长起到了较强的抑制作用。

②截面指数

表48　2005—2013 年江苏工业发展质量截面指数排名

	2005	2006	2007	2008	2009	2010	2011	2012	2013
速度效益	20	22	25	16	20	26	24	20	17
结构调整	2	2	2	2	2	2	2	1	2
技术创新	12	14	10	9	7	7	7	9	8
资源环境	6	6	5	5	5	5	5	6	5
两化融合	5	5	4	4	4	4	4	4	4
人力资源	13	12	18	13	18	18	10	11	5
截面指数	5	5	4	3	3	4	3	3	3

横向来看，江苏工业发展质量截面指数连续多年处于全国上游水平，领先优势较为明显，且自2005年以来排名一直在前5位，2013年截面指数为55.6，排在第3位。

速度效益方面，2013年江苏排在第17位，处于全国中下游水平。其中总资产贡献率近年来一直处于中等偏下水平，2013年有所提升，排在第8位。工业增加值增速、工业成本费用利润率和工业主营业务收入利润率近些年来的排名有所上升，但仍处于相对落后水平，2013年分别排在第20位、第17位和第16位。

结构调整方面，2013年江苏排在第2位，处于全国领先水平。其中高技术产业占比、500强企业占比和工业制成品出口占比3项指标表现突出，多年来都处于全国前5位以内。规模以上小企业主营业务收入增速2013年在全国排名第21位，较上年下降了7个位次。

技术创新方面，2013年江苏排在全国第8位，处于全国上游水平。其中R&D经费投入强度近几年排名有所下降，2013年排在第11位。R&D人员投入强度自2009年后排名大幅提高，进入全国前10，2013年排在第5位。工业新产品占比也处于上游水平，2013年排在第7位。只有单位R&D经费支出的发明专利数排名略微靠后，2013年排在全国第12位。

资源环境方面，2013年江苏排在全国第5位，处于全国上游水平。其中单位工业增加值能耗、主要污染物排放强度和工业固体废物综合利用率一直处于全国领先水平，2013年在全国分别排第6、第5和第3。工业污染治理投资强度一直处于全国下游水平，2013年排在第22位。

两化融合方面，2013年江苏排在第4位，处于全国上游水平。其中，工业应用信息化水平和电子信息产业占比一直处于全国上游水平，2013年分别排在第5位和第4位。互联网普及率多年来一直稳定在全国第8位。

人力资源方面，2013年江苏排在第5位，处于全国上游水平。其中，工业就业人员平均工资增速2013年排在全国第2位，较上年大幅提高。第二产业全员劳动生产率一直处于全国中上游水平，2013年排在第10位。就业人员平均受教育年限处于全国中上游水平，2013年排在第7位。

③原因分析

江苏经济规模一直处于全国前列，2013年位居全国第2，仅排在广东之后；在经济规模不断扩张的同时，江苏的工业发展质量也处于全国领先水平，特别是在结构调整、两化融合和资源环境等方面表现突出。

结构调整方面，推出《江苏省实施中小微企业管理素质提升十百千万行动计划工作方案》，通过加强组织领导、创新方式方法、加强协调创新、加大资金支持和加强考核考评等多种措施培育一批省级管理创新示范企业和省级优秀管理服务机构，引导支持中小企业加快建立管理信息系统，开展中小微企业管理服务专家行活动，实施"中小微企业经营管理素质"提升培训计划，支持中小微企业健康发展。此外，还通过认定江苏省首台套重大装备及关键部件来支持本省首台(套)重大装备及关键部件的研制应用，加快全省高端装备制造业发展。

两化融合方面，江苏省在年初就颁布了《关于开展2013年全省企业两化融合有关工作的通知》，通过认定两化融合在典型应用领域（自主创新领域，精益制造、服务制造领域，绿色低碳安全生产领域等）的示范企业，推动企业制造升级、构建企业现代经营管理系统以及推动企业发展转型，从而扎实推进企业的两化深度融合，全面提高产业的整体竞争力。

资源环境方面，江苏省全面部署生态文明建设工作，印发了《关于深入推进生态文明建设工程率先建成全国生态文明建设示范区的意见》，出台了全国首个省级生态文明建设规划，制定了"推进生态文明建设指标体系"；在全国率先出台省级生态红线区域保护规划，系统实施生态空间管控；坚持把生态创建作为推进江苏生态文明建设的重要载体和有效抓手。常州钟楼经开区和江阴高新区通过国家生态工业示范园区建设考核验收，吴江经开区等8家园区被批准建设国家生态工业示范园区。

（3）结论与展望

从纵向和横向分析综合来看，江苏省工业发展质量较好，结构调整取得明显成效，两化融合工作持续推进。江苏省目前正处于从工业化后期向后工业化迈进的关键时期，未来仍需通过加强技术创新、改善资源环境和提高人力资源素质等全面提高工业发展质量。

技术创新方面，深入贯彻落实《江苏省政府关于进一步加强企业技术改造的意见》，通过加强政策规划引导、加大税费优惠政策力度、发挥财政资金导向作用、拓宽融资渠道、强化重点项目协调服务、建立完善推进体系等积极推进产业高端化，加快创新成果产业化，推动融合互动发展，提升绿色制造水平，进一步激发企业追求技术进步的内生动力，不断提高企业技术创新能力。此外，还要落实好

《江苏省科技小巨人企业培育计划实施方案（2013—2015年）》，切实提高中小企业的技术创新能力。

资源环境方面，一方面要积极推动太湖流域沿线城市加快工业转型升级，鼓励各市运用高新技术改造提升传统产业，大力发展技术含量高、经济效益好、能源消耗低、污染排放少的新兴产业；另一方面要继续加大工业污染治理投资强度，加快推进生态文明建设。

人力资源方面，落实好《江苏省中长期人才发展规划纲要（2010—2020年）》和《江苏省"十二五"人才发展规划》以及高技能人才引进计划政策等，通过"双创计划"、"汇智计划"、产业人才开发工程、333高层次人才培养工程、企业家素质提升计划、百万高技能人才培养工程等全面提高就业人员素质，提高劳动生产率。

十一、浙江

（1）总体情况

①宏观经济总体情况

2014年，浙江省实现地区生产总值（GDP）4.0万亿元，比上年增长7.6%。从三次产业看，第一产业、第二产业和第三产业增加值分别为1779亿元、19153亿元和19222亿元，分别增长1.4%、7.1%和8.7%。人均GDP达到7.3万元（按年平均汇率折算为11878美元），增长7.3%。三次产业增加值占比分别为4.4%、47.7%和47.9%，第三产业占比首次超过第二产业。

2014年，浙江省固定资产投资2.4万亿元，比上年增长16.6%。其中，第一产业、第二产业和第三产业投资分别为264亿元、7929亿元和15363亿元，分别增长31.1%、12.3%和18.8%。其中工业投资为7879亿元，增长12.2%。2014年社会消费品零售总额为1.7万亿元，增长11.7%，扣除价格因素，实际增长10.7%。2014年进出口总额为3551.5亿美元，增长5.8%；其中进口额为817.9亿美元，下降6.0%；出口额为2733.5亿美元，增长9.9%。2014年浙江省居民人均可支配收入达到32658元，比上年增长9.7%，扣除价格因素实际增长7.4%；按常住地分，城镇居民和农村居民家庭人均可支配收入分别为40393元和19373元，比上年分别增长8.9%和10.7%，扣除价格因素分别实际增长6.8%和8.3%。

②工业经济运行情况

2014年，浙江省规模以上工业企业实现增加值12543亿元，比上年增长6.9%；

其中轻工业增加值为 5407 亿元、重工业增加值为 7137 亿元,比上年分别增长 6.1% 和 7.4%。规模以上工业企业销售产值 64392 亿元,同比增长 5.9%。规模以上工业企业实现利润 3544 亿元,比上年增长 5.1%。工业企业产品销售率 96.8%,比上年下降 0.5 个百分点。规模以上工业企业完成出口交货值 12085 亿元,同比增长 5.2%;出口交货值占销售产值的 18.8%,比重比上年下降 0.1 个百分点。

2014 年,浙江省规模以上工业企业新产品产值 19415 亿元,同比增长 21.6%,比工业总产值增幅高 15.2 个百分点;新产品产值率达到 29.2%,与上年相比提高 3.6 个百分点。制造业中,高新技术产业增加值 4283 亿元,增长 8.5%,占规模以上工业的比重达到了 34.1%,比上年提高 0.5 个百分点;装备制造业增加值 4328 亿元,增长 8.9%;战略性新兴产业增加值 3075 亿元,增长 8.6%。

(2)指标分析

①时序指数

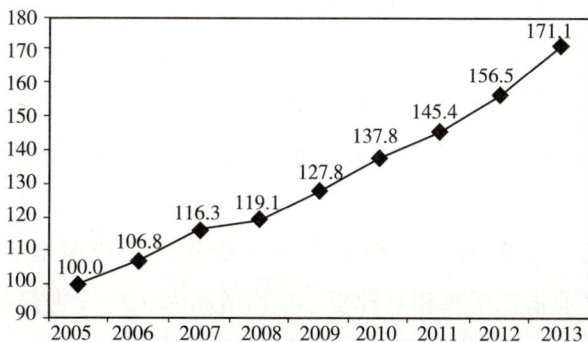

图32　浙江工业发展质量时序指数

表 49　2005—2013 年浙江工业发展质量时序指数

	2005	2006	2007	2008	2009	2010	2011	2012	2013	2005—2013 年均增速
速度效益	100.0	103.9	116.4	102.0	118.5	137.9	138.7	132.8	139.8	4.3
结构调整	100.0	98.9	115.6	109.5	107.6	119.3	117.4	120.9	126.7	3.0
技术创新	100.0	113.4	119.6	133.6	154.8	158.3	179.4	202.8	222.8	10.5
资源环境	100.0	106.7	105.8	107.2	114.5	113.9	122.8	141.3	169.1	6.8
两化融合	100.0	114.3	125.9	146.9	157.9	173.0	179.7	196.7	210.6	9.8
人力资源	100.0	110.5	117.1	127.7	131.7	145.5	164.3	179.1	197.0	8.8
时序指数	100.0	106.8	116.3	119.1	127.8	137.8	145.4	156.5	171.1	6.9

纵向来看，浙江工业发展质量时序指数自 2005 年的 100.0 上涨至 2013 年的 171.1，年均增速为 6.9%，低于全国平均增速。

浙江在技术创新、两化融合和人力资源方面快速增长，年均增速分别为 10.5%、9.8% 和 8.8%。技术创新方面，R&D 人员投入强度高速增长，年均增速达到 18.2%，是促进技术创新指数提升的重要因素。工业新产品占比、R&D 经费投入强度和单位 R&D 经费支出的发明专利数增速比较平稳，年均增速分别为 7.9%、7.0% 和 6.4%。

两化融合方面，互联网普及率高速增长，年均增速达到 19.1%，是促进两化融合指数提升的重要因素；工业应用信息化水平稳步提升，年均增速为 7.8%；电子信息产业占比增速较慢，年均增速只有 2.8%。

人力资源方面，工业就业人员平均工资增长较快，年均增速达到 13.6%，是促进人力资源指数提高的主要因素；第二产业全员劳动生产率也稳步提高，年均增速为 6.5%；就业人员平均受教育年限提高较为缓慢，年均增速为 2.6%。

浙江在速度效益、结构调整和资源环境方面增速平稳，年均增速分别为 4.3%、3.0% 和 6.8%。速度效益方面，工业增加值较快增长，年均增速达到 10.7%；总资产贡献率、工业成本费用利润率和工业主营业务收入利润率增长相对较慢，年均增速分别为 0.9%、1.8% 和 1.7%。

结构调整方面，规模以上小企业主营业务收入快速增长，年均增速为 12.5%；500 强企业占比增长相对较慢，年均增速为 5.3%；但高技术产业占比和工业制成品出口占比出现微幅下降趋势，年均增速分别为 -0.9% 和 -2.9%，对结构调整指数的增长起到抑制作用。

资源环境方面，单位工业增加值能耗和主要污染物排放强度明显下降，年均增速分别为 5.3% 和 13.8%；但工业固体废物综合利用率和工业污染治理投资强度无明显改善，年均增速分别为 0.3% 和 1.4%。

②截面指数

表 50　2005—2013 年浙江工业发展质量截面指数排名

	2005	2006	2007	2008	2009	2010	2011	2012	2013
速度效益	22	25	26	26	27	29	27	29	25
结构调整	3	5	3	3	3	3	3	3	3
技术创新	15	11	12	8	10	8	9	6	5

（续表）

	2005	2006	2007	2008	2009	2010	2011	2012	2013
资源环境	7	5	6	6	6	7	7	7	6
两化融合	7	7	7	7	7	7	7	6	8
人力资源	24	22	28	21	26	17	15	21	22
截面指数	8	6	6	6	7	6	7	6	6

横向来看，浙江工业发展质量截面指数连续多年处于上游水平，领先优势较为明显，除 2005 年和 2009 年外，一直排在全国第 6 位，2013 年截面指数为45.8。

速度效益方面，2013 年浙江排在第 25 位，处于全国下游水平。4 项指标在全国的排名均处于相对落后水平，严重影响了浙江速度效益指数的整体排名。其中，工业增加值增速和总资产贡献率都排在第 25 位，工业成本费用利润率和工业主营业务收入利润率都排在第 23 位。

结构调整方面，2013 年浙江排在第 3 位，处于全国领先水平。其中，500 强企业占比表现最为出色，2013 年排在第 1 位；工业制成品出口占比多年来始终排在第 3 位；高技术产业占比近年来排名不断下滑，2013 年排在全国第 14 位；规模以上小企业主营业务收入增速排名处于下游水平，排在全国第 27 位。

技术创新方面，浙江排名不断提高，2013 年进入全国前 5 位。工业新产品占比一直处于全国上游水平，2013 年排在全国第 2 位；R&D 经费投入强度近两年上升较快，2013 年排在全国第 4 位；R&D 人员投入强度排名上升很快，从2005 年的第 27 位升至 2013 年的第 8 位；单位 R&D 经费支出的发明专利数处于中游水平，2013 年排在全国第 12 位。

资源环境方面，领先优势也比较明显，2013 年排在全国第 6 位。其中，单位工业增加值能耗、主要污染物排放强度和工业固体废物综合利用率都处于全国上游水平，且排名比较稳定；2013 年分别排在第 7、第 7 和第 4 位。排名上升最显著的是工业污染治理投资强度，2012 年以前，一直处于全国下游水平，排在20 位之后；2012 年开始进入中游水平，2013 年排在第 14 位。

两化融合方面，2013 年排在第 8 位，处于全国上游水平。其中互联网普及率自 2005 年以来一直处于全国上游水平，2013 年排在全国第 6 位；工业应用信息化水平排名波动较大，2013 年排在全国第 6 位；电子信息产业占比排名延续下降趋势，2013年排在第10位。

人力资源方面，多年来一直处于全国下游水平，2013年浙江排在第22位。其中工业就业人员平均工资增速排名提升较为迅速，从2005年的第24位提升到2013年的第12位；第二产业全员劳动生产率的排名则比较稳定，长期以来一直在落后位置，2013年排在第27位；就业人员平均受教育年限自2009年开始处于中游水平，2013年排在第14位。

③原因分析

浙江也是我国的工业大省，工业规模排在广东、江苏和山东之后，位居全国第4位。虽然与工业规模相比，浙江的工业发展质量排名略微靠后，但仍处于全国前列。浙江在结构调整、技术创新和资源环境等方面表现突出。

结构调整方面，浙江省为深入实施"创业富民、创新强省"总战略，通过实施的《浙江省出口基地管理办法（试行）》来加快转变外贸发展方式和调整外贸结构，工业企业出口交货值一直名列全国第3位，巩固了浙江结构调整排名。此外，《浙江省人民政府关于推动现代装备制造业加快发展的若干意见》提出了要顺应全球装备制造业呈现出来的"绿色、智能、超常、融合、服务"的新的发展趋势，支持浙江现代装备制造业做大做强。

技术创新方面，《浙江省人民政府关于促进企业技术改造的实施意见》提出要坚持技术改造和技术研发以及设备改造和管理创新的紧密结合，提高企业技术创新成果的转化率。此外，浙江省还全面实施创新驱动发展战略以把浙江建设成创新型省份，通过强化相关的政策措施，鼓励企业加大研发经费和人员投入；同时还强化各种扶持政策，支持企业推广应用创新产品，利用线上线下各种平台和渠道加快开拓市场；通过实施"浙江制造"工程，逐步提高在政府采购和公共资源交易中企业自主创新产品的应用比重。在这些政策的带动下，浙江的新产品销售收入占比、R&D经费和人员投入强度在全国排名都处于上游水平。

资源环境方面，浙江省创新减排制度，出台了《关于实施企业刷卡排污总量控制制度的通知》和《关于建立主要污染物总量控制激励制度推进产业转型升级的通知》等一系列政策措施，通过建立"一企一证一卡"的模式控制企业排污总量，推进排污权的有偿使用和交易，推进产业转型升级。此外，《浙江省"万吨千家"企业（单位）能源管理体系建设推进计划》鼓励企业主动运用先进的节能管理方法与技术，对能源利用全过程进行管理，持续改进和优化节能工作与节能管理，持续提高能源利用效率，有效降低单位工业增加值能耗。

（3）结论与展望

从纵向和横向分析综合来看，浙江省工业发展质量整体较好。由于浙江目前也处于从工业化后期向后工业化迈进的关键时期，速度效益方面已难有根本性提升，未来要重点关注两化融合和人力资源等方面，以全面提升浙江工业发展质量。

两化融合方面，作为全国首个"信息化和工业化深度融合国家示范区"，浙江省要继续贯彻落实好《浙江省人民政府关于建设信息化和工业化深度融合国家示范区的实施意见》，通过全面推进产品与装备智能化开发、"机器换人"、重点行业与区域绿色安全制造、"电商换市"及相关产业发展、智慧城市建设示范试点等专项行动，来持续推进两化深度融合，促进"浙江制造"转向"浙江智造"。

人力资源方面，要多措并举提高人力资源素质。一方面要通过加大教育经费投入等提高就业人员平均受教育年限，另一方面要落实好《浙江省专业技术人才知识更新工程（2013—2020）实施方案》提升专业技术人才素质；此外，还要落实好"机器换人"等专项行动，提高全员劳动生产率。

十二、安徽

（1）总体情况

①宏观经济总体情况

2014年，安徽省实现地区生产总值（GDP）2.1万亿元，比上年增长9.2%。从三次产业看，第一产业、第二产业和第三产业增加值分别为2392.4亿元、11204亿元和7252.4亿元，分别增长4.6%、10.3%和8.8%。三次产业增加值占比分别为11.5%、53.7%和34.8%，其中工业增加值占GDP比重为46%。人均GDP达到34427元（折合5604美元），比上年增加2426元。

2014年，安徽省完成固定资产投资2.1万亿元，比上年增长16.5%。第一产业、第二产业和第三产业投资分别增长了39.2%、13.9%和17.7%。分行业看，工业投资比上年增长13.2%，其中制造业同比增长14.6%，制造业中的装备制造业同比增长17%。六大高耗能行业投资增长6.5%。2014年社会消费品零售总额7320.8亿元，比上年增长13%。2014年进出口总额492.7亿美元，增长8.2%。其中，出口总额和进口总额分别为314.9亿美元和177.8亿美元，比上年分别增长11.5%和3%。从出口商品类别看，机电产品和高新技术产品出口分别同比增长 25% 和 1.2 倍。全年城镇居民和农村居民家庭人均可支配收入分别为 24839 元和 9916 元，比上年分别增长 9% 和 12%，扣除价格因素，实际分别增长 7.2% 和 10.3%。

②工业经济运行情况

2014 年，安徽省实现工业增加值 9581.4 亿元，比上年增长 10.8%；其中规模以上工业企业增加值比上年增长 11.2%。从细分行业看，40 个工业行业中有 39 个增加值保持增长；其中计算机、通信和其他电子设备制造业增长 43.8%，通用设备制造业增长 10.8%，汽车制造业增长 7%。六大工业主导产业增加值、装备制造业和高新技术产业分别比上年增长 11%、12.3% 和 13.6%。另外，战略性新兴产业产值比上年增长 22.5%。

2014 年，安徽省主要工业产品产量中，原煤下降 7.7%、发电量增长 1.5%、粗钢增长 3.9%、钢材增长 3.6%、水泥增长 1.6%、彩色电视机增长 7.4%；汽车下降 7.1%，家用洗衣机、家用电冰箱、房间空调器分别下降 12.5%、7.1% 和 0.2%。

（2）指标分析

①时序指数

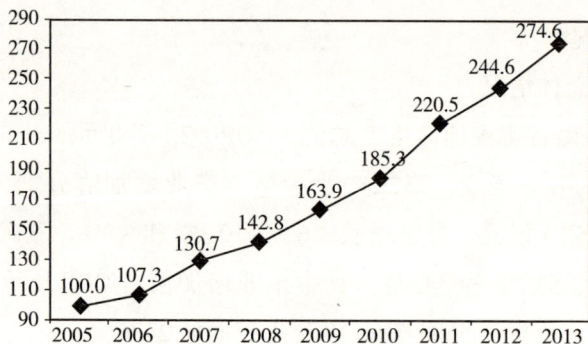

图33 安徽工业发展质量时序指数

表51 2005—2013 年安徽工业发展质量时序指数

	2005	2006	2007	2008	2009	2010	2011	2012	2013	2005—2013 年均增速
速度效益	100.0	98.6	109.7	131.4	149.3	182.0	176.8	184.5	180.9	7.7
结构调整	100.0	103.9	125.1	137.7	150.9	184.5	256.9	287.4	323.0	15.8
技术创新	100.0	109.8	141.1	147.9	181.9	188.1	232.0	273.4	286.3	14.1
资源环境	100.0	110.1	141.1	147.0	155.3	153.0	161.2	185.6	241.9	11.7

（续表）

	2005	2006	2007	2008	2009	2010	2011	2012	2013	2005—2013年均增速
两化融合	100.0	112.4	140.8	152.5	198.1	230.2	264.8	276.9	332.8	16.2
人力资源	100.0	112.6	126.1	142.8	157.0	181.6	210.7	230.7	239.0	11.5
时序指数	100.0	107.3	130.7	142.8	163.9	185.3	220.5	244.6	274.6	13.5

纵向来看，安徽工业发展质量时序指数自2005年的100.0上涨至2013年的274.6，年均增速为13.5%，高于全国平均增速。

安徽在两化融合、结构调整和技术创新方面均快速增长，年均增速分别达到16.2%、15.8%和14.1%。两化融合方面，互联网普及率高速增长，年均增速高达30.4%，对两化融合指数的增长起到积极促进作用；工业应用信息化水平和电子信息产业占比的年均增速分别为9.4%和3.9%。

结构调整方面，规模以上小企业主营业务收入高速增长，年均增速达到36.5%，是促进结构调整指数快速增长的主要因素；高技术产业占比和工业制成品出口占比的年均增速也分别达到了6.1%和10.0%；但是500强企业占比出现下降，年均增速为-4.1%，对结构调整指数的增长起到较大抑制作用。

技术创新方面，单位R&D经费支出的发明专利数高速增长，年均增速达到23.9%，是促进技术创新指数快速增长的主要因素；R&D人员投入强度也增长较快，年均增速达到了12.7%；而R&D经费投入强度和工业新产品占比2项指标则增长缓慢，年均增速分别为3.8%和5.6%。

安徽省在资源环境、人力资源和速度效益方面稳步增长，年均增速分别为11.7%、11.5%和7.7%。资源环境方面，单位工业增加值能耗和主要污染物排放强度均明显改善，年均增速分别为10.4%和18.8%；工业污染治理投资强度波动较大，年均增速为8.1%；工业固体废物综合利用率年均增速仅有1.2%，制约资源环境指数的快速提升。

人力资源方面，工业就业人员平均工资快速增长，年均增速达到15.3%，促进了人力资源指数的增长；第二产业全员劳动生产率也保持了较快增长，年均增速为11.4%；就业人员平均受教育年限提高较慢，年均增速为3.0%。

速度效益方面，工业增加值快速增长，年均增速达到18.2%；其余3项总资产贡献率、工业成本费用利润率和工业主营业务收入利润率都增长缓慢，年均增速分别为3.8%、1.3%和1.2%。

②截面指数

表52　2005—2013年安徽工业发展质量截面指数排名

	2005	2006	2007	2008	2009	2010	2011	2012	2013
速度效益	15	20	23	14	12	9	15	15	13
结构调整	18	18	14	18	14	13	9	20	20
技术创新	17	17	13	12	9	10	8	7	6
资源环境	20	19	14	13	12	14	13	12	10
两化融合	19	18	13	15	14	11	15	22	13
人力资源	20	26	24	24	25	25	25	27	30
截面指数	21	21	20	16	15	14	14	14	13

横向来看，安徽工业发展质量截面指数连续多年处于全国中等偏上水平，2013年截面指数为32.6，排在第13位。

速度效益方面，2013年安徽排在第13位，处于全国中游水平。其中工业增加值增速排名一直处于上游水平，2013年排在第1位，是支撑安徽速度效益指数排名的主要因素。总资产贡献率、工业成本费用利润率和工业主营业务收入利润率的排名在2013年出现明显下降，分别排在第15位、第24位和第24位。

结构调整方面，2013年安徽排在第20位，处于全国中下游水平。其中规模以上小企业主营业务收入的排名波动较大，2009—2011年连续3年排在第2位，但近2年排名下降明显，2013年排在第15位。高技术产业占比一直处于中下游水平，2013年排在第19位；500强企业占比和工业制成品出口占比表现稍好，2013年分别排在第15位和第12位。

技术创新方面，近年来一直处于上升趋势，2013年排在第6位，处于全国上游水平。单位R&D经费支出的发明专利数排名上升很快，从2005年的第26位，上升到2013年第5位。R&D人员投入强度和工业新产品占比也表现不错，2013年分别排在全国第9位和第8位，均较2005年有大幅提升。R&D经费投入强度一直比较稳定，处于全国中游水平，2013年排在第15位。

资源环境方面，2013年安徽排在第10位，处于全国中上游水平。其中，单位工业增加值能耗和主要污染物排放强度处于中游水平，2013年分别排在第13位和第16位。工业固体废物综合利用率近年来在全国的排名较为稳定，2013年排在第10位，是支撑资源环境指数排名靠前的有利因素。工业污染治理投资强度前些年一直处于全国中下游水平，2013年有明显提升，排在第10位。

两化融合方面，2013年安徽排在第13位，处于全国中上游水平。其中工业应用信息化水平排在第1位，是推动两化融合指数排名提升的主要因素。电子信息产业占比处于中下游水平，2013年排在第19位，较前几年有一定幅度下降。互联网普及率多年来一直处于下游水平，2013年排在第24位，严重影响了安徽两化融合指数的排名。

人力资源方面，2013年安徽排在第30位，处于全国下游水平。其中工业就业人员平均工资增速排名处于下降趋势，2005年在全国排第4位，2013年排在第28位。而第二产业全员劳动生产率自2005年以来一直排在第30位，处于全国下游水平。就业人员平均受教育年限也处于全国下游水平，2013年排在第27位。

③原因分析

安徽省地处长江和淮河中下游，居中靠东，位于长江三角洲腹地，随着《皖江城市带承接产业转移示范区规划》的落实，安徽省抓住承接东部沿海地区产业转移的战略机遇，工业发展质量明显提高，特别是在技术创新、资源环境和两化融合等方面提升明显。

技术创新方面，2010年颁布的《国家技术创新工程安徽省试点工作实施方案》，明确提出要加快建设安徽省技术创新体系，提高企业自主创新能力，增强产业的核心竞争能力。近年来安徽省还提出要加快建设具有安徽特色的区域创新体系，通过实施"34122"目标行动，提高安徽省主要自主创新指标在全国的排名。2013年，安徽省启动创新型省份建设，成为全国的第二个试点省。当年新认定的高新技术企业达到448家，高新技术企业总数达到2018家，在全国排第7位，在中部排第1位。

资源环境方面，安徽省先后颁布了《安徽省"十二五"主要污染物减排综合性工作方案》和《安徽省"十二五"主要污染物总量减排考核办法》，对实施总量控制的4项主要污染物（废水中的化学需氧量和氨氮，废气中的二氧化硫和氮氧化物）的减排情况进行绩效管理，严格监督管理，确保完成减排目标。

两化融合方面，建立了安徽省"两化"融合综合支撑服务平台，通过开展地市级两化融合发展水平评估工作推动企业两化深度融合。此外，《安徽省信息化和工业化深度融合专项行动计划实施方案（2013—2017年）》提出，要用五年时间构建覆盖安徽工业经济各个环节各个领域的两化深度融合科学发展体系。2014

年安徽省重点行业典型企业 ERP、MES、PLM 和 SCM 普及率分别达到 76.86%、100.12%、81.15% 和 71.35%，重点行业典型企业装备数控化率达到 59.04%，综合的工业应用信息化水平达到 85.04，位居全国首位。

（3）结论与展望

从纵向和横向分析综合来看，安徽省通过实施"工业强省"战略，工业规模迈上新台阶，工业发展质量也有明显提升，近几年一直处于全国中上游水平。未来，安徽省仍需在结构调整和人力资源等"短板"方面加大工作力度，促使工业发展质量全面提高。

结构调整方面，一方面要继续落实好《安徽省战略性新兴产业"十二五"发展规划》，大力发展电子信息、高端装备制造和新能源汽车等战略性新兴产业；另一方面要继续加大技术改造投资，加快传统产业转型升级；与此同时，还要贯彻好《安徽省人民政府关于金融支持经济结构调整促进转型升级的指导意见》，充分发挥金融对经济结构转型升级的支撑作用。

人力资源方面，执行好《安徽省技能人才振兴计划实施方案（2014—2017年）》，通过实施高技能人才培养工程和职业培训促进就业创业工程，以及开展企业岗位技能提升行动和农民工技能提升行动等，加快培养和壮大高技能人才队伍。

十三、福建

（1）总体情况

①宏观经济总体情况

2014 年，福建省实现地区生产总值（GDP）达到了 2.4 万亿元，比上年增长 9.9%。分产业来看，第一产业、第二产业和第三产业增加值分别为 2014.9 亿元、12515.4 亿元和 9525.5 亿元，分别增长 4.4%、11.7% 和 8.3%。三次产业增加值占比分别为 8.4%、52.0% 和 39.6%。人均 GDP 达到 63472 元，比上年增长 9.1%。

2014 年，福建省全社会固定资产投资完成 1.8 万亿元，比上年增长 18.8%。分产业看，第一产业、第二产业和第三产业投资分别增长 57.6%、13.4% 和 21.4%；其中工业投资增长 11.0%。2014 年社会消费品零售总额为 9205.6 亿元，增长 12.9%。2014 年进出口总额达到 1775 亿美元，比上年增长 4.8%；其中出口额和进口额分别为 1134.6 亿美元和 640.4 亿美元，分别增长 6.6% 和 1.9%。2014 年福建省居民人均可支配收入为 23331 元，增长 10.0%；扣除价格因素，实际增长 7.8%；其中城镇居民和农村居民家庭人均可支配收入分别为 30722 元和 12650

元，分别增长 9.0% 和 10.9%，扣除价格因素，分别实际增长 6.8% 和 8.8%。

②工业经济运行情况

2014 年，福建省实现工业增加值 1.0 万亿元，比上年增长 11.8%；其中，规模以上工业企业增加值增长 11.9%。从细分行业看，在规模以上工业的 38 个行业大类中，有 23 个增加值增速在两位数以上。福建省的三大主导产业增加值为 3402.4 亿元，增长 14.3%；其中，机械装备产业、电子信息产业和石油化工产业增加值分别为 1478.3 亿元、692.7 亿元和 1231.5 亿元，分别增长 7.9%、11.0% 和 25.6%。高技术产业增加值为 917.7 亿元，增长 10.2%。

（2）指标分析

①时序指数

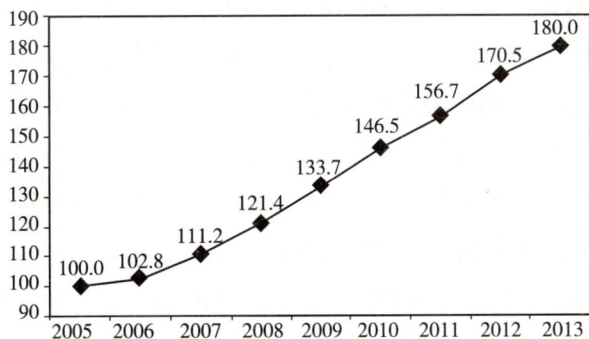

图34　福建工业发展质量时序指数

表 53　2005—2013 年福建工业发展质量时序指数

	2005	2006	2007	2008	2009	2010	2011	2012	2013	2005—2013 年均增速
速度效益	100.0	117.0	139.6	128.1	141.8	170.1	176.6	172.1	169.4	6.8
结构调整	100.0	103.3	104.7	109.0	106.6	119.3	122.3	133.5	134.7	3.8
技术创新	100.0	93.3	96.8	116.2	151.7	155.2	176.5	199.9	218.5	10.3
资源环境	100.0	95.4	99.3	109.0	117.3	120.1	122.1	146.8	165.3	6.5
两化融合	100.0	103.8	120.9	151.7	170.7	187.5	204.3	214.3	222.2	10.5
人力资源	100.0	108.1	117.7	131.2	140.3	157.9	179.6	197.1	217.9	10.2
时序指数	100.0	102.8	111.2	121.4	133.7	146.5	156.7	170.5	180.0	7.6

纵向来看，福建工业发展质量时序指数自 2005 年的 100.0 上涨至 2013 年的 180.0，年均增速为 7.6%，低于全国平均增速。

福建在两化融合、技术创新和人力资源方面提升较快，年均增速分别达到了10.5%、10.3%和10.2%，均高于时序指数年均增速。两化融合方面，互联网普及率高速增长，年均增速高达24.2%，对两化融合指数的增长起到积极促进作用。工业应用信息化水平稳步增长，年均增速为6.7%。电子信息产业占比近几年呈现下降趋势，年均增速为−4.1%，抑制了两化融合指数的快速提升。

技术创新方面，R&D人员投入强度和单位R&D经费支出的发明专利数快速增长，年均增速分别为17.4%和13.8%，是促进技术创新指数快速增长的主要因素。R&D经费投入强度稳步增长，年均增速为5.3%。而工业新产品占比下降趋势明显，年均增速为−3.9%。

人力资源方面，工业就业人员平均工资快速增长，年均增速达到15.3%，促进了人力资源指数的增长；第二产业全员劳动生产率也保持了较快增长，年均增速为8.1%；就业人员平均受教育年限提高较慢，年均增速为2.6%。

福建速度效益、资源环境和结构调整方面提升较慢，年均增速分别为6.8%、6.5%和3.8%，均低于时序指数年均增速。速度效益方面，工业增加值快速增长，年均增速达到15.5%；其余3项总资产贡献率、工业成本费用利润率和工业主营业务收入利润率都增长缓慢，年均增速分别为4.5%、1.9%和1.7%。

资源环境方面，主要污染物排放强度明显改善，年均增速为15.4%；单位工业增加值能耗和工业固体废物综合利用率改善较慢，年均增速分别为6.2%和3.2%；工业污染治理投资强度年均增速为−13.0%，严重制约资源环境指数的提升。

结构调整方面，规上小企业主营业务收入高速增长，年均增速达到19.7%，是促进结构调整指数快速增长的主要因素；工业制成品出口占比提高很慢，年均增速仅为0.5%；高技术产业占比和500强企业占比均出现下降，年均增速分别为−6.3%和−4.9%，对结构调整指数的增长起到较大抑制作用。

②截面指数

表54　2005—2013年福建工业发展质量截面指数排名

	2005	2006	2007	2008	2009	2010	2011	2012	2013
速度效益	21	15	15	15	14	14	12	12	10
结构调整	8	8	10	9	9	7	8	8	10
技术创新	14	19	19	18	18	15	12	12	11
资源环境	3	7	8	8	7	6	8	5	7

（续表）

	2005	2006	2007	2008	2009	2010	2011	2012	2013
两化融合	6	6	6	5	5	5	5	5	5
人力资源	26	21	23	19	22	11	8	15	19
截面指数	9	9	10	10	8	7	8	8	8

横向来看，福建工业发展质量截面指数连续多年处于全国上游水平，2013年截面指数为41.7，排在第8位。

速度效益方面，2013年福建排在第10位，处于全国上游水平。其中工业增加值增速排名一直处于中游水平，2013年有明显提升，排在第4名，是支撑福建速度效益指数排名的主要因素。总资产贡献率、工业成本费用利润率和工业主营业务收入利润率的排名在2013年有所下降，分别排在第10、第16和第15位。

结构调整方面，2013年福建排在第10位，处于全国上游水平。其中，高技术产业占比和工业制成品出口占比一直稳居全国上游水平，2013年分别排在第8位和第6位。500强企业占比和规模以上小企业主营业务收入排名波动较大，2013年分别排在第19位和第12位。

技术创新方面，近年来一直处于上升趋势，2013年排在第11位，处于全国中上游水平。其中，R&D经费投入强度和工业新产品占比排名一直比较稳定，处于全国中上游水平，2013年分别排在第10位和第13位。R&D人员投入强度和单位R&D经费支出的发明专利数排名上升很快，从2005年的下游水平提高到2013年的中上游水平，2013年分别排在第10位和第14位。

资源环境方面，2013年福建排在第7位，处于全国上游水平。其中，单位工业增加值能耗、主要污染物排放强度和工业固体废物综合利用率都处于上游水平，2013年分别排在第8、第6和第6位。工业污染治理投资强度排名波动较大，2013年排在第12位，处于全国中上游水平。

两化融合方面，2013年福建排在第5位，处于全国上游水平。其中互联网普及率排在第4位，是推动两化融合指数排名提升的主要因素。电子信息产业占比处于上游水平，2013年排在第8位。工业应用信息化水平多年来一直处于中上游水平，2013年排在第10位。

人力资源方面，2013年福建排在第19位，处于全国中下游水平。其中工业就业人员平均工资增速和就业人员平均受教育年限排名波动较大，但逐渐从中下游水平提升至中上游水平，2013 年分别排在第 15 位和第 13 位。第二产业全员劳动生产率一直处于中游水平，2013 年排在第 21 位。

③原因分析

福建省地处我国东南沿海，经济规模处于全国中上游水平，工业发展质量连续多年处于全国上游水平。这主要得益于福建各项指标发展比较均衡，在速度效益、结构调整、资源环境和两化融合方面都取得明显进展。

速度效益方面，2011 年以来，福建省出台了一系列政策措施促进工业稳定增长："6+6"、支持技改 12 条、扶持小微企业发展、促进民营经济发展等；2013 年初又出台了《福建省人民政府关于进一步促进工贸企业稳定增长六项措施的通知》，要求切实落实好已出台的各项稳增长政策措施、鼓励企业增产增效、加大技改投入、鼓励企业扩大出口、进一步减轻企业负担、加强能源调度推动企业转型升级等。在这些优惠政策的扶持下，福建省的工业增速和效益指标保持了良好的增长。

结构调整方面，提出了《福建省人民政府办公厅关于贯彻落实促进进出口稳增长调结构政策措施的实施意见》，要求通过加大出口退税支持力度、改善外汇管理、提升融资服务、扩大出口信用保险支持、提高贸易便利化水平、完善多种贸易方式等，推动福建省外贸持续健康发展。在这些政策措施带动下，福建省工业出口交货值在全国排名第 6 名。

资源环境方面，福建省实施生态省战略，《福建生态省建设"十二五"规划》要求加快发展生态效益型工业、循环经济和低碳产业等；通过构建节能减排长效机制等全面推进节能减排。此外，还发布《"十二五"主要污染物总量减排考核办法》，通过评价考核推进减排工作；推出完善居民用电阶梯电价政策、支持清洁能源发电上网电价等 18 项价格服务举措，通过经济杠杆来促进节能减排工作。福建省的单位工业增加值能耗和主要污染物排放强度等指标都排在全国前列。

两化融合方面，福建省出台的《2013 年全省工业转型升级专项行动计划》将"两化"深度融合发展作为六大专项行动之一，提出要在企业推广先进制造技术，推动制造业装备智能化和数字化，推进建立行业公共服务平台，加强"两化"融合示范区建设等，提高企业信息技术应用率。同时，还配套了《2013 年福建省信息化和工业化深度融合专项资金申报指南》，提供专项资金等支持企业实施"两化"深度融合。此外，《2013 年数字福建工作要点》也要求积极推进"两化融合"。

福建的互联网普及率、电子信息产业占比和工业应用信息化水平等都排在全国前列。

（3）结论与展望

从纵向和横向分析综合来看，福建工业发展质量比较好，处于全国上游水平。但未来仍需在技术创新和人力资源等方面争取有所突破，以使福建工业发展质量更上一个台阶。

技术创新方面，继续贯彻落实《2013年全省工业转型升级专项行动计划》提出的创新驱动发展专项行动，进一步提高企业的自主创新能力，支持企业开发新产品并推广应用。执行好《福建省专利提升行动计划实施方案（2013—2015年）》，通过专利战略提高企业创新产出水平，实现创新驱动发展。同时，还要继续落实《福建省科学技术厅关于支持省产业龙头创新发展九条措施的通知》，引导创新要素逐步向产业龙头企业集聚，加快提升产业龙头企业的科技创新能力，发挥产业龙头企业在行业技术创新的引领带动作用。

人力资源方面，福建省多年来一直实施人才强省战略，但就业人员的平均受教育年限和全员劳动生产率相对其他指标排名仍有很大提升空间。展望未来，一方面要实施好《福建省中长期教育改革和发展规划纲要（2010—2020）》，提高新增劳动力和就业人员平均受教育年限；另一方面要落实好《福建省"海纳百川"高端人才聚集计划（2013—2017）》，继续加大力度吸引高端人才，促进主导产业走向高端化，使福建的人才资源在总量、素质、竞争力和贡献率等方面与经济社会发展相适应。

十四、江西

（1）总体情况

①宏观经济总体情况

2014年，江西省实现地区生产总值（GDP）达到1.6万亿元，比上年增长9.7%。分产业来看，第一产业、第二产业和第三产业增加值分别为1683.7亿元、8388.3亿元和5636.6亿元，分别增长4.7%、11.1%和8.8%。三次产业增加值占比分别为10.7%、53.4%和35.9%。人均GDP为34661元，比上年增长9.2%。

2014年，江西省全社会固定资产投资完成1.5万亿元，比上年增长17.6%。分产业看，第一产业、第二产业和第三产业投资分别为315.8亿元、7999.7亿元和 6361.5 亿元，分别增长 16.3%、11.1% 和 28.1%；其中工业投资 7935.5 亿元，增长 11.2%。2014 年社会消费品零售总额为 5129.2 亿元，增长 12.7%。2014 年进出口总额达到 427.8 亿美元，比上年增长 16.4%；其中出口额和进口额分别为 320.4 亿美元和 107.5 亿美元，分别增长 13.7% 和 25.2%。2014 年江西省居民人均可支配收入为 16734 元，增长 10.8%；其中城镇居民和农村居民家庭人均可支配收入分别为 24309 元和 10117 元，分别增长 9.9% 和 11.3%。

②工业经济运行情况

2014 年，江西省实现工业增加值 6994.7 亿元，比上年增长 11.2%；其中，规模以上工业企业增加值增长 11.8%。六大高耗能行业的工业增加值达到 2702.4 亿元，增长 10.3%，比全省平均增速低 1.5 个百分点。装备制造业的增加值达到 1477.3 亿元，增长 14.5%，比全省平均增速高 2.7 个百分点。规模以上工业企业主营业务收入为 30537.1 亿元，增长 13.0%；利税总额为 3358.7 亿元，增长 14.4%；其中利润总额为 2043.9 亿元，增长 14.1%。

（2）指标分析

①时序指数

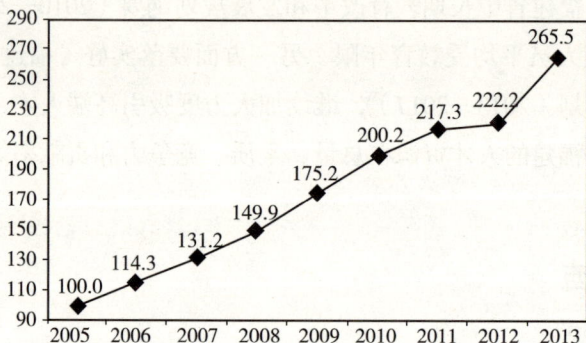

图35　江西工业发展质量时序指数

表55　2005—2013 年江西工业发展质量时序指数

	2005	2006	2007	2008	2009	2010	2011	2012	2013	2005—2013 年均增速
速度效益	100.0	120.9	135.5	160.9	159.5	189.3	204.9	218.0	232.1	11.1
结构调整	100.0	125.4	152.7	190.2	239.9	285.8	307.2	341.3	376.3	18.0
技术创新	100.0	97.3	95.2	91.2	99.6	94.6	93.0	96.4	108.9	1.1
资源环境	100.0	107.9	117.9	126.5	142.3	162.9	152.1	167.2	192.8	8.6

（续表）

	2005	2006	2007	2008	2009	2010	2011	2012	2013	2005—2013年均增速
两化融合	100.0	116.1	148.6	166.8	208.8	233.4	293.8	227.6	375.5	18.0
人力资源	100.0	111.5	125.5	140.0	160.0	180.5	206.1	206.6	246.9	12.0
时序指数	100.0	114.3	131.2	149.9	175.2	200.2	217.3	222.2	265.5	13.0

纵向来看，江西工业发展质量时序指数自 2005 年的 100.0 上涨至 2013 年的 265.5，年均增速为 13.0%，高于全国平均增速。

江西在结构调整和两化融合方面提升较快，年均增速均高达 18.0%，比时序指数增速高出 5 个百分点。结构调整方面，规上小企业主营业务收入强势增长，年均增速高达 35.6%，大大促进了结构调整的快速提升。工业制成品出口占比和 500 强企业占比稳步提升，年均增速分别为 16.2% 和 9.1%。高技术产业占比提高较慢，年均增速为 1.0%。

两化融合方面，互联网普及率快速提高，年均增速为 28.4%，是拉动两化融合指数较快增长的主要因素。电子信息产业占比提高也较快，年均增速为 14.2%。工业应用信息化水平提升较慢，年均增速为 6.4%。

江西在人力资源、速度效益、资源环境和技术创新方面提升较慢，年均增速均低于时序指数。人力资源方面，工业就业人员平均工资和第二产业全员劳动生产率快速增长，年均增速分别为 16.3% 和 11.7%，促进了人力资源指数的增长；就业人员平均受教育年限提高较慢，年均增速为 2.2%。

速度效益方面，工业增加值和总资产贡献率快速增长，年均增速分别达到 17.7% 和 11.2%；工业成本费用利润率和工业主营业务收入利润率稳步增长，年均增速分别为 7.1% 和 6.9%。

资源环境方面，主要污染物排放强度明显改善，年均增速为 16.5%；单位工业增加值能耗和工业固体废物综合利用率改善较慢，年均增速分别为 9.3% 和 5.9%；工业污染治理投资强度年均增速为 –8.6%，严重制约资源环境指数的提升。

技术创新方面，单位 R&D 经费支出的发明专利数稳步增长，年均增速为 7.5%，是促进技术创新指数快速增长的主要因素。R&D 人员投入强度缓慢增长，年均增速为 1.3%。而 R&D 经费投入强度和工业新产品占比下降趋势明显，年均增速分别为 –6.2% 和 –3.5%。

②截面指数

表56　2005—2013年江西工业发展质量截面指数排名

	2005	2006	2007	2008	2009	2010	2011	2012	2013
速度效益	17	16	19	7	15	15	14	8	3
结构调整	17	10	9	14	11	10	22	14	13
技术创新	11	8	11	15	19	21	22	28	27
资源环境	21	22	23	23	25	20	23	23	21
两化融合	16	17	16	18	20	22	23	16	16
人力资源	28	27	25	29	5	16	22	30	6
截面指数	20	18	18	20	19	19	24	24	14

横向来看，江西工业发展质量截面指数连续多年处于全国中游水平，2013年截面指数为30.9，排在全国第14位，较上年大幅提升了10名。

速度效益方面，2013年江西在排在第3位，处于全国上游水平。其中总资产贡献率自2008年起一直处于上游水平，2013年排在第1位。工业增加值增速仍处于中上游水平，但排名下降趋势明显，从2005年的第3位降至2013年的第11位。工业成本费用利润率和工业主营业务收入利润率的排名近两年提升明显，2013年分别排在第11位和第12位。

结构调整方面，2013年江西排在第13位，处于全国中上游水平。其中，高技术产业占比一直稳居全国上游水平，2013年排在第9位。500强企业占比、规模以上小企业主营业务收入和工业制成品出口占比排名波动较大，2013年分别排在第12位、第10位和第13位。

技术创新方面，近年来一直处于下降趋势，2013年排在第27位，处于全国下游水平。其中，R&D经费投入强度下降趋势明显，从2005年第3位下降至2013年的第23位。R&D人员投入强度和单位R&D经费支出的发明专利数近几年一直处于下游水平，2013年分别排在第26位和第23位。工业新产品占比排名也有所下降，但一直维持在中游水平，2013年排在第20位。

资源环境方面，2013年江西排在第21位，处于全国中下游水平。其中，单位工业增加值能耗改善明显，近几年一直处于上游水平，2013年排在第9位。主要污染物排放强度一直处于中游水平，2013年排在第18位。工业固体废物综合利用率排名比较稳定，一直处于下游水平，2013年排在第25位。工业污染治理投资强度排名波动较大，基本都在中下游水平，2013 年排在第 19 位。

两化融合方面，2013 年江西排在第 16 位，处于全国中游水平。其中互联网普及率排在第 30 位，是制约两化融合指数排名提升的主要因素。工业应用信息化水平近两年提升显著，2013 年排在第 8 位，比 2011 年的第 24 位相比排名有大幅提高。电子信息产业占比除 2012 年外都处于中上游水平，2013 年排在第 12 位。

人力资源方面，2013 年江西排在第 6 位，处于全国上游水平。其中工业就业人员平均工资增速排名波动较大，2012 年排在第 30 位，但 2013 年又快速升至第 1 位。就业人员平均受教育年限排名也有明显波动，但逐渐从中下游水平提升至中上游水平，2013 年排在第 19 位。第二产业全员劳动生产率一直处于下游水平，2013 年排在第 29 位。

③原因分析

江西省位于中国东南偏中部，经济规模处于全国中下游；工业经济发展质量连续多年处于全国中下游，但在 2013 年工业发展质量有明显提升。这主要得益于江西在速度效益、结构调整和人力资源等方面取得明显突破。

速度效益方面，出台了《江西省人民政府关于深入实施工业强省战略加速推进新型工业化的意见》，提出要实施工业三年强攻规划，力争通过三年发展，江西省工业经济争取实现"三个突破、一个提升"；要实施"千亿产业百亿企业"扶持、工业园区提升、重大项目推进、招大引强、企业创新能力提升、非公有制企业培育壮大、信息化与工业化深度融合、节能减排与绿色发展等八大工程。为贯彻落实该意见，还制定了八个配套文件，从重点优强工业企业调度服务、产业对接合作、金融支持服务等方面全力保障加速推进新型工业化。江西的总资产贡献率排在全国首位。

结构调整方面，制定了《江西省人民政府关于促进企业技术改造的实施意见》，推动重点区域产业转型升级、促进战略性新兴产业超常规发展，加快提升江西的工业发展质量和效益。出台了《江西省人民政府关于化解产能过剩矛盾的实施意见》，针对钢铁、水泥、平板玻璃、船舶等产能过剩行业的不同发展特点，提出不同的政策措施；通过分类指导，促进产业结构调整和转型升级。

人力资源方面，制定了《2013 年全省人力资源和社会保障工作要点》，通过推进专业技术人才和技能人才队伍建设等加强人才队伍建设。专业技术人才方面，落实《江西省专业技术人才队伍建设中长期规划（2010—2020 年）》，实施百千万人才工程和专业技术人员继续教育知识更新工程等，一手抓专业技术人才增量，一手抓专业技术人才存量，切实抓好专业技术人才队伍建设。技能人才方面，落实《江西省高技能人才队伍建设中长期规划（2010—2020年）》，实施高技能人才振兴工程，从高技能人才的培养、评价、使用、选拔和激励等方面入手，健全工作机制，加快高技能人才队伍建设。

（3）结论与展望

从纵向和横向分析综合来看，2013年江西工业发展质量有明显提升，未来仍需在技术创新、资源环境和两化融合等方面加大工作力度，以继续巩固和提高江西的工业发展质量。

技术创新方面，切实贯彻落实《中共江西省委、江西省人民政府关于大力推进科技协同创新的决定》、《江西省人民政府关于进一步加强协同创新提升企业创新能力的实施意见》以及《省科技厅关于落实〈江西省人民政府关于进一步加强协同创新提升企业创新能力的实施意见〉的工作方案》，加大对企业技术创新的支持力度，引导企业投入更多的技术创新经费；加大资助力度支持企业申请发明专利，同时还要抓好专利技术的产业化工作，促进专利技术转化为生产力。

资源环境方面，继续抓好《江西省节能减排"十二五"专项规划》的落实，通过加强对对节能减排目标的完成进度进行评价考核、加大对节能减排工作的政策支持力度等全面江西推进节能减排工作。落实好节能减排的重点工程项目，包括节能改造工程、节能产品惠民工程、节能技术产业化示范工程、淘汰落后产能工程等切实推进重点行业、重点领域的节能减排工作。此外，还要执行好《江西省落实大气污染防治行动计划实施细则》，加大防治力度，切实改善空气质量。

两化融合方面，落实好《关于加快推进信息化与工业化深度融合的意见》，这是深入实施工业强省战略加速推进新型工业化的八个配套文件之一。要按照意见的要求，加强组织领导，联合相关部门和机构，形成合力，全社会共同推进"两化融合"发展；加大政策和资金对"两化融合"项目的支持力度；开展"两化融合"评估工作，建立推进"两化融合"的保障体系；加强人才队伍建设，培养满足两化融合需求的复合型人才，大力推进区域、行业和企业三个层面的"两化融合"。此外，还要贯彻好《"宽带中国"江西工程实施方案》和《江西省人民政府关于加快电子商务产业发展的若干意见》等政策，切实提升江西两化融合水平。

十五、山东

（1）总体情况

①宏观经济总体情况

2014年，山东省实现地区生产总值（GDP）5.9万亿元，比上年增长8.7%。从三次产业看，第一产业、第二产业和第三产业增加值分别为4798.4亿元、28788.1亿元、25840.1亿元，分别增长3.8%、9.2%和8.9%。三次产业增加值占比分别为8.1%、48.4%和43.5%。人均GDP达到60879元，增长8.1%；按年均汇率折算达到9911美元。

2014年，山东省完成固定资产投资4.2万亿元，比上年增长15.8%。其中，重点领域的投资增长较快：工业技术改造、高新技术产业和基础设施投资分别为12221.2亿元、6724.5亿元和5130.7亿元，分别增长24.1%、18.2%和18.2%。2014年社会消费品零售总额达到2.4万亿元，增长12.6%。2014年进出口总额为2771.2亿美元，增长4.0%；其中，出口额为1447.5亿美元，增长7.9%；进口额为1323.7亿美元，与上年持平。2014年山东省居民人均可支配收入为20864元，增长9.8%，扣除价格因素，实际增长7.8%；其中城镇居民和农村居民家庭人均可支配收入分别为29222元和11882元，分别增长8.7%和11.2%，扣除价格因素，分别实际增长6.5%和9.6%。

②工业经济运行情况

2014年，山东省实现工业增加值2.5万亿元，比上年增长9.3%。其中，规模以上工业企业增加值增长9.6%。在规模以上工业的41个行业大类中，有35个行业实现增长。其中，铁路、船舶、航空航天和其他运输设备制造业比上年增长22.5%，电气机械和器材制造业比上年增长11.8%，化学原料和化学制品制造业比上年增长11.7%，石油加工、炼焦和核燃料加工业比上年增长11.5%，通用设备制造业比上年增长11.1%，汽车制造业比上年增长10.9%，农副食品加工业比上年增长10.4%。

2014年山东规模以上工业产品产销率达到99.1%，工业产品产销衔接顺畅；规模以上工业企业主营业务收入14.3万亿元，增长9.8%；利润达到8763.4亿元，增长4.6%；利税额达到1.4万亿元，增长5.6%；出口交货值达到8550.8亿元，增长6.8%。

（2）指标分析

①时序指数

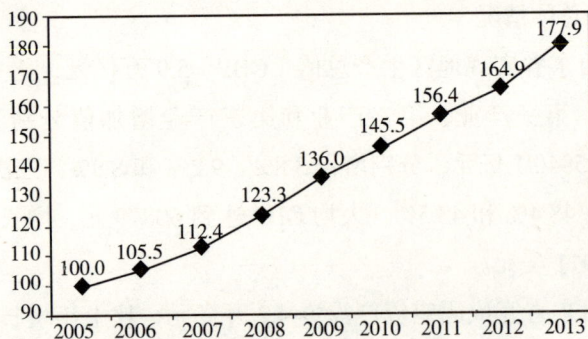

图36　山东工业发展质量时序指数

表57　2005—2013年山东工业发展质量时序指数

	2005	2006	2007	2008	2009	2010	2011	2012	2013	2005—2013年均增速
速度效益	100.0	102.5	116.5	107.9	111.9	126.5	131.5	134.6	139.0	4.2
结构调整	100.0	111.2	111.2	120.5	138.4	145.9	151.5	163.2	174.4	7.2
技术创新	100.0	103.3	112.7	133.0	144.8	147.0	169.4	176.7	186.0	8.1
资源环境	100.0	101.9	110.6	121.9	122.4	126.0	134.0	146.4	164.5	6.4
两化融合	100.0	100.5	104.1	123.8	151.4	169.5	180.5	179.8	197.6	8.9
人力资源	100.0	111.5	123.3	138.8	152.5	169.3	188.9	205.0	224.7	10.6
时序指数	100.0	105.5	112.4	123.3	136.0	145.5	156.4	164.9	177.9	7.5

纵向来看，山东工业发展质量时序指数自2005年的100.0上涨至2013年的177.9，年均增速为7.5%，低于全国平均增速。

山东在人力资源、两化融合和技术创新方面快速增长，年均增速分别为10.6%、8.9%和8.1%。人力资源方面，工业就业人员平均工资增长较快，年均增速达到15.0%，是促进人力资源指数提高的主要因素；第二产业全员劳动生产率也稳步提高，年均增速为9.6%；就业人员平均受教育年限提高较为缓慢，年均增速为2.8%。

两化融合方面，互联网普及率高速增长，年均增速达到19.4%，是促进两化融合指数提升的重要因素；工业应用信息化水平稳步提升，年均增速为4.2%；电子信息产业占比增速较慢，年均增速只有1.7%。

技术创新方面，R&D 人员投入强度高速增长，年均增速达到 13.5%，是促进技术创新指数提升的重要因素。单位 R&D 经费支出的发明专利数、R&D 经费投入强度和工业新产品占比增速比较平稳，年均增速分别为 7.7%、5.2% 和 4.2%。

山东在结构调整、资源环境和速度效益方面增速平稳，年均增速分别为 7.2%、6.4% 和 4.2%。结构调整方面，规模以上小企业主营业务收入快速增长，年均增速为 23.2%；高技术产业占比和 500 强企业占比增长相对较慢，年均增速分别为 2.0% 和 1.5%；但工业制成品出口占比出现微幅下降趋势，对结构调整指数的增长起到抑制作用。

资源环境方面，主要污染物排放强度和单位工业增加值能耗明显下降，年均增速分别为 14.7% 和 7.0%；但工业固体废物综合利用率和工业污染治理投资强度无明显改善，年均增速分别为 0.4% 和 –7.4%。

速度效益方面，工业增加值较快增长，年均增速达到 13.3%；总资产贡献率增长相对较慢，年均增速为 2.2%；工业成本费用利润率和工业主营业务收入利润率有所下调，年均增速分别为 –1.6% 和 –1.4%。

②截面指数

表 58　2005—2013 年山东工业发展质量截面指数排名

	2005	2006	2007	2008	2009	2010	2011	2012	2013
速度效益	6	9	10	10	11	24	20	14	8
结构调整	4	4	6	7	4	6	4	4	4
技术创新	16	18	17	13	14	14	11	11	12
资源环境	8	9	7	7	8	8	6	8	9
两化融合	8	8	8	8	8	8	8	10	10
人力资源	18	15	13	18	9	15	16	14	13
截面指数	6	7	7	7	6	8	6	7	9

横向来看，山东工业发展质量截面指数一直处于全国上游水平，2013 年截面指数为 41.4，排在全国第 9 位。

速度效益方面，2013 年山东排在第 8 位，处于全国上游水平。其中总资产贡献率近年来一直处于上游水平，2013 年排在第 3 位，是提升速度效益指数的主要因素。工业增加值增速近些年一直处于中下游水平，2013 年排在第 18 位。工业成本费用利润率和工业主营业务收入利润率近些年来一直处于中上游水平，

2013年都排在第13位。

结构调整方面，2013年山东排在第4位，处于全国领先水平。其中500强企业占比和工业制成品出口占比表现突出，多年来都处于全国前5位以内，2013年分别排在第2位和第4位。高技术产业占比一直处于中上游水平，2013年都排在第15位。规模以上小企业主营业务收入增速排名波动较大，2010年一度排在第30位，2013年排在第19位。

技术创新方面，2013年山东排在全国第12位，处于全国中上游水平。其中R&D经费投入强度一直处于上游水平，2013年排在第6位。R&D人员投入强度和工业新产品占比近些年来一直处于中上游水平，2013年分别排在第12位和第11位。单位R&D经费支出的发明专利数一直处于下游水平，2013年排在第25位。

资源环境方面，2013年山东排在全国第9位，处于全国上游水平。其中主要污染物排放强度和工业固体废物综合利用率一直处于全国上游水平，2013年在全国分别排第8位和第5位。单位工业增加值能耗和工业污染治理投资强度一直处于全国中上游水平，2013年分别排在第12位和第15位。

两化融合方面，2013年山东排在第10位，处于全国上游水平。其中，工业应用信息化水平一直处于全国上游水平，2013年排在第9位。电子信息产业占比和互联网普及率多一直处于全国中上游水平，2013年分别排在第11位和第15位。

人力资源方面，2013年山东排在第13位，处于全国中上游水平。其中，就业人员平均受教育年限提升较快，一直处于全国中上游水平，2013年排在第8位。工业就业人员平均工资增速排名波动较大，但一直处于中游水平，2013年排在第17位。第二产业全员劳动生产率一直处于全国中上游水平，2013年排在第12位。

③原因分析

山东省地处东部沿海，经济规模在广东和江苏之后，排在全国第3位；与经济规模相比，山东的工业发展质量排名略微靠后，但仍处于全国前列。山东在速度效益、结构调整和资源环境方面表现比较突出。

速度效益方面，制定了《山东省六大传统产业转型升级指导计划》，以巩固传统产业的发展优势，提高传统产业的质量效益。提出了《关于加快页岩气装备制造业发展的意见》，大力发展页岩气装备制造业。此外，还通过加大技术改造力度、发展战略性新兴产业和壮大生产性服务业，实现传统产业和新兴产业的"双轮驱动"。山东省的总资产贡献率排全国第3名，速度效益得到明显提升。

结构调整方面，山东省一方面出台了一系列政策措施促进节能环保产业、高技术服务业、物联网等新兴产业发展；另一方面又通过制定传统产业转型升级指导计划，加快引导山东省的轻工、纺织、机械、化工、冶金和建材六大传统优势产业进行改造提升。此外，出台的《山东省人民政府办公厅关于促进进出口稳增长、调结构的实施意见》涉及规范和减少进出口环节收费和加快出口退税进度等十个方面，通过这些措施能够切实解决企业在通关和退税等方面的实际困难，并针对企业的贸易融资等做了一些制度性安排。受益于这些政策，山东省的工业出口交货值在全国排 4 名。

资源环境方面，山东省加快对重点行业进行节能减排技术改造，逐步更新和淘汰落后产能、落后工艺以及落后装备。出台《山东省节能量交易管理暂行办法》，通过市场机制，增强企业节能的内生动力，形成节能工作的长效机制。为改善大气环境，制定了《山东省 2013—2020 年大气污染防治规划》，并将规划细分为三期，《山东省 2013—2020 年大气污染防治规划一期（2013—2015 年）行动计划》提出了九大重点任务，要通过调整山东的能源结构和产业结构、深化重点行业的大气污染治理等改善空气质量，控制主要污染物排放总量。

（3）结论与展望

从纵向和横向分析综合来看，山东工业发展质量比较好，处于全国上游水平。但仍需在技术创新、两化融合和人力资源等方面加大工作力度，以使山东工业发展质量更上一个台阶。

技术创新方面，一方面要落实《山东省人民政府关于贯彻国发〔2012〕44 号文件精神进一步加强企业技术改造工作的意见》，加大企业技术改造投入，将技术改造视为实现技术创新成果产业化的重要途径；另一方面要充分利用各项科技创新支持政策，提高企业自主创新能力；此外，还有继续实施知识产权战略，提高单位 R&D 经费支出的发明专利数。

两化融合方面，要贯彻落实好《山东省信息化和工业化深度融合专项行动方案（2014—2018 年）》，通过开展企业两化融合管理体系标准建设推广、机器人及智能制造生产模式培育、工业云创新服务、物联网集成创新、电子商务和物流信息化集成创新、两化融合促节能减排、信息产业支撑服务能力提升等七项重点行动，完成四大重点任务：对六大传统产业进行信息化改造，实现产业转型升级；提高战略性新兴产业信息化水平，实现产业倍增发展；发展两化融合衍生产业，培育新的经济增长点；分类推进工业企业信息化应用，提高企业生产经营水平。此外，还要开展好"智慧山东"试点工作和《山东省"宽带中国"战略实施方案》。

人力资源方面，一方面要继续实施人才战略，加强高层次人才的培养和引进工作，为传统产业转型升级提供人力保障；同时还要提升专业技术人才的创新能力，逐步形成能够支撑传统产业转型升级需求的人才支撑体系。另一方面要落实《关于加快建设适应经济社会发展的现代职业教育体系的意见》，不断优化教育结构，推动现代职业教育发展，培养高素质劳动者和技能型、应用型、复合型人才。

十六、河南

（1）总体情况

①宏观经济总体情况

2014年，河南省实现地区生产总值（GDP）3.5万亿元，比上年增长8.9%。从三次产业看，第一、二、三产业增加值分别为4160.8亿元、17902.7亿元和12875.9亿元，分别比上年增长4.1%、9.6%和9.4%。三次产业增加值占比分别为11.9%、51.2%和36.9%。

2014年，河南省完成全社会固定资产投资3.1万亿元，比上年增长18.0%；其中第一产业、第二产业和第三产业投资分别为1117.3亿元、15366.5亿元和13528.5亿元，分别比上年增长51.3%、17.1%和19.4%。2014年社会消费品零售总额达到1.4万亿元，比上年增长12.7%，扣除价格因素，实际增长11.6%。2014年进出口总额为3994.4亿元，比上年增长7.5%。其中，出口总额和进口总额分别为2418.8亿元和1575.6亿元，分别增长8.4%和6.1%。2014年河南省居民人均可支配收入为15695.2元，增长10.5%，扣除价格因素，实际增长8.4%；其中城镇居民家庭人均可支配收入和农村居民家庭人均纯收入分别为24391.5元和9416.1元，分别增长8.9%和11.1%，扣除价格因素，分别实际增长6.8%和9.4%。

②工业经济运行情况

2014年，河南省实现工业增加值1.6万亿元，比上年增长9.5%。其中，规模以上工业增加值比上年增长11.2%，轻工业和重工业增加值分别增长10.4%和11.7%。细分行业看，规模以上工业的40个行业大类中，规模排在前10位的行业及其增速分别为：非金属矿物制品业，增长11.7%；农副食品加工业，增长8.6%；煤炭开采和洗选业，增长7.2%；黑色金属冶炼及压延加工业，增长8.6%；化学原料及化学制品制造业，增长16.5%；专用设备制造业，增长16.7%；通用设备制造业，增长 13.0%；计算机、通信和其他电子设备制造业，增长 29.7%；纺织业，增长 6.7%；电气机械和器材制造业，增长 16.9%。

2014 年，河南省的高成长性制造业（包括电子信息、装备制造、汽车及零部件、食品、现代家居、服装服饰等）增长 13.8%，对规模以上工业增长的贡献率为 53.2%；传统支柱产业（包括冶金、建材、化学、轻纺、能源等）增长 9.2%，对规模以上工业增长的贡献率为 40.1%。六大高耗能行业（包括煤炭开采和洗选业、化学原料及化学制品制造业、非金属矿物制品业、黑色金属冶炼及压延加工业、有色金属冶炼及压延加工业、电力热力的生产和供应业等）增长 9.7%，比规模以上工业增长速度低 1.5 个百分点。高技术产业增长 22.6%，比规模以上工业增长速度高 11.4 个百分点。

2014 年，河南省规模以上工业企业实现利润总额为 4771.4 亿元，比上年增长 7.3%。细分行业看，规模以上工业的 40 个行业大类中，利润总额排在前 10 位的行业及其增速分别为：非金属矿物制品业，利润总额 698.7 亿元，增长 0.7%；农副食品加工业，利润总额 408.4 亿元，增长 4.9%；专用设备制造业，利润总额 221.3 亿元，增长 9.4%；化学原料及化学制品制造业，利润总额 220.0 亿元，增长 12.2%；食品制造业，利润总额 218.6 亿元，增长 8.1%；通用设备制造业，利润总额 210.0 亿元，增长 13.1%；电气机械和器材制造业，利润总额 207.3 亿元，增长 17.2%；汽车制造业，利润总额 202.8 亿元，增长 20.7%；有色金属矿采选业，利润总额 189.5 亿元，增长 1.4%；黑色金属冶炼及压延加工业，利润总额 186.4 亿元，增长 2.2%。

（2）指标分析

①时序指数

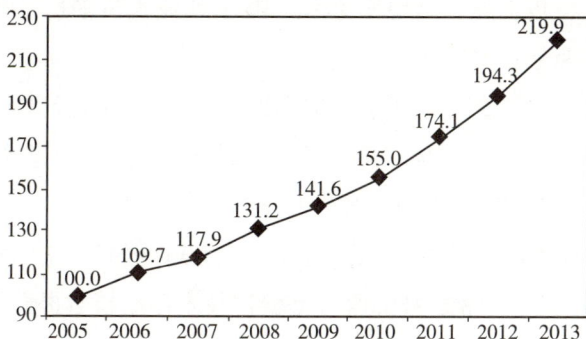

图37　河南工业发展质量时序指数

表 59 2005—2013 年河南工业发展质量时序指数

	2005	2006	2007	2008	2009	2010	2011	2012	2013	2005—2013 年均增速
速度效益	100.0	127.9	140.3	150.3	149.8	163.1	165.9	158.1	162.0	6.2
结构调整	100.0	99.2	91.8	104.6	104.8	124.8	154.5	187.7	221.6	10.5
技术创新	100.0	113.0	119.6	133.9	145.3	138.0	143.9	144.9	168.1	6.7
资源环境	100.0	108.0	119.6	121.9	123.5	133.2	144.0	160.4	185.5	8.0
两化融合	100.0	108.3	136.1	164.4	215.7	244.6	289.1	346.9	399.4	18.9
人力资源	100.0	110.7	122.5	138.8	147.7	161.5	176.8	187.6	189.3	8.3
时序指数	100.0	109.7	117.9	131.2	141.6	155.0	174.1	194.3	219.9	10.4

纵向来看，河南工业发展质量时序指数自 2005 年的 100.0 上涨至 2013 年的 219.9，年均增速为 10.4%，高于全国平均增速。

河南在两化融合和结构调整方面快速增长，年均增速分别为 18.9% 和 10.5%。两化融合方面，互联网普及率高速增长，年均增速达到 30.7%，是促进两化融合指数提升的重要因素；电子信息产业占比稳步提升，年均增速 13.8%；工业应用信息化水平提升相对缓慢，年均增速为 6.0%。

结构调整方面，规模以上小企业主营业务收入快速增长，年均增速为 24.7%；高技术产业占比稳步提高，年均增速为 11.8%；工业制成品出口占比提高较慢，年均增速为 5.5%；500 强企业占比出现下降趋势，年均增速为 –5.5%，对结构调整指数的增长起到抑制作用。

河南在人力资源、资源环境、技术创新和速度效益方面增速平稳，年均增速分别为 8.3%、8.0%、6.7% 和 6.2%。人力资源方面，工业就业人员平均工资增长较快，年均增速达到 12.2%，是促进人力资源指数提高的主要因素；第二产业全员劳动生产率也稳步提高，年均增速为 7.3%；就业人员平均受教育年限提高较为缓慢，年均增速为 1.6%。

资源环境方面，主要污染物排放强度和单位工业增加值能耗明显下降，年均增速分别为 16.4% 和 8.1%；但工业固体废物综合利用率和工业污染治理投资强度无明显改善，年均增速分别为 2.7% 和 –5.2%。

技术创新方面，R&D 人员投入强度和单位 R&D 经费支出的发明专利数快速增长，年均增速分别为 9.8% 和 9.0%，是促进技术创新指数提升的重要因素。工业新产品占比和 R&D 经费投入强度增速相对较慢，年均增速分别为 3.5% 和 2.8%。

速度效益方面，工业增加值较快增长，年均增速达到 14.5%；总资产贡献率、工业成本费用利润率和工业主营业务收入利润率增长相对较慢，年均增速分别为 3.1%、2.1% 和 1.9%。

②截面指数

表 60　2005—2013 年河南工业发展质量截面指数排名

	2005	2006	2007	2008	2009	2010	2011	2012	2013
速度效益	9	7	7	6	6	10	8	10	7
结构调整	11	12	21	17	19	21	18	18	14
技术创新	22	20	20	20	20	19	17	22	21
资源环境	17	15	16	15	19	17	14	13	12

横向来看，河南工业发展质量截面指数连续多年处于全国中游水平，2013 年截面指数为 27.6，排在全国第 18 位。

速度效益方面，2013 年河南排在第 7 位，处于全国上游水平。其中总资产贡献率、工业成本费用利润率和工业主营业务收入利润率近年来一直处于上游水平，2013 年都排在第 5 位，是提升速度效益指数的主要因素。工业增加值增速近些年一直处于中下游水平，2013 年排在第 21 位。

结构调整方面，2013 年河南排在第 14 位，处于全国中上游水平。其中 500 强企业占比和工业制成品出口占比多年来都处于全国中上游水平，2013 年分别排在第 12 位和第 10 位。高技术产业占比近两年排名提升较快，2013 年排在第 13 位。规模以上小企业主营业务收入增速排名波动较大，2005 年一度排在第 4 位，但 2013 年排在第 17 位。

技术创新方面，2013 年河南排在全国第 21 位，处于全国中下游水平。其中 R&D 经费投入强度、R&D 人员投入强度、单位 R&D 经费支出的发明专利数和工业新产品占比在多数年份都处于中游水平，2013 年分别排在第 19、第 17、第 24 和第 15 位。

资源环境方面，2013 年河南排在全国第 12 位，处于全国中上游水平。其中单位工业增加值能耗、主要污染物排放强度和工业固体废物综合利用率一直处于全国中上游水平，2013 年在分别排在第 14、第 14 和第 11 位。工业污染治理投资强度排名波动较大，但多数年份都处于全国中下游水平，2013 年排在第 18 位。

两化融合方面，2013 年河南排在第 20 位，处于全国中下游水平。其中，工业应用信息化水平一直处于全国中上游水平，2013年排在第14位。电子信息产业占比和互联网普及率一直处于全国中下游水平，2013年分别排在第18位和第26位。

人力资源方面，2013年河南排在第29位，处于全国下游水平。其中，工业就业人员平均工资增速排名波动较大，但最近几年一直处于下游水平，2013年排在第30位。第二产业全员劳动生产率一直处于全国下游水平，2013年排在第28位。就业人员平均受教育年限排名有所下降，一直处于全国中下游水平，2013年排在第20位。

③原因分析

河南省地处中国东中部，经济规模在广东、江苏、山东和浙江之后，排在全国第5位；与经济规模相比，河南的工业发展质量排名比较靠后，处于全国中下游。相对而言，河南在速度效益、结构调整和资源环境方面表现比较突出。

速度效益方面，2013年四季度制定了《河南省工业稳增长调结构百日攻坚行动方案》，全力稳增长、努力调结构。百日攻坚行动方案从七个方面提出了稳增长的做法：开拓市场、扩大生产，大力扩大信息消费，帮助重点行业（钢铁、煤炭、电解铝、煤化工等）企业解困突围，培育发展中小微企业，帮助重点企业稳定资金链，推动一批项目尽快投产达产，强力实施降本增效。在各方面的努力下，河南的工业保持平稳增长，总资产贡献率、工业成本费用利润率和工业主营业务收入利润率等效益指标排名有所提升。

结构调整方面，先后出台了《河南省"十二五"节能环保产业发展规划》和《河南省人民政府关于加快发展节能环保产业的实施意见》，积极培育节能环保企业，促进节能环保产业快速发展。同时，还制定了《河南省人民政府关于加快推进产业结构战略性调整的指导意见》，指出要"两手抓"，一手抓承接产业转移，一手抓新业态、新趋势；要通过加快发展高成长性制造业、积极培育战略性新兴产业、改造提升传统支柱产业等做强工业，将河南建设成先进制造业大省。此外，还提出了《关于加强金融支持经济结构调整和转型升级的实施意见》，要通过加大信贷投放力度和优化信贷结构，以及加强重点领域融资规划和改善提升小微企业金融服务等为经济结构调整和产业转型升级提供金融支持。

资源环境方面，制定了《河南生态省建设规划纲要》，分三步走来开展生态省建设，其中2011—2015年是全面建设阶段，2016—2020年是深入推进阶段，

2021—2030 年是完善提高阶段，力争用 20 年时间，将河南省建成"民富省强、生态文明、文化繁荣、社会和谐"的生态省。同时，还编制了《河南省能源中长期发展规划（2012—2030 年）》，提出要大力发展核电、生物质能、风能、太阳能等非化石能源，增强对化石能源的有效替代能力。此外，《河南省"十二五"应对气候变化规划》提出要严格控制能源消费和碳排放总量，大幅度降低能源消耗强度和碳排放强度。

（3）结论与展望

从纵向和横向分析综合来看，河南工业发展质量还有很大提升空间，处于全国中下游水平。未来仍需在技术创新、两化融合和人力资源等方面加大工作力度，以使河南的工业发展质量与经济规模相匹配。

技术创新方面，要继续落实好《河南省人民政府关于加快实施知识产权战略的意见》，完成好知识产权创造运用推进体系、知识产权保护体系以及知识产权支撑服务体系的构建，实现显著增加知识产权拥有量、提升知识产权优势，完善知识产权工作体系、壮大知识产权人才队伍。

两化融合方面，继续落实《河南省人民政府关于加快推进信息化促进"四化"同步发展的意见》，从需求端和供给端同时发力，加快信息基础设施建设、扩大信息消费需求、增强信息产品供给能力、切实提升信息化应用水平。按照《河南省推进信息化促进信息消费实施方案（2014—2016 年）》的重点工作分工方案，各部门各司其职、各尽其能，共同努力提升河南信息化整体水平。

人力资源方面，落实好《深入推进河南全民技能振兴工程 2014—2017 年行动计划》提出的六大主要工作，坚持"六路并进"，加快培养适应市场需求的高素质劳动者以及技能型人才；改革人才培养模式，深入推进学校和企业的合作；改革经费投入方式，形成多元化的经费投入机制；改革服务管理方式，提高培训的质量和资金的使用效能；抓好项目带动，大力提升培训能力；实施高端带动，促进技能人才队伍梯次发展。

十七、湖北

（1）总体情况

①宏观经济总体情况

2014 年，湖北省完成的生产总值总计达到了 27367.0 亿元，若按可比价格计算，同比增幅为 9.7%。其中一、二、三产业分别完成增加值为 3176.9 亿元、12840.2 亿元和 11349.9 亿元，同比增幅分别为 4.8%、10.1% 和 10.5%；三次产业结构调整为 11.6：46.9：41.5。在第三产业中，金融业增长了 14.6%，批发和零售业增长了 7.6%，交通运输仓储和邮政业增长了 9.2%，房地产业增长了 6.6%，住宿和餐饮业增长了 6.4%，营利性服务业增长了 12.4%，非营利性服务业增加值增长了 12.5%。

2014 年，居民消费价格总指数达到了 102.0，价格水平同比增幅为 2.0%，其中农村同比增幅为 1.9%，城市同比增幅为 2.0%。2014 年，全省新登记的企业市场主体的数量总计达到了 87.9 万户，其中新登记的私营企业数总计达到了 13.9 万户，个体工商户数达 71.4 万户。2014 年年末全省城镇登记失业率达 3.1%，比上年末下降了 0.12 个百分点。

2014 年湖北省全社会完成固定资产投资 24303.1 亿元，比上年增长 20.4%。按产业划分，一、二、三次产业投资分别为 536.0 亿元、10733.1 亿元和 13033.9 亿元，分别增长 32.5%、16.8%、23.1%。2014 年，湖北省实现社会消费品零售总额 11806.3 亿元，比上年增长 12.8%。从外贸进出口总额方面看，全年全省总计实现了 430.6 亿美元，该指标较上一年下降了 18.4%。

②工业经济运行情况

截至 2014 年年末，湖北省规模以上的工业企业数量总计达到了 14842.0 家，较上年净增了 1463.0 家，同比增幅为 10.9%。完成的工业增加值，若按可比价格计算，同比增幅为 10.8%。其中国有和国有控股企业实现增加值同比增幅为 8.2%。轻工业实现增加值同比增幅为 12.7%；重工业实现增加值同比增幅为 9.6%。

2014 年，湖北省高新技术制造业发展良好，全年完成的增加值同比增幅为 17.0%。全省全年工业主营业务收入总计达到了 40708.0 亿元，同比增幅为 9.6%。工业产品的销售率达到了 97.1%。全省全年工业企业实现利润总计达到了 674.2 亿元，同比增幅为 7.8%。

（2）指标分析

①时序指数

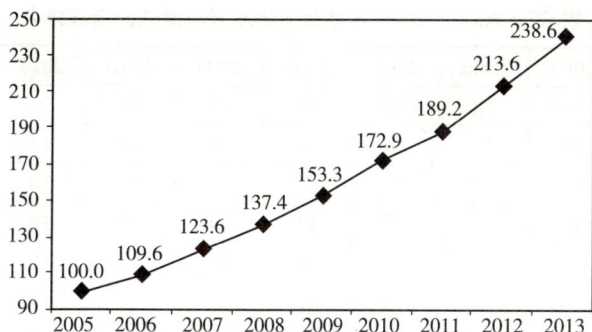

图38　湖北工业发展质量时序指数

表 61　2005—2013 年湖北工业发展质量时序指数

	2005	2006	2007	2008	2009	2010	2011	2012	2013	2005—2013 年均增速
速度效益	100.0	105.4	126.6	127.2	131.3	155.8	155.6	158.4	161.1	6.1
结构调整	100.0	107.4	121.8	135.8	142.3	178.5	206.4	261.4	309.1	15.2
技术创新	100.0	103.4	116.2	124.9	147.4	140.0	150.2	158.9	166.5	6.6
资源环境	100.0	106.2	122.0	131.4	153.1	163.2	158.9	181.7	205.9	9.4
两化融合	100.0	124.1	126.5	157.8	185.9	205.5	237.8	247.5	276.3	13.5
人力资源	100.0	116.6	134.8	157.9	176.9	206.0	238.8	262.3	284.4	14.0
时序指数	100.0	109.6	123.6	137.4	153.3	172.9	189.2	213.6	238.6	11.5

纵向来看，湖北工业发展质量时序指数自 2005 年的 100.0 上涨至 2013 年的 238.6，年均增速为 11.5%，高于全国平均水平。

湖北在结构调整方面快速增长，年均增速为 15.2%，比时序指数增速高出 3.7 个百分点。其中，规模以上工业小企业主营业务收入增速大幅提升，年均增速达 33.6%，500 强企业占比年均增速也达到了 11.7%。

速度效益和技术创新增长缓慢，年均增速分别为 6.1% 和 6.6%，显著低于全国平均增速。速度效益中的工业成本费用利润率和工业主营业务收入利润率年均增速分别为 –1.9% 和 –1.6%，是导致资源环境增长缓慢的主要原因；技术创新中的工业新产品占比、技术创新中的工业新产品占比和工业 R&D 人员投入强度均增幅较小，从而导致湖北技术创新增长缓慢。

两化融合、人力资源和资源环境等方面表现较为稳定，处于全国的中上游水平。

②截面指数

表62　2005—2013年湖北工业发展质量截面指数排名

	2005	2006	2007	2008	2009	2010	2011	2012	2013
速度效益	14	18	22	9	13	12	16	19	18
结构调整	20	17	20	16	18	14	13	11	12
技术创新	10	10	9	7	8	9	10	10	10
资源环境	12	17	15	14	11	10	16	14	15
两化融合	12	9	11	9	10	10	11	11	14
人力资源	30	10	10	12	14	7	14	19	18
截面指数	18	14	15	12	13	10	13	13	12

横向来看，2013年湖北工业发展质量截面指数为32.7，排在全国第12位，较2012年提高了1个位次，近年来全国排名保持稳定。

2013年，湖北在技术创新和结构调整方面表现较好，分别排在第10位和第12位，2005年结构调整仅排在第20位，近年来上升非常快。结构调整中的规模以上小企业主营业务收入增速上升的最快，从2005年的全国第19位快速上升至2013年的第3位，是湖北结构调整水平上升的主要原因；技术创新中的R&D人员投入强度7年来表现均较为稳定，促进了湖北技术创新水平的良好表现。

湖北的人力资源和速度效益表现相对较差，2013年均排在了第18位，处于全国的中等偏下水平。人力资源中的工业城镇单位就业人员平均工资增速2013年排名第20位，2005年以来尽管排名有所上升，但变化不大，拖累了湖北人力资源水平的提升。速度效益中的工业成本费用利润率和工业主营业务收入利润率均从2005年的第12位跌至2013年的第22位，是导致湖北速度效益水平落后的主要原因。

湖北的两化融合表现较为稳定，2013年排名第14位，处于全国中等偏上水平。

③原因分析

湖北在结构调整方面表现较好，快速增长且长期处在全国中等偏上水平。近年来，湖北省各级部门积极采取措施，大量推进经济结构调整工作，取得很大成绩。具体措施包括，适时出台了支持战略性新兴产业、高技术产业、现代服务业发展以及促进传统工业改造提升的众多政策和措施，努力实现产业转型升级及产业结构的优化调整；二是以湖北武汉东湖国家自主创新示范区为重点，推进并引领全省经济创新发展；三是积极推进"北斗"导航产业投资基金的设立，并在全国首先建成了北斗地基增强应用示范系统；四是不断优化国有资源配置，实现了省铁投集团和中南设计集团等企业的组建。

（3）结论与展望

综合时序指数和截面指数来看，湖北结构调整和技术创新两个方面表现较好，在全国处于中上游水平；但湖北的速度效益表现相对较差，年均增速和全国排名均较落后，处于中等偏下水平。

技术创新方面虽然整体排名较好，但年均增速缓慢。湖北技术创新发展缓慢源于技术创新中工业新产品占比和工业 R&D 人员投入强度均增长缓慢。展望未来，湖北首先要树立创新驱动经济的发展模式，不断加快工业发展，推动传统产业的转型与升级，同时应深刻把握互联网时代各个产业深度融合的趋势，持续推进高新技术产业、战略性新兴产业及新业态、新技术、新商业模式的发展，从而形成促进经济可持续发展的新的增长点；其次，湖北省应实施积极的人才引进政策，为广大群众才创新创业努力营造良好的体制、机制和政策环境。

十八、湖南

（1）总体情况

①宏观经济总体情况

湖南 2014 年 GDP 为 27048.5 亿元，同比增幅为 9.5%。其中，一、二、三产业实现增加值分别为 3148.8 亿、12481.9 亿和 11417.8 亿元，同比增幅分别为 4.5%、9.3% 和 11.1%。从湖南省常住人口方面来计算，湖南人均 GDP 为 40287 元，较上一年增长了 8.7%。全省三次产业结构的比例为 11.6：46.2：42.2。三次产业对经济增长贡献率分别达到了 5.3%、47.5% 和 47.2%。其中生产性服务业的增加值对经济增长贡献率达到了 22.8%；工业的增加值对经济增长贡献率达到了 41.3%。

②工业经济运行情况

2014 年，湖南全省全部工业实现的增加值总计达到了 10749.9 亿元，同比增幅为 9.2%。其中规模工业实现增加值同比增幅为 9.6%。湖南省规模以上工业新产品的产值占比为 13.0%，较上一年提高 0.2%；湖南省规模以上高加工度工业增加值较上年增长 13.5%，其增加值占规模以上工业的 36.6%，比上一年提高 1 个百分点；湖南高技术产业 2014 年实现增加值较上年增幅为 27.8%，其增加值占规模工业的 10.3%，较上年提高了 1.3 个百分点。

湖南省主要工业品中，产量方面实现增长的共计达到了283种，占总数的比例达61.9%。发电量达1241.9亿千瓦时，较上年下降了2.4%；水泥产量达11991.3万吨，较上年增长了5.7%；十种有色金属产量为283.1万吨，较上年下降了0.9%；钢材为1989.3万吨，较上年增长了0.1%；汽车总计62.1万辆，增长了1.9%。

2014年，规模以上工业企业实现利润1523.2亿元，同比下降3.7%。从不同所有制企业类型来看，股份制企业实现利润总计为1124.9亿元，同比下降了3.3%；国有企业实现利润为127.2亿元，同比下降1.9%；集体企业共计实现利润总计达到了13.1亿元，同比降幅为13.8%；股份合作制企业实现利润总计达3.3亿元，同比下降了5.7%；外商及港澳台商投资的企业总计实现利润123.5亿元，同比下降了1.0%；其他内资企业总计实现利润131.2亿元，同比下降了10.1%。

（2）指标分析

①时序指数

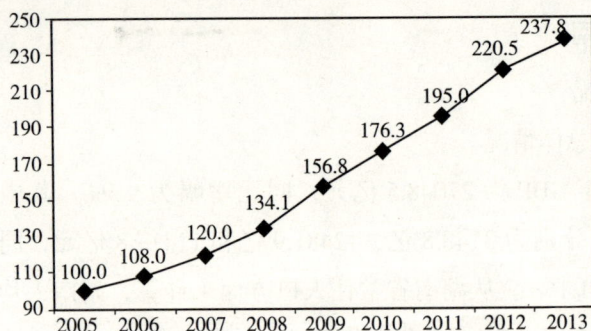

图39　湖南工业发展质量时序指数

表63　2005—2013年湖南工业发展质量时序指数

	2005	2006	2007	2008	2009	2010	2011	2012	2013	2005—2013年均增速
速度效益	100.0	111.9	141.8	149.1	153.6	195.6	199.5	195.7	184.6	8.0
结构调整	100.0	111.3	113.9	133.3	132.4	162.7	204.9	231.5	264.9	12.9
技术创新	100.0	100.7	111.6	111.6	192.9	159.0	157.9	185.4	182.0	7.8
资源环境	100.0	112.0	117.3	132.5	145.0	166.1	165.1	197.9	219.5	10.3
两化融合	100.0	98.3	116.9	142.8	178.8	212.5	240.4	283.6	316.2	15.5
人力资源	100.0	112.2	126.8	141.5	156.9	179.2	210.8	233.8	253.7	12.3
时序指数	100.0	108.0	120.0	134.1	156.8	176.3	195.0	220.5	237.8	11.4

纵向来看，湖南工业发展质量时序指数自 2005 年的 100.0 上涨至 2013 年的 237.8，年均增速为 11.4%，高于全国平均增速。

湖南在两化融合方面提升较快，年均增速高达 15.5%，比时序指数增速高出 4.1 个百分点。构成两化融合的各指标中，互联网普及率的年均增速为 27.5%，是促进该方面快速发展的主要因素。

湖南在技术创新和速度效益方面提升较慢，年均增速分别为 7.8% 和 8.0%。技术创新中的工业 R&D 人员投入强度年均增速仅为 7.1%，拖累了湖南技术创新水平的提升。速度效益中的工业成本费用利润率和工业主营业务收入利润率的年均增速分别仅为 2.4% 和 2.5%，是导致速度效益发展缓慢的主要原因。

结构调整和人力资源两个方面表现得较为稳定，年均增速分别为 12.9% 和 12.3%，略微高于时序指数。

②截面指数

表 64   2005—2013 年湖南工业发展质量截面指数排名

	2005	2006	2007	2008	2009	2010	2011	2012	2013
速度效益	19	14	13	8	7	5	7	7	12
结构调整	14	16	16	20	15	15	16	24	17
技术创新	7	7	6	6	1	4	5	3	4
资源环境	14	16	20	16	20	13	19	17	17
两化融合	11	12	12	12	13	13	14	13	12
人力资源	25	25	22	28	20	26	9	17	21
截面指数	14	17	16	15	10	12	11	10	11

横向来看，2013 年湖南工业发展质量截面指数为 34.1，排在全国第 11 位，较 2012 年下跌一个位次，但比"十一五"期间整体水平有明显提升，目前在全国处于中等偏上水平。

湖南在技术创新方面表现突出，2013 年排在第 4 位，领先优势明显。湖南技术创新中的大中型工业企业新产品销售收入占比和大中型工业企业 R&D 经费投入强度分别在全国排名第一和第二，处于全国领先水平。

湖南 2013 年人力资源方面表现最差，排在了全国的第 21 位，比 2012 年下降了 4 个位次，处于全国的下游水平。湖南人力资源中的第二产业全员劳动生产率 2013 年排在全国的第 25 位，排名过于靠后，直接影响了湖南人力资源水平的提升。

两化融合和速度效益表现稳定,均排在了第12位,在全国处于中等偏上水平。

③原因分析

湖南在技术创新方面表现突出,2013年排在第4位。

近年来,湖南省积极实施创新驱动战略,采取了一系列政策与措施:一是努力建设长株潭国家自主创新示范区,在该示范区内积极推进科技金融、人才引进、科技成果转化、文化科技融合、绿色发展等诸多方面的先行先试,取得良好的效果;二是积极推进产业化创新,努力培育和需找新的经济增长点,重点加强动力电池、轨道交通、汽车零部件、工程机械等关键技术领域的集成攻关,把新产品、新技术、新商业模式、新业态等培育成新的经济增长点;三是推进科技体制改革,建设科技成果快速转化体系,开展相关科技成果的收益权、处置权试点,不断加快科技成果的产业化进程,鼓励有关行业龙头企业联合高校和科研院所共同进行科技攻关并形成创新战略联盟。

(3)结论与展望

综合时序指数和截面指数来看,湖南在两化融合方面表现较好,增长速度较快。从截面指数看,人力资源排名均比较靠后,提升空间较大。

针对湖南省人力资源方面发展的落后局面,建议做好以下几个方面的工作:首先,应确立人才优先发展战略,创新人才制度,调整人才结构,优先开发人才资源,促进人才与经济的协调与可持续发展;二是努力构建湖南省人才竞争的比较优势,加强人才队伍建设,大力引进高端复合型人才,实施紧缺型人才的专项引进计划和产业人才集聚计划,同时注重对青年人才培养;三是着重建设湖南省人才发展的科学机制,落实相关人才培养和引进的优惠政策,充分激发各类人才的创造力和工作积极性,完善选拔任用、评价发现、激励保障等方面的一整套机制,同时,应树立并形成明确的人才导向,真正做到人岗相适、量才适用、人尽其才、用当其时;四是进一步完善人才考核和评估机制,推进湖南省人力资源管理工作健康发展。

十九、广东

(1)总体情况

①宏观经济总体情况

2014年，广东省实现GDP为67792.2亿元，同比增幅为7.8%。其中一、二、三产业增加值分别为3166.8亿元、31345.8亿元和33279.8亿元，同比增幅分别为3.3%、7.7%和8.2%，对GDP增长贡献率分别为2%、46.1%和51.8%。广东省三次产业结构比例调整为4.7：46.2：49.1。广东先进制造业实现的增加值总计达到了14104.0亿元，同比增幅为9.2%；现代服务业实现增加值总计达到了19438.5亿元，同比增幅为9.0%。

2014年，居民消费价格总水平同比增幅为2.3%，其中食品类价格同比增幅为4.4%，居住类价格同比增幅为1.9%；工业生产者出厂价格同比下降了1.1%，其中能源类同比降幅为2.4%，高技术类同比下降了1.2%；重工业同比下降了1.7%，轻工业同比降幅为0.1%；生活资料同比降幅为0.1%，生产资料同比增幅为1.6%；工业生产者购进价格同比降幅为1.2%。

②工业经济运行情况

2014年全部工业完成增加值同比增幅为7.8%；规模以上工业实现增加值同比增幅为8.4%。分轻重工业来看，重工业同比增幅为9.1%，轻工业同比增幅为7.4%。

2014年，高技术制造业实现增加值同比增幅为11.4%，其中，医药制造业同比增幅为8.6%，航空航天器制造业同比增幅为5.4%，电子和通信设备制造业同比增幅为13.8%，医疗设备和仪器仪表制造业同比增幅为11.1%。

从广东优势传统产业看，2014年实现增加值同比增幅为7.8%，其中食品饮料业同比增幅为6.9%，纺织服装业同比增幅为4.8%，家具制造业同比增幅为8.2%，金属制品业同比增幅为11.9%，建筑材料同比增幅为11.0%，家用电力器具制造业同比增幅为5.6%。

从六大高耗能行业看，2014年其增加值同比增幅为7.2%，其中，黑色金属冶炼和压延加工业增加值增幅达到了5.0%，非金属矿物制品业增加值增幅为11.3%，电力热力生产和供应业增加值增长率为6.2%，有色金属冶炼和压延加工业增加值增长率为11.0%。

（2）指标分析

①时序指数

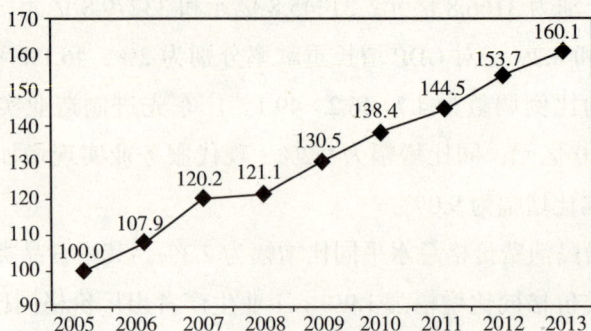

图40　广东工业发展质量时序指数

表65　2005—2012年广东工业发展质量时序指数

	2005	2006	2007	2008	2009	2010	2011	2012	2013	2005—2013年均增速
速度效益	100.0	109.0	158.2	122.8	139.6	160.5	150.6	147.1	149.9	5.2
结构调整	100.0	109.8	96.4	99.1	101.0	102.8	100.1	99.1	105.1	0.6
技术创新	100.0	115.2	133.4	138.8	165.1	164.3	185.6	208.3	209.4	9.7
资源环境	100.0	99.1	107.3	109.9	113.4	123.7	129.0	144.7	159.1	6.0
两化融合	100.0	104.9	126.5	146.1	152.0	163.5	178.4	190.0	192.5	8.5
人力资源	100.0	108.9	120.3	132.3	138.5	148.5	165.2	182.6	195.1	8.7
时序指数	100.0	107.9	120.2	121.1	130.5	138.4	144.5	153.7	160.1	6.1

纵向来看，广东工业发展质量时序指数自 2005 年的 100.0 上涨至 2013 年的 160.1，年均增速为 6.1%，低于全国平均增速。

广东在技术创新方面提升较快，年均增速达 9.7%，比时序指数增速高出 3.6 个百分点。技术创新中的工业 R&D 人员投入强度年均增速高达 18.1%，这是推动广东在技术创新方面提升较快的主要因素。

结构调整方面看，2013 年表现最差，年均增速仅有 0.6%，低于时序指数 5.5 个百分点。结构调整中的 500 强企业占比、高技术产业占比和工业制成品出口占比年均增速均为负值，分别为 –12.8%、–1.4% 和 –0.5%，这是导致结构调整表现最差的主要原因。

另外，广东环境资源和速度效益等方面也增长缓慢，年均增速分别为 6.0% 和 5.2%，两者均低于时序指数增长率。资源环境中的工业污染治理投资强度的负增长、速度效益中的工业总资产贡献率、工业成本费用利润率和工业主营业务收入利润率等的低速增长等共同导致了广东环境资源、速度效益等方面的增长缓慢。

②截面指数

表66　2005—2013年广东工业发展质量截面指数排名

	2005	2006	2007	2008	2009	2010	2011	2012	2013
速度效益	18	17	16	20	18	22	26	24	24
结构调整	1	1	1	1	1	1	1	2	1
技术创新	5	3	3	3	2	1	2	2	2
资源环境	4	3	4	4	4	3	4	3	3
两化融合	3	3	3	3	3	3	3	3	3
人力资源	23	17	19	16	17	19	17	10	20
截面指数	1	1	1	2	1	1	1	1	1

横向来看，2013年，广东工业发展质量截面指数为60.2，排在全国第1位，"十一五"以来基本保持稳定。

广东在结构调整和技术创新两方面表现较好，2013年分别排在第1位和第2位。技术创新中的工业制成品出口占比和高技术制造业主营业务收入占比均处于全国领先水平，两者均排在全国第1位。

广东在速度效益和人力资源方面表现较差，分别排在全国第24位和第20位，处于相对落后水平。速度效益中的工业增加值增速、总资产贡献率和工业成本费用利润率在全国均处于相对落后水平，排名分别是第26、第20和第20位，从而严重拖累了广东在速度效益方面名次的提升；人力资源中的工业城镇单位就业人员平均工资增速排名全国第22位，给广东人力资源水平的提升带来严重负面影响。

广东在资源环境和两化融合方面表现较为突出，排名全国第3位，处于上游水平。

③原因分析

广东技术创新方面发展较好，处于全国领先水平。2014年，广东采取多项措施，在科技创新领域取得实效。一是促进产业向价值链高端环节发展，加快发展现代物流、商贸会展、金融保险等产业，实施两化融合战略，提升精细化工、汽车、重大装备等传统产业发展水平，同时，重点推动冷链物流、软件和信息技术、健康服务、检验检测、人力资源、电子商务、工业设计、节能环保、互联网金融、融资租赁等新服务业态的发展；二是积极推进金融领域的改革创新，提升和改善金融业服务于相关产业的能力，加快了金融领域内各个交易平台的建设；三是汇集资源重点打造重大发展平台，促进工业园区向产城融合、功能完善、公共服务配套齐全的新生代园区转型。

（3）结论与展望

综合时序指数和截面指数来看，广东在技术方面表现较为突出，近8年来快速增长并位于全国领先水平；结构调整方面表现处于全国领先水平但目前增长缓慢；速度效益方面增长缓慢且排名靠后，处于下游水平。

针对广东省速度效益发展缓慢的现状，应重点抓好以下工作：首先，应积极出台相关扶持政策，促进有发展潜力的、成长性较好的中小微企业的发展壮大；其次，应围绕工业企业的转型升级，设立有关的专项资金，用以促进主导产业和战略性新兴产业等高端产业的发展，支持企业技术创新；第三，应深入推进两化深度融合，应用先进信息技术加快传统产业转型升级。

二十、广西

（1）总体情况

①宏观经济总体情况

2014年，广西全年GDP总计达到了15673.0亿元，同比增幅为8.5%。其中，一、二、三产业增加值分别为2412.2亿元、7335.7亿元和5925.2亿元，较上一年分别增长3.8%、10.1%和8.1%，对GDP贡献率分别为6.4%、60.2%和33.4%，三次产业结构为15.4:46.8:37.8。

2014年年末城镇登记失业率达3.2%，广西城镇新增就业人数达47.7万人。全年财政收入达2162.4亿元，比上年增长了8.1%；公共财政预算支出达3455.4亿元，增长了7.7%。公共财政预算收入总计达到了1422.1亿元，同比增幅为7.9%，其中税收收入总计达到了977.8亿元，同比增幅为11.7%。

②工业经济运行情况

2014年，广西全年全部工业实现增加值总计达到了6065.3亿元，同比增幅为10.1%。规模以上工业实现的增加值同比增幅为10.7%。从轻重工业方面看，重工业较上年增长11.6%，轻工业较上年增长8.6%。

2014年，在广西规模以上的工业中，电气机械和器材制造业增加值增长了

10.7%，木材加工和木竹藤棕草制品业增加值同比增幅为 19.6%，计算机通信和其他电子设备制造业增加值同比增幅为 30.4%，汽车制造业增加值同比增幅为 12.6%，有色金属冶炼和压延加工业增加值较上年增长 15.3%，黑色金属冶炼和压延加工业增加值较上年增长 13.3%。

2014 年，广西规模以上工业企业的产品销售率达到了 95.3%，提高了 0.4 个百分点。规模以上工业企业总计实现了出口交货值为 751.5 亿元，较 2013 年增幅为 7.2%。

（2）指标分析

①时序指数

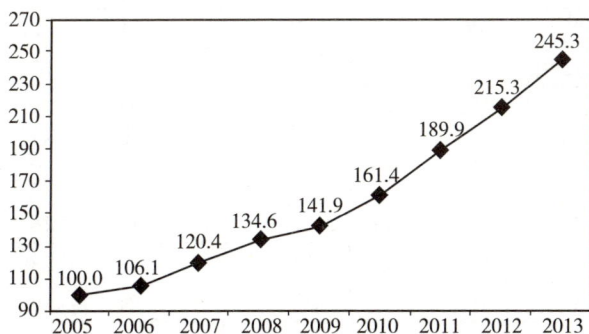

图41　广西工业发展质量时序指数

表67　2005—2013 年广西工业发展质量时序指数

	2005	2006	2007	2008	2009	2010	2011	2012	2013	2005—2013 年均增速
速度效益	100.0	113.0	130.8	103.0	119.9	173.2	171.7	171.6	168.5	6.7
结构调整	100.0	117.6	116.5	152.8	152.2	171.1	205.3	224.3	264.3	12.9
技术创新	100.0	84.5	107.0	104.0	114.4	102.7	118.5	126.4	153.2	5.5
资源环境	100.0	101.5	131.8	133.7	146.0	156.3	215.6	247.6	282.3	13.8
两化融合	100.0	103.2	119.8	171.5	177.3	213.2	245.4	322.1	370.3	17.8
人力资源	100.0	112.8	118.0	131.0	134.2	149.0	167.4	190.3	213.1	9.9
时序指数	100.0	106.1	120.4	134.6	141.9	161.4	189.9	215.3	245.3	11.9

纵向来看，广西工业发展质量时序指数自 2005 年的 100.0 上涨至 2013 年的 245.3，年均增速为 11.9%，高于全国平均水平。

广西在两化融合方面提升较快，年均增速高达 17.8%，比时序指数增速高出

5.9 个百分点。构成两化融合的各指标中，互联网普及率年均增速为 17.9%，是促进该方面快速发展的主要因素；电子信息产业占比的年均增速也高达 24.2%。

广西在技术创新和速度效益等方面增长缓慢，两者的年均增长率分别为 5.5% 和 6.7%。技术创新中的工业新产品占比呈现负增长，是导致广西技术创新增长缓慢的主要原因；速度效益中的工业成本费用利润率和工业主营业务收入利润率两指标的年均增长率均呈现负增长，给广西速度效益方面带来严重负面影响。

广西在结构调整和资源环境等方面稳定增长，年均增速分别为 12.9% 和 13.8%。

②截面指数

表68 2005—2013年广西工业发展质量截面指数排名

	2005	2006	2007	2008	2009	2010	2011	2012	2013
速度效益	12	11	11	21	22	11	17	18	19
结构调整	21	21	22	21	22	22	20	23	18
技术创新	18	23	18	21	23	25	20	21	20
资源环境	16	23	11	18	21	22	25	22	20
两化融合	13	13	14	14	16	17	16	12	15
人力资源	22	20	21	30	23	29	28	25	15
截面指数	19	24	21	24	24	24	23	21	19

横向来看，从 2006 年至 2013 年，广西工业发展质量截面指数一直在 19 位以后，处于全国下游水平，2013 年截面指数为 27.4。

2013 年广西在人力资源和两化融合两个方面表现相对较好，排在全国第 15 位，均超出其截面指数整体排名。

广西在技术创新、资源环境方面均处于全国下游水平，排名均为第 20 位。技术创新中的 R&D 人员投入强度和大中型工业企业 R&D 经费投入强度均处于全国下游水平，实力相对薄弱。

广西在速度效益和结构调整方面处于中游水平，分别排在全国的第 19 位和第 18 位。

③原因分析

广西在两化融合方面增长速度比较快。近年来，广西推进两化融合建设主要采取了以下措施：一是广西自治区党委、政府从产品、技术、产业和业务等 4 个方面，在企业市场营销、研发设计、经营管理和生产制造等多个环节，全面推进两化深度融合；二是陆续出台了《广西壮族自治区加快信息化与工业化融合推进方案（2010—2012年）》、《广西壮族自治区人民政府关于加快信息化与工业化融合的意见》、《广西国际区域性信息交流中心建设"十二五"规划》、《广西工业和信息化发展"十二五"规划》、《广西两化融合工作指南》等政策文件，为深入推进两化融合指明了方向[1]；三是注重"点线面"结合共同推进，即从区域、行业、企业这三个方面，立体推进两化融合，取得了较好的效果；三是不断加大资金支持力度，2010年以来，财政共拿出7500多万元用于支持两化融合的相关项目。

（3）结论与展望

综合从时序指数和截面指数来看，广西的两化融合发展较好，处于全国中游水平。人力资源的截面指数表现很好，属于全国中等水平，但是年均增速略低于时序指数。在技术创新方面，无论是增长速度还是在全国的排名，广西的表现均不太理想，处于下游水平，未来有待进一步发展和提升。

展望未来，广西促进技术创新必须加强以下几个方面的工作：首先，应重点推进和实施创新驱动发展战略，加快工业结构调整和转型升级步伐，支持企业进行产品、技术、市场、管理、业态、制度等方面的全方位创新；其次，应积极建设工业创新工程，扶持高技术企业做大做强，筹建更多的企业技术中心，鼓励各个单位和机构积极申报发明专利；最后，出台和实施优惠的人才引进政策，注重高端急需人才的培育和引进，提升普通民众的科学素质，努力营造全民创新氛围。

二十一、海南

（1）总体情况

①宏观经济总体情况

2014年，海南全年地区生产总值总计达3500.7亿元，以可比价格计算，同比增幅为8.5%。一、二、三产业增加值分别为809.6亿元、874.4亿元和1816.7亿元，同比增幅分别为4.8%、11.0%和8.7%；三次产业结构为23.1∶25.0∶51.9。

2014年，海南省人均GDP已经达到38924.0元，比上年增长7.5%。

2014年，海南居民消费价格同比增幅为2.4%，其中，食品价格较上年增长了3.7%，排在8大类价格首位；工业生产者出厂价格较上年降幅为2.4%，农业生产资料价格较上年涨幅为5.6%，工业生产者购进价格较上年跌幅为1.0%。

---

[1] 江东洲：《推动"两化"深度融合 加快转变经济发展方式》，《科技日报》2013年2月8日。

2014年，从海南全口径公共预算收入看，总计达到了919.5亿元，同比增幅为11.9%。其中，地方一般公共预算收入实现了555.3亿元，较上年增长15.4%。此外，全年地方一般公共预算支出总计达到了1094.4亿元，同比增幅为8.2%。

②工业经济运行情况

2014年，海南实现工业增加值为514.4亿元，较上年增长11.6%。其中规模以上工业实现的增加值总计达到了471.2亿元，同比增幅为12.0%。从轻重工业来看，重工业增加值达355.6亿元，同比增幅为15.1%；轻工业实现增加值总计达到了115.6亿元，同比增幅为3.4%。

2014年，从海南产值超100亿元规模以上的重点行业来看，石油加工业产值为551.1亿元，较上年增长了16.4%；电力及热力生产和供应业实现产值为203.4亿元，较上年增长8.7%；非金属矿物制品业实现产值为151.7亿元，较上年增长2.1%；造纸和纸制品业产值为108.5亿元，增长了3.6%；化学原料和化学制品制造业产值为298.0亿元，增长了61.9%；医药制造业实现产值为122.495.5亿元，较上年增长13.7%。

2014年，从企业经济效益看，海南省工业企业在此方面有所上升。据海南统计局发布的统计资料显示，371家规模以上工业企业的综合效益指数达到了364.4%，较上年提高了6.8个百分点；共计实现利润总额为100.6亿元，较上年下跌了8.9%。

（2）指标分析

①时序指数

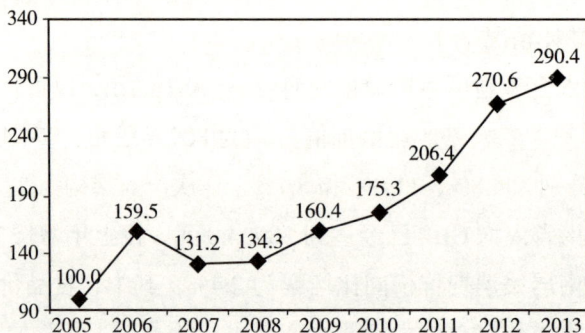

图42 海南工业发展质量时序指数

表69 2005—2013年海南工业发展质量时序指数

	2005	2006	2007	2008	2009	2010	2011	2012	2013	2005—2013 年均增速
速度效益	100.0	126.5	139.6	121.0	159.2	166.5	136.9	152.2	141.5	4.4
结构调整	100.0	116.6	138.2	115.8	149.9	147.0	148.5	165.2	183.0	7.8
技术创新	100.0	275.6	139.8	170.3	221.6	299.1	453.8	617.9	697.5	27.5
资源环境	100.0	194.6	113.2	118.8	117.3	115.7	148.4	195.4	165.1	6.5
两化融合	100.0	128.7	123.8	159.2	173.5	176.1	190.0	335.6	388.0	18.5
人力资源	100.0	115.4	128.7	136.4	148.6	166.6	185.8	200.3	215.2	10.1
时序指数	100.0	159.5	131.2	134.3	160.4	175.3	206.4	270.6	290.4	14.3

纵向来看，海南工业发展质量时序指数自2005年的100.0上涨至2013年的290.4，年均增速为14.3%，高于全国平均增速。

海南在技术创新方面提升较快，年均增速高达27.5%，比时序指数增速高出13.2个百分点。构成技术创新的各指标中，R&D人员投入强度的年均增速为37.6%，R&D经费投入强度年均增速也达到了36.1%，上述两个指标是促进海南在技术创新快速发展的主要因素。

海南在速度效益、结构调整和资源环境等方面发展缓慢，年均增速分别为4.4%、7.8%、6.5%，大幅低于时序指数的平均水平。速度效益中的工业成本费用利润率和工业主营业务收入利润率的年均增长率均为负值，是造成海南速度效益发展缓慢的主要原因；结构调整中的高技术产业占比年均增速仅为1.1%，500强企业占比未发生改变，这两项指标的表现对海南结构调整指数的增长未起到正向的促进作用；资源环境中的工业主要污染物排放强度和工业固体废物综合利用率年均增速均较低，是导致此方面发展缓慢的主要因素。

海南在两化融合方面表现相对较好，年均增速达到了18.5%。两化融合中的电子信息产业占比和互联网普及率都超过了19.0%。

②截面指数

表70 2005—2013年海南工业发展质量截面指数排名

	2005	2006	2007	2008	2009	2010	2011	2012	2013
速度效益	10	5	5	23	4	6	21	16	23
结构调整	26	24	29	30	27	26	23	30	28
技术创新	29	28	30	28	25	20	18	20	13

（续表）

	2005	2006	2007	2008	2009	2010	2011	2012	2013
资源环境	15	8	12	11	14	15	10	10	18
两化融合	22	19	21	21	23	23	26	24	23
人力资源	14	6	20	20	7	12	19	13	12
截面指数	24	12	25	28	21	17	22	22	22

横向来看，海南的工业发展质量截面指数从 2006 年开始来看，其排名一直比较靠后，大多数年份排名在 20 以后，处于中下游水平，2013 年其截面指数为24.6。

海南 2013 年人力资源和技术创新方面表现较好，分别排在全国第 12 位和第13 位，处于中游水平。人力资源中的工业城镇单位就业人员平均工资增速排在全国第 9 位，表现较为突出，是提升海南人力资源水平的主要因素；技术创新中的大中型工业企业单位 R&D 经费支出发明专利处于全国领先水平，排名全国第3 位，而大中型工业企业 R&D 经费投入强度则处于相对落后水平，均排在全国的第 24 位。

海南结构调整方面表现最差，排在全国的第 28 位。结构调整中的规模以上小企业主营业务收入增速和 500 强企业占比均排在全国倒数第 1，是导致海南结构调整方面落后的主要原因。

海南速度和两化融合发展相对落后，均处于全国的下游水平，排名均为第23 位。资源环境发展相对稳定，处于全国中游水平。

③原因分析

从截面指数看，海南在技术创新方面表现较为突出。

近年来，海南为提升技术创新水平，采取了一系列措施，主要包括：一是重点推进科技创新相关平台建设，对科技基础设施进行统筹规划，加强工程技术研究中心、重点实验室等创新平台建设，推进海口建设国家节能与新能源汽车推广示范计划等；二是不断深化科技创新体制改革，不断完善和健全科技创新体系，深入推进科技特派员工作和农业科技 110 工作，海南省政府与科技部建立了部省会商制度等；三是进一步优化创新发展的环境，省政府先后出台了《贯彻落实〈省委省政府关于加快建设以企业为主体产学研相结合的技术创新体系的意见〉任务分工方案的通知》、《关于加快建设以企业为主体产学研相结合的技术创新体系的意见》等政策文件，不断将激励自主创新的政策规划好、落实好。

（3）结论与展望

综合时序指数和截面指数来看，海南在技术创新方面表现优秀。在结构调整方面表现较差，2014年发展水平处于全国下游水平，亟待提升。

海南省结构调整方面的发展速度与发展质量均不高的现状，展望未来，海南应重点做好以下几个方面的工作：首先，应深入贯彻科学发展观，促进地区经济协调可持续发展，积极转变经济发展方式，不断推动海南产业结构的优化与升级，在大力发展新兴产业的同时，淘汰部分产能过剩产业，坚持走新型工业化道路；其次，坚持区域协调发展思路，统筹城乡发展；第三，不断扩大内需，全面提高海南自主创新能力，持续优化地区对外贸易结构，提高经济对外开放水平。

二十二、重庆

（1）总体情况

①宏观经济总体情况

2014年，重庆地区生产总值为14265.4亿元，比2013年增长10.9%。一、二、三产业增加值分别为1061.0亿元、6531.9亿元和6672.5亿元，分别增长4.4%、12.7%和10.0%，三次产业结构为7.4：45.8：46.8。全年人均GDP达到47859.0元（7791.0美元），比上年增长10.0%。

2014年，重庆固定资产投资总额为13223.8亿元，同比增长18.0%。其中，基础设施建设投资3386.2亿元，民间投资6558.0亿元，分别增长14.3%和27.1%。2014年货物进出口总额为5863.2亿美元，比2013年增长37.6%。其中，出口为3894.8亿美元，增长34.1%，进口为1968.5亿美元，增长45.1%。城镇居民人均可支配收入25147.0元，同比增长9.1%。全年农村居民人均纯收入9490.0元，同比增长11.7%。

②工业经济运行情况

2014年，重庆实现工业增加值5175.8亿元，占GDP的比重为36.3%，同比增速为12.3%。规模以上工业总产值18722.5亿元，同比增长14.6%。其中，大中型企业的规模以上工业总产值为13378.6亿元，增长11.4%；国有控股企业为5031.0亿元，增长10.3%。全年规模以上工业经济效益综合指数达到282.5%，相比2013年提高20.7个百分点；实现利税总额2112.2亿元，增速为23.7%。总资产贡献率15.2%，相比上年提高1.3个百分点；产品销售率97.9%，上升0.1个百分点。

在支柱产业中，多产业支撑格局基本已经在规模以上工业中形成。2014年，汽车制造业占工业总产值的比例达到20.5%，总产值为3846.9亿元，相比2013年增长19.9%；电子信息产品制造业占工业总产值的19.7%，总产值为3683.6亿元，同比增长22.2%；材料制造业占工业总产值的14.1%，总产值为2636.3亿元，同比增长9.6%。

（2）指标分析

①时序指数

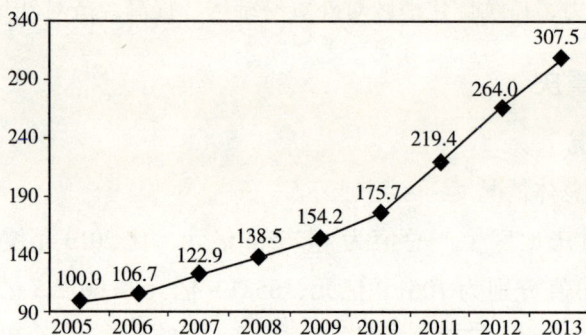

图43　重庆工业发展质量时序指数

表71　2005—2013年重庆工业发展质量时序指数

	2005	2006	2007	2008	2009	2010	2011	2012	2013	2005—2013年均增速
速度效益	100.0	109.5	130.6	134.7	140.8	159.5	172.9	172.4	199.8	9.0
结构调整	100.0	100.5	111.5	129.2	137.9	171.5	246.6	344.1	425.4	19.8
技术创新	100.0	115.4	116.0	124.1	145.1	138.9	150.0	139.6	126.9	3.0
资源环境	100.0	102.7	138.6	144.6	152.2	164.5	180.4	210.6	244.5	11.8
两化融合	100.0	105.3	119.8	163.1	206.4	252.2	357.8	450.7	531.6	23.2
人力资源	100.0	113.6	129.6	146.1	160.5	181.1	199.7	216.2	238.1	11.5
时序指数	100.0	106.7	122.9	138.5	154.2	175.7	219.4	264.0	307.5	15.1

纵向来看，重庆工业发展质量时序指数自2005年的100.0上涨至2013年的307.5，年均增速为15.1%，高于全国平均增速。

重庆在两化融合方面提升较快，年均增速高达23.2%，比时序指数增速高出

8.1 个百分点。构成两化融合的各指标中，电子信息产业占比和互联网普及率的年均增速分别达到了 24.8% 和 28.0%，增速较快，共同构成促进重庆两化融合快速发展的主要因素。

重庆在技术创新方面提升较慢，年均增速分别为 3.0%，低于时序指数年均增速 12.1 个百分点。构成技术创新的 4 项指标中，R&D 经费投入强度、工业新产品占比均呈现负增长，成为制约技术创新增长的关键指标。

结构调整方面，增速略高于平均增速，其中规模以上小企业主营业务收入快速增长，增速高达 19.8%，但是 500 强企业占比增速仅为 3.1%，拉低了结构调整方面的整体增速。

重庆在人力资源、资源环境和速度效益方面的增速都低于平均增速，增速有待进一步提高。

②截面指数

表 72   2005—2013 年重庆工业发展质量截面指数排名

	2005	2006	2007	2008	2009	2010	2011	2012	2013
速度效益	24	21	17	11	19	18	18	21	11
结构调整	19	20	19	15	17	17	17	10	7
技术创新	2	1	1	2	3	3	3	8	9
资源环境	11	13	9	9	9	9	9	9	8
两化融合	15	15	17	13	12	11	9	8	6
人力资源	19	16	17	17	12	21	24	16	11
截面指数	12	11	9	9	11	11	10	9	7

横向来看，重庆工业发展质量截面指数连续多年处于全国上游水平，2013 年截面指数为 43.1，排在全国第 7 位。

2013 年重庆在两化融合和结构调整方面都表现较为突出，处于全国上游水平。两化融合方面，工业应用信息化水平全国排名第 2 位，电子信息产业占比排名全国第 2 位，均处于全国上游水平。结构调整方面，高技术制造业主营业务收入占比和小型工业企业主营业务收入增速表现较好，均排在全国第 5 位。

2013 年重庆在人力资源和速度效益方面处在中等水平。人力资源方面，工业城镇单位就业人员平均工资增速排名全国第 7 位，处于上游水平，而就业人员平均受教育年限排名第 21 位，处于下游水平，具有较大的提升空间；速度效益方面，工业增加值增速全国排名第 2 位，表现突出；相比之下，其余的总资产贡献率、工业成本费用利润率和主营业务收入利润率都排名靠后，属于比较薄弱的环节。

重庆在技术创新和资源环境方面均表现相对较好，处于全国上游水平。

③原因分析

2005—2013 年间，重庆在两化融合方面都表现较为突出。

近年来，重庆陆续研究并编撰了《重庆市贯彻落实工信部两化深度融合专项行动计划的实施意见》和《重庆市推进两化深度融合专项行动计划（2013—2018）的工作报告》等重要的文件和报告，为推进两化融合工作深入开展提供了理论指导；另外，在重庆成为我国第一批两化融合试验区的时候，就成立了两化融合领导小组，并成立两化融合促进服务中心和首席信息官（CIO）协会，从而为重庆市两化融合工作的顺利开展提供了组织保障；最后，重庆还非常重视以项目实施来带动两化融合的深入开展，近年来，仅经济和信息化委员会就推荐了多达 100 多个两化融合重大项目。

（3）结论与展望

综合时序指数和截面指数来看，重庆在结构调整和两化融合方面表现均较为突出，但是作为直辖市的重庆技术创新方面还有一定的发展空间。

针对重庆市技术创新方面发展滞后的现状，一方面，要积极引导本地的龙头企业与广大的高校和科研院所进行合作，加快各类技术创新平台的建设，为科技创新提供有效载体；另一方面，应由政府牵头设立技术创想专项扶持基金，并努力引入风险投资基金并鼓励社会资金投入技术创新相关产业中去，从根本上解决技术创新的资金短缺问题；最后，应加大对科技人才的引进，出台人才的优惠政策，并着重加强对本地年轻人才的挖掘与培育，从而为重庆市技术 创新提供强大的人才保障。

二十三、四川

（1）总体情况

①宏观经济总体情况

2014 年，四川实现地区生产总值比上年增长 8.5%，达到 28536.7 亿元。一、二、三产业增加值分别为 3531.1 亿元、14519.4 亿元和 10486.2 亿元，分别增长 3.8%、

9.3% 和 8.8%，三次产业的经济贡献率分别为 5.0%、59.7% 和 35.3%，三次产业结构为 12.4：50.9：36.7。人均 GDP 增长 8.1%，总值为 35128.0 元。

2014 年，四川全社会固定资产投资达 23577.5 亿元，同比增速为 12.0%。第二产业，投资同比增速为 1.5%，投资额达 7212.3 亿元。其中工业投资同比增长 1.6%；第三产业，投资同比增速为 17.6%，投资额达 15727.7 亿元。2014 年利用外资 106.5 亿美元，比上年增长了 0.7%。2014 年进出口总额同比增长 8.8%，总额为 702.5 亿美元。全年城镇居民人均可支配收入 24381 元，比上年增长 9.0%。2014 年全年农村居民人均纯收入 8803 元，比上年增长 11.5%。

②工业经济运行情况

2014 年，四川工业增加值为 12409.0 亿元，同比增速为 9.4%，经济贡献率为 52.5%。全年规模以上工业增加值增长 9.6%。其中，重工业和轻工业的工业增加值分别增长 9.9% 和 9.1%，重轻工业的比为 66.3：33.7。全年规模以上工业企业实现主营业务收入 37559.7 亿元，同比增长 8.1%。实现利税总额 3897.2 亿元，同比下降了 0.4%。

2014 年，从主要行业来看，计算机、通信和其他电子设备制造业增加值同比增速为 12.8%，汽车制造业增加值同比增速为 12.7%，黑色金属矿采选业增加值同比增速为 15.6%，酒、饮料和精制茶制造业增加值同比增速为 7.7%，纺织业增加值同比增速为 9.2%，化学纤维制造业增加值同比增速为 16.2%，家具制造业增加值同比增速为 10.5%，石油加工、炼焦和核燃料加工业增加值同比增速为 22.5%，金属制品业增加值同比增速为 12.5%。

（2）指标分析

①时序指数

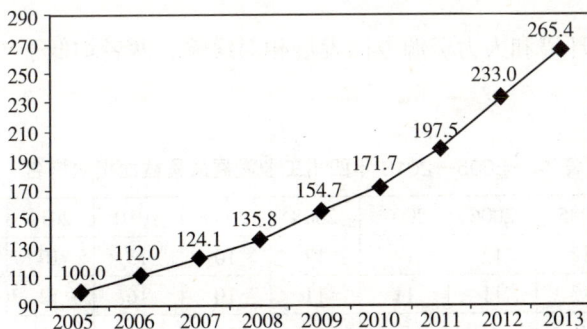

图44　四川工业发展质量时序指数

表 73　2005—2013 年四川工业发展质量时序指数

	2005	2006	2007	2008	2009	2010	2011	2012	2013	2005—2013 年均增速
速度效益	100.0	111.8	136.1	127.7	142.1	164.8	182.6	192.6	186.8	8.1
结构调整	100.0	103.6	115.2	134.9	167.1	184.3	221.9	272.0	339.9	16.5
技术创新	100.0	128.9	126.1	134.3	149.0	154.8	131.3	187.6	203.1	9.3
资源环境	100.0	110.6	124.5	129.5	128.7	139.9	184.0	212.1	239.8	11.6
两化融合	100.0	110.0	125.8	153.2	184.0	210.8	254.9	283.3	315.6	15.4
人力资源	100.0	112.8	123.8	138.2	153.5	176.7	204.2	227.9	256.9	12.5
时序指数	100.0	112.0	124.1	135.8	154.7	171.7	197.5	233.0	265.4	13.0

　　纵向来看，四川工业发展质量时序指数自 2005 年的 100.0 上涨至 2013 年的 265.4，年均增速为 13.0%，高于全国平均增速。

　　四川在结构调整和两化融合方面提升较快，年均增速分别达 16.5% 和 15.4%，比时序指数增速分别高出 3.5 个百分点和 2.4 个百分点。结构调整方面，规模以上小企业主营业务收入增速高达 25.8%，工业制成品出口占比的增速也达 20.5%；但是其 500 强企业占比和高技术产业占比的增速均低于平均增速。构成两化融合的各指标中，互联网普及率的年均增速为 22.3%，是促进该方面快速发展的主要因素；工业应用信息化水平为 14.2%，也高于平均增速 1.2 个百分点。

　　速度效益和技术创新两方面的增速表现较差，分别为 8.1% 和 9.3%，均低于平均增速。速度效益方面，工业成本费用利润率和工业主营业务收入利润率的增速分别仅为 1.7% 和 1.6%，是导致速度效益发展缓慢的主要原因。技术创新方面，单位 R&D 经费支出的发明专利数表现良好，增速高达 22.3%，大大高于平均增速，但是 R&D 经费投入强度和工业新产品占比均呈现负增长，增速分别为 −3.3% 和 −4.0%。

　　四川在资源环境和人力资源方面发展相对缓慢，两者均低于年均增速。

　　②截面指数

表 74　2005—2013 年四川工业发展质量截面指数排名

	2005	2006	2007	2008	2009	2010	2011	2012	2013
速度效益	13	12	14	17	10	13	10	9	16
结构调整	13	11	11	11	10	16	12	9	9
技术创新	9	6	7	10	16	16	26	16	17

（续表）

	2005	2006	2007	2008	2009	2010	2011	2012	2013
资源环境	13	20	21	20	29	26	24	26	26
两化融合	23	22	22	20	19	16	13	14	11
人力资源	29	29	27	27	24	24	29	24	17
截面指数	16	19	19	19	20	21	21	15	15

横向来看，四川工业发展质量截面指数连续多年处于全国中等水平。2013年截面指数为30.7，排在全国第15位。

2013年，四川在结构调整方面表现相对较好，排名全国第9位，属于上游水平。其中，高技术制造业主营业务收入占比、500强企业占比和工业制成品出口占比在全国的排名分别为第7、第8和第8位，均处于上游水平，但小型工业企业主营业务收入增速排名第23位，处于下游水平，发展空间较大。

2013年四川在资源环境方面表现较差，排在第26位，处于下游水平。其中工业固体废物综合利用率排名全国倒数第一，是导致四川资源环境排名靠后的主要原因；单位工业增加值能耗和工业污染治理投资强度分别排名第20位和第25位，均处于下游水平，相对比较薄弱。

四川在速度效益、两化融合、人力资源和技术创新等方面排名在10到20位之间，处于中游水平，尚有较大的发展空间。

③原因分析

2005—2013年，四川在结构调整方面表现较好，处于全国上游水平。

结构调整方面，四川省采取的措施包括：一是提前确立了十个高端成长型产业和先导型产业进行重点培育，努力将这10个重点产业培育为带动全省经济发展的新的增长点；二是始终以大项目为抓手，特别是积极策划实施了一批重大科技项目，从而有效提升了产业发展的层次与水平；三是积极支持和鼓励核心企业申报发明专利，并积极促进科技成果转化。

（3）结论与展望

综合时序指数和截面指数来看，四川在资源环境方面需要加快改进提升步伐。

为提升四川资源环境方面发展水平，一方面应重点加强节能减排工作，核心还是降低单位GDP能耗，提高工业固体废物综合利用率，对于发电锅炉及燃煤工业继续推进降耗与升级力度，促进节能减排技术的推广及相关装备的升级改造，推进工业园区循环经济的发展；另一方面，应不断加强生态保护，在继续划定生态保护红线的同时，加快修复自然生态环境，继续大力推进并实施水土保持、退耕还林、石漠化综合治理、天然林保护等重大工程，加强对生态功能区、自然保护区、湿地公园、森林公园等的建设和管理[1]。

二十四、贵州

（1）总体情况

①宏观经济总体情况

2014 年，贵州实现地区生产总值 9251.0 亿元，同比增速为 10.8%。一、二、三产业增加值分别为 1275.5 亿元、3847.1 亿元和 4128.5 亿元，同比分别增长 6.6%、12.3% 和 10.4%；三次产业结构为 13.8∶41.6∶44.6。

2014 年，贵州全社会的固定资产投资 8778.4 亿元，同比增速为 23.6%。其中，第一、二、三产投资额分别为 173.9 亿元、2321.5 亿元和 6283.1 亿元，分别较上年增长了 19.6%、18.9% 和 25.6%。

②工业经济运行情况

2014 年，贵州规模以上工业增加值 3117.6 亿元，同比增速为 11.3%。按经济类型来看，国有企业、股份制企业外商及港澳台投资企业的增加值分别为 737.96 亿元、1917.08 亿元和 75.05 亿元，分别比 2013 年增长了 7.1%、14.1% 和 12.7%，集体企业当年完成增加值 3.89 亿元，同比下降了 16.5%。主营业务收入 8260.9 亿元，同比增速为 15.5%；利润总额 539.4 亿元，同比增速为 9.4%。

2014 年，在受到监测的 19 个重点工业行业中，有 11 个行业增速达到两位数，有 18 个行业保持了增长态势。增长稳定的重点行业包括电力热力生产和供应业、烟草制品业、煤炭开采和洗选业、酒、饮料和精制茶制造业，上述行业增速分别达到了 6.6%、8.8%、8.8% 和 13.7%。

（2）指标分析

①时序指数

---

[1] 王小玲、曹小佳等：《从水源地到水龙头全程监管》，《中国环境报》2015年2月10日。

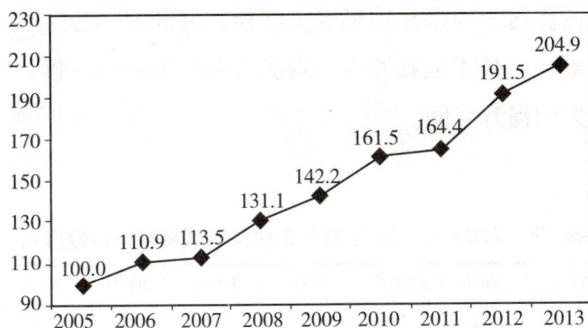

图45　贵州工业发展质量时序指数

表 75　2005—2013 年贵州工业发展质量时序指数

	2005	2006	2007	2008	2009	2010	2011	2012	2013	2005—2013 年均增速
速度效益	100.0	120.2	152.7	135.4	133.2	170.7	193.4	223.7	182.4	7.8
结构调整	100.0	98.6	88.2	102.1	106.6	115.4	124.7	137.4	156.2	5.7
技术创新	100.0	139.8	149.1	156.8	173.5	186.2	122.0	185.4	204.3	9.3
资源环境	100.0	108.0	81.0	114.5	122.4	125.6	121.9	133.9	136.8	4.0
两化融合	100.0	98.2	116.3	169.5	209.5	257.2	298.0	339.9	400.1	18.9
人力资源	100.0	106.5	119.4	134.9	138.3	157.2	180.6	188.9	209.8	9.7
时序指数	100.0	110.9	113.5	131.1	142.2	161.5	164.4	191.5	204.9	9.4

　　纵向来看，贵州工业发展质量时序指数自 2005 年的 100.0 上涨至 2013 年的 204.9，年均增速为 9.4%，略高于全国平均增速。

　　贵州在两化融合方面提升迅速，年均增速高达 18.9%，比时序指数增速高出 9.5 个百分点。构成两化融合的各指标中，互联网普及率的年均增速为 36.1%，是促进该方面快速发展的主要因素；电子信息产业占比呈现负增长，增速为 -6.1%。

　　贵州在资源环境和结构调整方面发展速度不太理想，增速分别为 4.0% 和 5.7%，分别低于平均增速 5.4 个和 3.7 个百分点。资源环境方面，工业污染治理投资强度更是呈现负增长，增速为 -1.7%，是导致贵州资源环境年均增速发展缓慢的主要原因；另外，单位工业增加值能耗、工业主要污染物排放强度、工业固体废物综合利用率等指标均低于平均增速。结构调整方面，规模以上小企业主营业务收入增速表现良好，增速高达 26.1%；其余高技术产业占比、500 强企业占比、工业制成品出口占比这三项指标均呈现负增长，分别为 -4.9%、-4.9% 和 -5.1%。

贵州在速度效益、技术创新和人力资源方面发展相对缓慢，三者增速均低于平均增速，有较大的提升空间。

②截面指数

表76　2005—2013 年贵州工业发展质量截面指数排名

	2005	2006	2007	2008	2009	2010	2011	2012	2013
速度效益	25	24	24	22	23	21	9	3	6
结构调整	22	22	23	25	21	19	21	13	19
技术创新	19	12	16	14	13	11	25	17	15
资源环境	25	21	29	28	26	27	15	24	28
两化融合	27	29	29	30	30	30	30	29	28
人力资源	15	24	26	14	29	23	23	29	23
截面指数	29	26	30	26	25	25	25	18	21

横向来看，贵州的质量截面指数连续多年居于全国下游，2013 年截面指数为 26.3，排在全国第 21 位。

2013 年贵州在速度效益方面表现突出，排在全国第 6 位，表现较为突出。速度效益方面，贵州在工业增加值增速方面表现最好，排名全国第 2 位；工业成本费用利润率和工业主营业务收入利润率也表现较好，分别排名全国第 7 位和第 8 位。

2013 年在资源环境、两化融合和人力资源方面表现处于相对落后水平，实力相对薄弱。资源环境方面，贵州在工业污染治理投资强度方面表现较好，排在全国第 5 位；但是单位工业增加值能耗、主要污染物排放强度表现不佳，工业固体废物综合利用率属偏低水平，大大拉低了资源环境的整体排名。两化融合方面，电子信息产业占比和互联网普及率均属于偏低水平，未来提升空间较大。人力资源方面，第二产业全员劳动生产率和就业人员平均受教育年限均属于偏低水平。

2013 年贵州在技术创新和结构调整方面表现相对较好，分别排在全国的第 15 位和第 19 位，处于中等偏下水平。

③原因分析

2005—2013 年，贵州在技术创新方面表现相对较好，一直保持稳定上升的态势。

近年来，贵州省为促进技术创新，出台了《关于加强人才培养引进加快科技创新的指导意见》并采取了多项措施，有效促进了贵州技术创新工作的开展。一是积极建设科技创新和科技成果转化平台，省财政近年来拨付了约 10 亿元的科技成果转化及产业化资金，围绕生物医药、电子信息、新材料、节能环保、新能源、高端装备制造等新兴产业实施了一系列重大科技项目；二是推进"百千万人才引进计划"，加大人才引进与培育力度，同时注重加强对职业技能人才的培育；三是组织推进了贵州省产学研战略联盟，使得许多龙头企业成为技术创新的主体，也有效发挥了广大高校和科研院所的作用。

（3）结论与展望

综合时序指数和截面指数来看，贵州在资源环境方面发展相对落后，有较大的发展空间。

资源环境方面，建议采取以下措施：首先，以建设生态文明先行示范区为抓手，重点加强对全省范围内的自然保护区、湿地、饮用水源地等的保护，制定草海生态保护和综合治理的相关规划并付诸实施；其次，积极实施实施大气污染防治行动计划，稳步提升全省大中城市的空气质量；第三，继续推进节能减排工作，特别是实施工业节能五大攻坚计划，提高矿产资源的综合利用率，降低工业"三废"的排放量，加快落后产能的淘汰步伐；最后，实施贵州省环境污染治理设施建设三年行动计划，提高对环境污染监测能力，加快对垃圾和污水处理相关项目的建设进程。

二十五、云南

（1）总体情况

①宏观经济总体情况

2014 年，云南实现地区生产总值达 12814.6 亿元，同比增速为 8.1%，居全国第 23 位。其中，第一产业的增加值为 1991.2 亿元，第二产业的增加值为 5281.8 亿元，第三产业的增加值为 5541.6 亿元，分别增长 6.2%、9.1% 和 7.4%。三次产业的结构比为 15.5∶41.2∶43.3。全省人均生产总值达 27264 元，同比增长为 7.5%。

2014 年，云南省规模以上固定资产投资增长 15.1%，集中开工重点项目达 739 个，总投资近 3500 亿元。合力推进 20 个重大建设项目和 20 项重要工作，实施万亿元重点项目投资计划，集中开工739个重大项目。

2014年，社会消费品零售总额同比增速为12.7%。全年城镇居民人均可支配收入同比增速为8.2%。2014年的进出口总额达296.2亿美元，同比增速为17.1%。

②工业经济运行情况

2014年，云南工业完成增加值3898.97亿元，增长7.2%。规模以上工业实现增加值3545.41亿元，比上年增长7.3%，增速比2013年回落5个百分点。

（2）指标分析

①时序指数

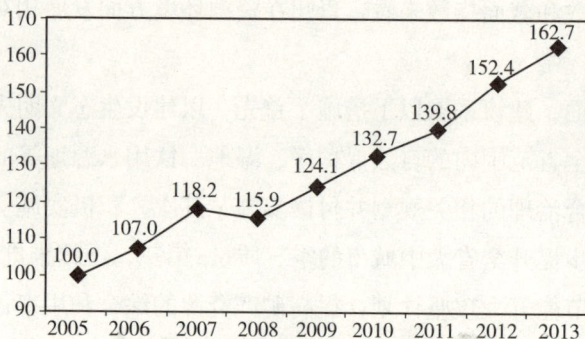

图46　云南工业发展质量时序指数

表77　2005—2013年云南工业发展质量时序指数

	2005	2006	2007	2008	2009	2010	2011	2012	2013	2005—2013 年均增速
速度效益	100.0	106.5	114.6	94.0	103.9	124.1	125.3	121.5	123.7	2.7
结构调整	100.0	102.3	109.7	99.3	107.8	113.9	114.4	132.3	149.0	5.1
技术创新	100.0	120.1	168.0	149.0	143.1	133.1	153.3	165.1	162.3	6.2
资源环境	100.0	114.4	116.1	124.6	127.8	132.7	130.0	145.0	159.6	6.0
两化融合	100.0	90.7	86.0	113.3	144.1	167.2	181.9	196.9	206.5	9.5
人力资源	100.0	109.2	114.6	125.9	130.4	145.0	162.9	178.6	198.8	9.0
时序指数	100.0	107.0	118.2	115.9	124.1	132.7	139.8	152.4	162.7	6.3

纵向来看，云南工业发展质量自2005年的100.0上涨至2013年的162.7，年均增速为6.3%，低于全国平均增速（9.3%）。

云南在资源环境方面表现相对较好，单位工业增加值能耗、工业污染治理投资强度高于全国平均增速。工业污染治理投资强度增速为 1.2%，超过全国平均水平 5.7 个百分点。

两化融合和人力资源方面年均增速分别为 9.5% 和 9.0%，但仍低于全国平均增速 1.5 个和 0.4 个百分点。两化融合方面，互联网普及率仍保持高速增长，年均增速高达 25.0%，是促进该方面快速发展的主要因素；但是电子信息产业占比呈现负增长，增速为 -3.4%；工业应用信息化水平年均增速也下降了 6%。人力资源方面，工业职工平均工资增速为 11.8%，但仍低于全国平均增速 14.3% 的水平。

速度效益、结构调整和技术创新表现一般，均低于时序指数全国年均增速。速度效益方面，除工业增加值增速高于全国平均水平之外，其余三项指标均呈现负增长。结构调整方面，规模以上小企业主营业务收入表现突出，增速高达 21.2%，工业制成品出口占比表现不佳，呈现负增长趋势。技术创新方面，云南没能延续上年超过全国平均水平的成绩，增速为 6.2%，低于全国平均增速 0.7 个百分点。其中工业新产品占比指数表现较好，增速为 7.0%，高于全国 2.5% 的水平。

②截面指数

表 78　2005—2013 年云南工业发展质量截面指数排名

	2005	2006	2007	2008	2009	2010	2011	2012	2013
速度效益	8	8	8	13	9	16	11	13	14
结构调整	23	23	26	27	24	24	27	19	23
技术创新	28	29	24	26	28	28	24	27	25
资源环境	27	28	27	26	27	23	22	21	25
两化融合	24	25	25	26	26	28	28	30	30
人力资源	17	28	30	23	28	22	27	26	26
截面指数	26	27	29	29	27	28	28	27	27

横向来看，云南工业发展质量截面指数一直处于全国下游水平，整体实力相对薄弱。2013 年截面指数为 19.1，排在全国第 27 位，与 2012 年持平。

2013 年云南在速度效益方面相对较好，排在第 14 位。其中，工业增加值增速表现较好，排名全国第 4 位；总资产贡献率、工业成本费用利润率和工业主营业务收入利润率属于全国中等水平，分别排在第 14、第 15 和第 19 位。

结构调整、技术创新、资源环境和人力资源方面均处于全国中等偏下水平，排在第 25 位左右。结构调整方面，规上小企业主营业务收入增速表现较好，排名全国第7位，500强企业占比排名全国第17位；高技术产业占比和工业制成品出口占比相对薄弱，均排名全国第25位，属于中等偏下水平。

技术创新方面，单位R&D经费支出的发明专利数表现较好，排名全国第11位；其余R&D经费投入强度、R&D人员投入强度和工业新产品占比三项指标都属于偏低水平，基础薄弱，未来需要加大提升力度。资源环境方面，单位工业增加值能耗、主要污染物排放强度和工业污染治理投资强度表现较好，排名在全国第8位左右，只有工业固体废物综合利用率属于中等偏下水平，在全国排名第23位。人力资源方面，工业职工平均工资增速和第二产业全员劳动生产率属于中等水平，排在全国第13位左右，但是就业人员平均受教育年限处于下游水平，排在第30位。

云南在两化融合方面处于下游水平，2013年仍排在第30位，基础相对薄弱。构成两化融合的三项指标工业应用信息化水平、电子信息产业占比和互联网普及率都属于偏低水平，未来提升空间巨大。

③原因分析

自2005年以来，云南的工业发展质量始终处于全国的后5位，2013年和2012年在全国的排名持平。云南工业发展质量各项指标中，表现最好的是速度效益。2013年，全省GDP增长12.1%。2013年，云南出台了稳增长"28条"等一系列政策措施，保障了工业的平稳较快增长。实施了高原特色农业"十百千"行动计划，昆（明）曲（靖）绿色经济示范带建设、"3个10千亿工程"、服务业发展3年行动计划等一系列的措施，取得较好成效。

两化融合方面，开始建设4G无线通信工程，开展"三网融合"试点，加快建设昆明区域性国际通信出入口，不断加强网络信息安全，鼓励电子商务新兴业态发展。

结构调整方面，出台了汽车等产业方案，加快中石油炼油项目建设，淘汰了炼铁、水泥、黄磷等落后产能，推动钢铁、有色金属等行业结构调整。以生物资源开发等特色优势领域不断发展壮大。

（3）结论与展望

综合时序指数和截面指数来看，云南工业发展质量处于全国下游水平。结构调整、技术创新、两化融合、人力资源等方面变化不明显，仍处于全国相对靠后水平。结构调整较为缓慢、技术创新能力不强、资源环境矛盾突出。当前，围绕着"一带一路"、长江经济带等国家战略,要主动出击,积极布局,创新发展。

首先,结构调整方面,既要保证传统产业的竞争优势,又要发掘新的经济增长动力。巩固烟草、有色金属等产业优势,着力提升生物资源开发等特色产业,壮大电子信息、新材料、汽车、石化等新兴产业规模,打造面向南亚东南亚市场的出口导向型轻工产业。

其次,产业技术创新能力方面,要增加投入,大力发展科技服务业。大力促进产业技术创新战略联盟建设和升级,推进知识产权战略。

再次,两化融合方面要加快宽带网络普及以及推动三网融合和4G业务发展,为电子政务、信息消费、社会信息化发展提供公共支撑。加快云南省连接周边国家的信息基础设施建设,推进云计算中心建设,积极开展省级互联网直联点建设工作。要加强信息安全建设,构建网络信任体系。

二十六、陕西

（1）总体情况

①宏观经济总体情况

2014年,陕西实现地区生产总值17689.9亿元,比2013年增长9.7%。一、二、三产业增加值分别为1564.9亿元、9689.8亿元和6435.2亿元,分别增长5.1%、11.2%和8.4%,三次产业结构为8.8:54.8:36.4。人均生产总值46929元,同比增速为9.4%。

2014年,陕西全社会固定资产投资18709.7亿元,比2013年增长17.4%。第一产业投资671.30亿元,第二产业投资5890.70亿元,第三产业投资11796.01亿元,分别同比增长28.1%、4.4%和25.2%。工业投资5818.9亿元,增长8.2%。2014年社会消费品零售总额5572.84亿元,同比增速为12.8%。进出口额为1683.5亿元,同比增速为35.0%。其中,出口额为855.5亿元,进口828.0亿元,分别同比增长34.9%和35.0%。城镇居民人均可支配收入为24366元,比2013年增加2020元,增速为7.3%。农村居民人均纯收入7932元,比2013年增加840元,同比增速为9.9%。

②工业经济运行情况

2014年,陕西实现工业增加值8090.4亿元,比上年增长11.0%。其中,规模以上工业,同比增速为11.3%。规模以上工业中,重工业同比增长11.2%,

轻工业同比增速为12.1%。能源工业和非能源工业增加值增速分别为8.5%和14.8%。全年规模以上工业实现主营业务收入18313.6亿元,同比增速为7.8%,利润总额增速同比下降12.4%。

2014年,陕西规模以上工业中,八大支柱产业,能源化工工业总产值8784.6亿元,同比增速5.4%;非能源化工业总产值10708.45亿元,同比增速14.7%。其中,装备制造业总产值为3576.5亿元,同比增速为12.8%;有色冶金总产值2749.2亿元,同比增速为12.8%;食品行业总产值2156.8亿元,同比增速为14.8%;非金属矿物制品业总产值为1114.3亿元,同比增速为15.2%;医药行业总产值518.3亿元,同比增速为20.2%;计算机等电子制造业总产值为304.9亿元,同比增速为52.7%;纺织服装总产值为288.4亿元,同比增速为14.7%。

（2）指标分析

①时序指数

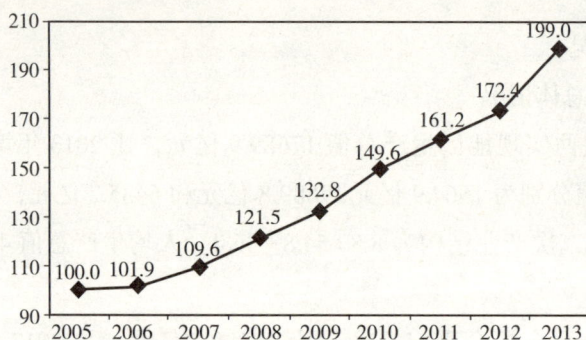

图47　陕西工业发展质量时序指数

表79　2005—2013年陕西工业发展质量时序指数

	2005	2006	2007	2008	2009	2010	2011	2012	2013	2005—2013年均增速
速度效益	100.0	103.5	117.5	126.8	109.9	137.3	152.6	151.9	152.5	5.4
结构调整	100.0	104.6	103.6	124.0	134.7	148.5	153.6	177.5	228.2	10.9
技术创新	100.0	89.2	101.2	99.9	114.6	114.3	118.0	118.7	144.3	4.7
资源环境	100.0	109.5	120.9	121.7	150.7	169.1	163.8	178.0	201.6	9.2
两化融合	100.0	92.9	96.5	122.3	141.5	174.0	207.0	209.8	224.7	10.7
人力资源	100.0	112.2	125.6	140.3	146.5	158.3	193.0	211.4	235.2	11.3
时序指数	100.0	101.9	109.6	121.5	132.8	149.6	161.2	172.4	199.0	9.0

纵向来看，陕西工业发展质量自 2005 年的 100.0 上涨至 2014 年的 199.0，年均增速为 9.0%，低于全国平均增速。

陕西在速度效益和人力资源方面增长较快，年均增速分别为 5.4% 和 11.3%，高于全国平均增速。速度效益方面，工业增加值增速表现最好，年均达到 15.9%，高于全国平均增速 10.5% 的水平，但是在工业成本费用利润率和工业主营业务收入利润率方面增速下滑。人力资源方面，工业职工平均工资增速为 16.8%，表现较好；第二产业全员劳动生产率和就业人员平均受教育年限都在平均增速以上。陕西在资源环境方面有较大改善，主要污染物排放强度和工业固体废物综合利用率两项指标表现较好，远高于全国平均水平，但工业污染治理投资强度呈现负增长。

陕西在结构调整、技术创新、两化融合表现一般，低于平均增速持平。结构调整方面，规模以上小企业主营业务收入指标表现突出，增速高达 33.3%，大大超过平均增速；其他三项指标表现相对较差，基本处于零增长和负增长的态势。技术创新方面增长缓慢，年均增速只有 4.7%。其中，只有单位工业 R&D 经费支出发明专利数略高于全国平均水平，而工业新产品占比出现下降，年均增速为 −3.5%。两化融合方面，互联网普及率的年均增速为 23.2%，是促进该方面快速发展的主要因素，工业应用信息化水平略高于全国平均水平，而电子信息产业占比呈现负增长。

②截面指数

表 80　2005—2013 年陕西工业发展质量截面指数排名

	2005	2006	2007	2008	2009	2010	2011	2012	2013
速度效益	5	6	6	4	5	2	1	1	1
结构调整	15	13	17	10	12	18	26	15	11
技术创新	6	9	8	11	12	13	14	14	14
资源环境	18	26	24	24	13	11	11	16	16
两化融合	14	20	24	23	22	20	12	18	18
人力资源	11	14	12	22	13	27	2	20	14
截面指数	11	13	13	11	12	13	9	11	10

横向来看，陕西工业发展质量截面指数基本处于全国中上游水平，2013 年截面指数为 38.0，排在全国第 10 位。

2013 年陕西在速度效益方面继续保持表现优异，排名全国第 1 位。构成速度效益的四项指标均表现突出，其中工业成本费用利润率和工业主营业务收入利润率均排名全国第 1 位，工业增加值增速和总资产贡献率也都位居全国第 7 位左右，整体表现突出。

2013 年结构调整调整方面表现较好，全国排名第 11 位。其中，规模以上小企业主营业务收入表现很好，排名全国第 1 位；高技术产业占比表现较好，排名全国第 11 位；但是 500 强企业占比和工业制成品出口占比都属于中等偏下水平，提升空间较大。

陕西技术创新、资源环境和人力资源都是处于全国中游水平，全国排名 16 位上下。技术创新方面，R&D 人员投入强度表现优异，全国排名 4 位，R&D 经费投入强度和单位 R&D 经费支出的发明专利数都属于中等水平，工业新产品占比排名 23 位，拉低了技术创新的整体水平。资源环境方面，工业主要污染物排放强度和工业污染治理投资强度排名全国第 9 位，表现相对突出；但是单位工业增加值能耗和工业固体废物综合利用率属于中等水平，未来有提升空间。两化融合方面，电子信息产业占比和互联网普及率表现较好，全国排名第 13 位和第 14 位，工业应用信息化水平均处于全国中等偏下水平，发展后劲较大。人力资源方面，就业人员平均受教育年限和工业职工平均工资表现较好，全国排名第 6 位和第 11 位，第二产业全员劳动生产率排名第 19 位，属于中等水平，仍有提升空间。

③原因分析

2005—2013 年，陕西呈现出发展速度加快、结构逐步改善，人力资源发展水平有较大提高。陕西两次出台稳定经济增长的十项综合举措，有效缓解了经济增速放缓的压力。同时大力推动大项目建设，注重发挥民间资本的作用。三星项目带动三星芯片封装测试、三星电子信息研究院、强生供应链基地、微软创新中心等 59 家企业及一批重大项目落地。大企业发展壮大，延长集团成为西部首家世界 500 强。积极培育消费热点促进第三产业发展。经济增速进入了全国的前列。

结构调整方面，陕西着力调整能源工业与非能源产业的比例，能源产业增产和非能源产业提质并举。能源化工产业向高端化发展，大力发展新能源汽车、电子信息、航空航天、新材料和生物医药等新兴产业。煤油气资源综合转化、煤电铝镁合金一体化、三星闪存芯片、中兴智能手机、天然气重卡、大飞机和无人机等项目对陕西经济结构转变发挥了重要作用。

两化融合方面，总体发展水平已经从局部应用为主进入集成应用阶段。2013年陕西"两化融合"发展总指数增幅全国第一，排名全国第 15 位，基础环境指数最好。当前重点工作是坚持用信息技术改造提升传统产业，发展大数据产业园区，推进企业、行业和区域层面的两化深度融合。

（3）结论与展望

综合时序指数和截面指数来看，陕西省工业发展质量处于全国中等偏上位置。未来，要抓住丝绸之路经济带新起点的机遇，在保持经济较快增长的基础上，继续坚持产业结构的调整，培育新支柱产业，强化创新驱动、推进低碳绿色发展。

结构调整方面，加快陕西产业升级，培育新的经济增长点，构建具有陕西特色的现代产业体系。发展高端化工，重点支持煤制芳烃、甲醇制烯烃和煤制油。努力建设集成电路、航空航天、新能源汽车和生物医药产业基地。

资源环境方面，要淘汰黄标车及老旧车辆、提高油品质量标准、做好秦岭保护和"一河两江"治理、做好水资源的保护工作，实行山水林田湖一体化治理。

技术创新方面，发展多种形式创新平台。发挥西安交通大学科技创新港作用，改革科研院所体制和运行机制，推广西安光机所科技创新机制和延长模式，推动产学研用中介组织协同创新和融合发展。

二十七、甘肃

（1）总体情况

①宏观经济总体情况

2014 年，甘肃实现地区生产总值 6835.3 亿元，比 2013 年增长 8.9%。一、二、三产业增加值分别为 900.8 亿元、2924.9 亿元和 3009.6 亿元，增速分别为 8.9%、9.2%和 9.5%。人均生产总值 2.6 万元，同比增长 8.6%。

2014 年，甘肃完成固定资产投资 7759.6 亿元，同比增速为 21.1%。其中，第二产业投资 3531.5 亿元，同比增速为 8.8%，其中工业投资 2666.0 亿元，同比增速为 14.2%；第三产业投资 3819.0 亿元，同比增速为 30.4%。全年实现社会消费品零售总额 2410.4 亿元，比上年增长 12.6%。2014 年城镇居民人均可支配收入为 20804.0 元，同比增速为 9.7%。农村居民人均纯收入为 5736 元，同比增速为 12.3%；农村居民人均生活消费支出 5272 元，同比增长 8.7%。

②工业经济运行情况

2014 年，甘肃完成工业增加值 2263.2 亿元，比 2013 年增长 8.7%。规模以上工业企业完成工业增加值 2070.0 亿元，比 2013 年增长 8.4%。其中，重工业完成增加值 1741.9 亿元，轻工业完成增加值 328.1 亿元，分别增长 8.5% 和 8.1%。全年规模以上工业企业实现利润总额 233.2 亿元，比上年下降 18.6%。

2014 年，石化、有色等支柱产业完成工业增加值 1821.1 亿元，比 2013 年增长 8.3%，占规模以上工业的 88.0%；实现利润 182.3 亿元，下降 19.9%，占规模以上工业的 78.2%。

（2）指标分析

①时序指数

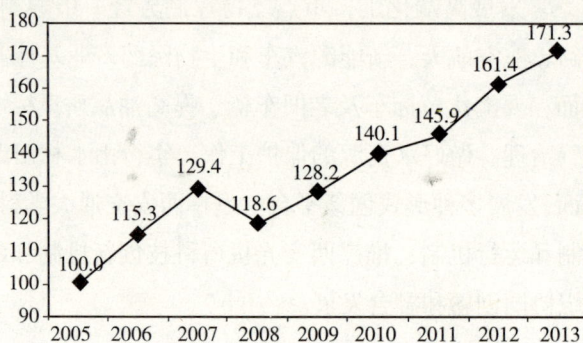

图48　甘肃工业发展质量时序指数

表81　2005—2013 年甘肃工业发展质量时序指数

	2005	2006	2007	2008	2009	2010	2011	2012	2013	2005—2013 年均增速
速度效益	100.0	124.7	182.5	106.2	141.4	150.2	149.7	148.2	149.5	5.2
结构调整	100.0	111.4	105.5	87.0	75.7	84.3	92.9	101.8	111.5	1.4
技术创新	100.0	114.9	115.2	120.0	116.6	116.0	116.1	135.5	134.6	3.8
资源环境	100.0	125.9	140.6	136.8	141.4	153.5	142.8	171.8	180.5	7.7
两化融合	100.0	105.8	125.2	147.6	192.3	222.3	240.6	258.5	283.1	13.9
人力资源	100.0	107.5	124.5	143.6	152.0	170.5	198.3	222.4	243.0	11.7
时序指数	100.0	115.3	129.4	118.6	128.2	140.1	145.9	161.4	171.3	7.0

纵向来看，甘肃工业发展质量时序指数自 2005 年的 100.0 上涨至 2013 年的 171.3，年均增速为 7.0%，低于全国平均增速。

甘肃在两化融合和人力资源方面提升较快，年均增速分别为 13.9% 和

11.7%。两化融合方面，互联网普及率年均增速为28.1%，是促进两化融合快速发展的主要因素；电子信息产业占比增速较慢，增长率为0.8%。人力资源方面，工业职工平均工资和第二产业全员劳动生产率增长态势明显，增速分别为15.9%和10.9%。

资源环境方面，表现好于全国平均水平。其中，工业主要污染物排放强度下降较大；工业固体废物综合利用率增速为11.8%，提升明显；工业污染治理投资强度呈现下降趋势，增速为–2.1%。

甘肃在结构调整方面的提升比较缓慢，年均增速仅为1.4%，远远低于全国平均水平。其中规模以上小企业主营业务收入增速增长较快，达14.5%；高技术产业占比和工业制成品出口占比两项指标出现负增长，其中工业制成品出口占比下滑明显，500强企业占比没有变化。

甘肃在速度效益、技术创新方面实现稳步增长，但增速低于平均水平。速度效益方面，工业增加值年均增速在13.7%以上，提升趋势明显，但其余三项指标表现一般。技术创新方面，R&D经费投入强度出现负增长，R&D人员投入强度、单位R&D经费支出的发明专利数和工业新产品均实现稳步增长。

②截面指数

表82　2005—2013年甘肃工业发展质量截面指数排名

	2005	2006	2007	2008	2009	2010	2011	2012	2013
速度效益	27	27	21	29	29	30	29	27	29
结构调整	16	30	27	29	25	29	28	21	26
技术创新	20	21	21	19	24	24	28	24	26
资源环境	22	14	13	25	16	12	18	11	24
两化融合	29	28	28	29	29	29	29	28	29
人力资源	21	30	14	9	27	30	21	22	25
截面指数	25	30	27	30	29	30	30	28	30

横向来看，甘肃工业发展质量截面指数多年来都处于全国下游，2013年截面指数为15.8，排在全国第30位，比2012年下降2位。

2013年甘肃各项指标均处于全国下游水平。排名最前的是资源环境，但也处于全国第24位，其中工业污染治理投资强度、主要污染物排放强度和单位工业增加值能耗表现较好，分别排在全国第3、第4和第6位，成为资源环境方面表现较好的主要贡献因素；而工业固体废物综合利用率处于全国中游水平，发展相对不平衡。

人力资源方面排名第 25 位，工业职工平均工资增速表现中等，排名全国第 16 位，而第二产业全员劳动生产率和就业人员平均受教育年限都处于中等偏下水平，全国排名均为第 22 位。

甘肃在结构调整和技术创新方面排名 26 位，位居全国偏下水平。结构调整方面，规模以上小企业主营业务收入排名全国第 13 位，表现较好；但是高技术产业占比、500 强企业占比和工业制成品出口占比都属于偏低水平，基础比较薄弱。技术创新方面，R&D 人员投入强度处于中等水平，全国排名第 18 位，单位 R&D 经费支出的发明专利数和工业新产品占比都排名中等或中等偏下水平；R&D 经费投入强度则排名第 28 位，属于偏低水平，未来尚有很大的提升空间。

速度效益和两化融合在全国均处于下游水平，分别排名第 29 位和第 30 位。速度效益方面，工业增加值增速表现相对较好，排名全国第 12 位，属于中等偏上水平；但是总资产贡献率、工业成本费用利润率和工业主营业务收入利润率均属于偏低水平，提升空间巨大。两化融合方面，工业应用信息化水平、电子信息产业占比和互联网普及率均处于较低水平，分别排名第 29 位、26 位和 27 位，比较薄弱，有很大的提升空间。

③原因分析

甘肃以能源和原材料工业为主，产业结构重型化，高新技术产业发展相对落后，技术创新能力与先进省份相比有一定差距。

甘肃重点建设了以风电、光电为主的河西新能源基地、陇东能源化工基地，提高煤炭、石油等能源产品产量，保证了经济的稳定增长。推出了 30 项支持非公有制经济的政策、100 个引入非公资本投资的混合所有制经济项目，大力支持中小企业的发展。

结构调整方面，加强了传统支柱产业产业链衍生，电解铝液直接加工转化率和铜加工转化率有较大幅度提高。建设了关中—天水经济区天水装备制造和电子信息产业基地，选定了新材料、生物、新型煤化工等八大产业的重点骨干扶持企业，对推动产业结构调整发挥了重要作用。

技术创新方面，成立了兰州—白银科技创新改革试验区和兰州新区科技创新城，推出了科技成果奖励、科技成果登记管理和专利权质押融资等政策，实施了

"六个一百"企业技术创新培育工程。

甘肃强化固体废物污染防治，实施大气污染防治计划，对燃煤锅炉进行改造，推广使用新技术、新设备，使得空气质量大大改善。加强了重点生态工程建设，推动甘南黄河重要水源补给生态功能区生态保护与建设。

（3）结论与展望

综合时序指数和截面指数来看，甘肃工业发展质量在全国处于偏后位置。在结构调整、技术创新、人力资源等方面与其他省份相比实力均较弱。要围绕丝绸之路经济带甘肃段建设总体方案，加快产业结构调整、节能减排以及两化融合工作。

结构调整方面，推动重化工产业向下游终端产品延伸，打造传统产业新优势，包括有色、石化、冶金、建材、食品行业。重点发展新材料、新能源、生物产业、信息技术、先进装备制造、节能环保、新型煤化工、现代服务业八个领域，建设10大战略性新兴产业基地，包括金昌有色金属新材料产业区、生物质材料创新创业示范园、兰州市生物医药集聚区等。

资源环境方面，尽快推动节能量、碳排放权、水权、排污权交易试点，探索建立生态补偿机制，大力发展循环经济，建立色金属新材料循环经济基地、构建煤电—建材—综合利用等循环经济产业链。

技术创新方面，推进兰州—白银科技创新改革试验区和兰州新区科技创新城建设，大力引进高层次创新创业人才，推动股权激励改革试点，激发创新动力。努力在高端装备制造、有色金属新材料、新型生物疫苗、新型电力电子器件等领域攻破一批关键核心技术。

二十八、青海

（1）总体情况

①宏观经济总体情况

2014年，青海实现地区生产总值2301.1亿元，比上年增长9.2%。第一、第二和第三产业增加值分别为215.9亿元、1232.1亿元和853.1亿元，分别增长5.2%、10.0%和8.8%。人均地区生产总值39633元。

2014年全社会固定资产投资2908.7亿元，同比增速为21.0%。其中，第二产业投资额为1283.6亿元，同比增速为10.4%；第三产业投资1485.7亿元，同比增速为 31.3%。全年全省社会消费品零售总额 614.6 亿元，同比增速为 13.0%。2014 年进出口总额为 17.2 亿美元，同比增速为 33.2%。全年城镇居民人均可支配收入为 22306.6 元，同比增速为 9.6%。

②工业经济运行情况

2014 年，青海全部工业增加值 953.9 亿元，比上年增长 8.8%。其中，轻工业增加值相比上年增加 9.1%，重工业增加值相比上年增加 5.9%。规模以上工业企业实现利润 98.9 亿元，比上年下降 31.2%。

2014 年，工业十大优势产业中，新能源产业、生物产业、装备制造业、新材料产业增加值分别同比增长 82.8%、44.0%、30%、21.1%，盐湖化工产业增长 18.4%，钢铁产业和煤化工产业分别下降 0.4% 和 27.5%。

（2）指标分析

①时序指数

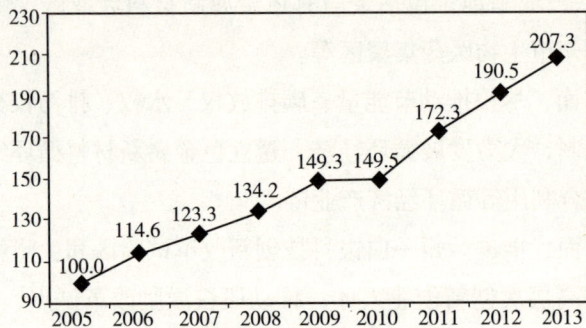

图49　青海工业发展质量时序指数

表 83　2005—2013 年青海工业发展质量时序指数

	2005	2006	2007	2008	2009	2010	2011	2012	2013	2005—2013 年均增速
速度效益	100.0	114.4	127.4	124.4	91.2	114.6	128.2	117.4	117.5	2.0
结构调整	100.0	108.2	116.8	125.0	145.0	156.2	191.1	222.0	256.6	12.5
技术创新	100.0	130.7	136.6	114.8	116.5	80.5	62.7	97.7	86.2	−1.8
资源环境	100.0	117.8	115.1	126.8	184.7	142.5	187.5	183.2	197.1	8.9
两化融合	100.0	108.1	130.5	194.4	219.2	254.5	284.3	309.0	338.1	16.4
人力资源	100.0	110.0	117.4	131.7	136.9	156.5	177.8	207.7	234.4	11.2
时序指数	100.0	114.6	123.3	134.2	149.3	149.5	172.3	190.5	207.3	9.5

纵向来看，青海工业发展质量时序指数从 2005 年的 100.0 上涨至 2013 年的 207.3，年均增速为 9.5%，略高于全国平均增速。

青海在两化融合方面表现突出，年均增速为 16.4%，高于全国平均水平 5.4 个百分点。工业应用信息化水平和互联网普及率的表现都较好，工业应用信息化水平年均增速为 12.7%，超过全国 7.1% 的水平，互联网普及率表现较好，年均增速为 31.3%。但是电子信息产业占比增速出现下滑。

结构调整和人力资源方面的提升也相对较快，年均增速分别为 12.5% 和 11.2%。结构调整方面，规上小企业主营业务收入增幅较大，年均增速高达 31.4%；但是工业制成品出口占比下降显著，年均增速为 –16.3%，使得结构调整方面的平均增速被大大拉低。人力资源方面，工业职工平均工资增速和第二产业全员劳动生产率两项指标发展相对均衡，年均增速分别为 15.6% 和 10.1%，高于平均增速 1.3 个和 2.9 个百分点。

青海在速度效益和技术创新两方面表现不理想，技术创新的年均增速继上年之后仍出现负增长。速度效益方面，除工业增加值增速为 16.0% 之外，其余三项指标均呈现负增长，其中工业主营业务收入利润率下降幅度平均为 9.8%。技术创新方面，工业新产品占比下降幅度明显，增速为 –16.3%，使得技术创新的整体增速也呈现负增长趋势。

资源环境方面，整体表现好于全国平均水平。其中，工业固体废物综合利用率上升趋势明显，年均增速为 15.2%，高于全国平均水平。工业污染治理投资强度也远远高于全国平均水平。但单位工业增加值能耗下降幅度较小，仍有进一步提升的空间。

②截面指数

表 84 2005—2013 年青海工业发展质量截面指数排名

	2005	2006	2007	2008	2009	2010	2011	2012	2013
速度效益	3	3	3	3	8	7	5	11	15
结构调整	30	28	13	22	28	28	15	27	25
技术创新	26	27	27	29	30	30	30	29	30
资源环境	30	30	30	30	30	30	29	29	30
两化融合	30	30	30	28	28	27	27	27	25
人力资源	27	23	29	26	30	13	26	8	16
截面指数	30	29	26	25	30	29	27	30	29

横向来看，青海工业发展质量截面指数多年来都处于全国落后位置，2013年截面指数为16.6，排在全国第29位，较2012年提升1个名次。

青海速度效益和人力资源两方面表现相对较好，分别排名第15位和第16位。速度效益方面，工业增加值增速、工业成本费用利润率和工业主营业务收入利润率表现较好，均属于中等偏上水平；但是总资产贡献率排名全国第27位，大大拉低了速度效益方面的整体排名。人力资源方面，只有工业职工平均工资增速和第二产业全员劳动生产率较好，分别排在全国第8位和第15位，就业人员平均受教育年限表现不佳，排在全国第26位。

青海在结构调整、技术创新、资源环境和两化融合方面都处于全国落后水平。结构调整方面，只有规模以上小企业主营业务收入增速表现稍好，排在全国第8位，处于全国上游水平；其他指标均处于全国下游水平，其中高技术产业占比和工业制成品出口占比分别排名第26位和30位，基础比较薄弱。技术创新方面，R&D经费投入强度和单位R&D经费支出的发明专利数排名分别为第29位和第28位，R&D人员投入强度和工业新产品占比均位居全国末位，未来还有较大的提升空间。资源环境方面，单位工业增加值能耗和主要污染物排放强度表现较好，全国排名分别为第3位和第5位。工业污染治理投资强度表现相对较好，排名全国第17位，属于上游水平；但是工业固体废物综合利用率排名均位居全国下游，未来提升空间巨大。两化融合方面，互联网普及率表现较好，全国排名第11位；但是工业应用信息化水平和电子信息产业占比较为落后，排在第27位和第24位，基础相对薄弱。

③原因分析

2005—2013年，青海工业速度效益和人力资源方面总体表现较好，但是2013年较2012年有所后退，结构调整和两化融合方面取得积极进展，资源环境方面仍需要改进。

速度效益方面，青海把稳增长放在首位，2013年固定资产投资增速达到25.2%，工业投资增速超过30%，民间投资达到27.8%。尤其是重大基础设施建设步伐大大加快，兰新二线、花土沟机场、格敦铁路、玛尔挡水电站等重大项目的建设，有力支撑了经济增长。两化融合方面，加快信息通信基础设施建设，第四代移动通信网络开始启动。

结构调整方面，实施重大技术创新和技术改造项目，集中式光伏电站装机容量和电解铝省内加工转化能力大幅提升，新材料、生物医药等高技术产业快速发展。

资源环境方面，全面启动三江源国家生态保护综合试验区建设和主要污染物排污权交易等，大力加强生态文明建设，制定了生态文明制度建设总体方案，完善生态管护机制，加大对祁连山生态保护力度和青海湖流域综合治理，实施海东南北两山绿化工程，建设了湟水流域百万亩人工林基地，并对矿区、生态敏感区、旅游景区、交通沿线和农村环境连片区进行整治。

（3）结论与展望

综合时序指数和截面指数来看，青海工业发展质量处于全国下游水平。未来，在保持经济较快增长的基础上，产业结构调整、技术创新能力的提升仍具有较大的空间。应抓住丝绸之路经济带建设，加快对外开放，推进国际合作平台，提高经济发展水平和层次。

结构调整方面，继续推进技术创新和技术改造，重点发展铝镁合金和锂电产业，实现对盐湖资源的综合利用，进一步延伸新材料、装备制造等产业链条延伸和电解铝产能就地转化率。

两化融合领域，应加快实施物联网、新一代通信网络、智慧城市等重点工程。资源环境方面，实施三江源生态保护、祁连山生态保护综合治理、青海湖流域生态综合治理、西宁、海东南北山绿化等工程。

二十九、宁夏

（1）总体情况

①宏观经济总体情况

2014年，宁夏实现地区生产总值2752.1亿元，同比增长8.0%。其中，第一产业增加值216.8亿元，第二产业增加值1343.1亿元，第三产业增加值1192.1亿元，同比增速分别为5.4%、9.2%和6.9%。三大产业的结构比为7.9∶48.8∶42.9，对经济增长的贡献率为5.1%、61.6%和33.3%。

2014年，宁夏固定资产投资为3201.0亿元，同比增长19.4%。其中，第一产业投资128.7亿元，第二产业投资1440.0亿元，第三产业投资1632.3亿元，同比增速分别为44.7%、14.5%和22.3%。工业投资1424.5亿元，同比增速为15.1%。2014年实现社会消费品零售总额673.2亿元，同比增速为9.3%。全年实现进出口总额 54.4 亿美元, 同比增长 69.0%。其中, 出口总额 43.0 亿美元, 进口总额 11.3 亿美元, 同比增速分别为 68.6% 和 70.3%。全年农民人均纯收入 8410 元, 同比增速为 9.0%；全年城镇居民人均可支配收入 23285 元同比增速为 8.4%。

②工业经济运行情况

2014 年, 宁夏实现全部工业增加值 973.5 亿元, 同比增速为 8.3%。规模以上工业实现工业增加值 954.4 亿元, 同比增速为 8.3%。其中, 轻工业增加值 139.4 亿元, 重工业增加值 814.9 亿元, 同比增速分别为 15.0% 和 7.3%。六大高耗能行业增加值 518.9 亿元, 同比增长 10.1%。规模以上工业企业实现主营业务收入 3468.9 亿元, 同比增速为 1.1%, 实现税金总额 163.5 亿元, 同比增速为 -6.4%。

（2）指标分析

①时序指数

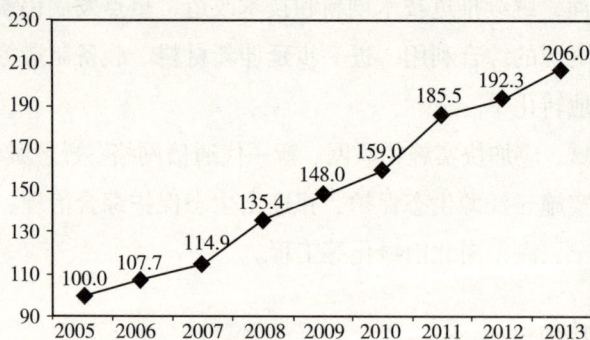

图50　宁夏工业发展质量时序指数

表85　2005—2013 年宁夏工业发展质量时序指数

	2005	2006	2007	2008	2009	2010	2011	2012	2013	2005—2013年均增速
速度效益	100.0	105.4	144.5	111.9	171.2	204.6	210.1	166.8	170.8	6.9
结构调整	100.0	101.1	96.7	109.8	100.3	111.5	120.7	119.1	129.1	3.2
技术创新	100.0	104.6	101.9	120.2	143.3	146.7	151.2	194.3	216.0	10.1
资源环境	100.0	125.5	129.9	158.4	141.2	119.5	109.2	131.6	175.6	7.3
两化融合	100.0	99.1	100.4	186.1	221.3	221.0	370.3	371.9	357.5	17.3
人力资源	100.0	114.2	134.5	148.5	156.0	218.8	247.7	269.5	281.0	13.8
时序指数	100.0	107.7	114.9	135.4	148.0	159.0	185.5	192.3	206.0	9.5

纵向来看，宁夏工业发展质量时序指数自 2005 年的 100.0 上涨至 2013 年的 206.0，年均增速为 9.5%，略高于全国平均增速。

除结构调整外，宁夏在其他各项指标中表现均好于全国平均水平。

速度效益方面，工业增加值增速为 14.8%，高于平均水平；另外工业总资产贡献率、工业成本费用利润率和工业主营业务收入利润率的年均增速也都在平均增速以上。

技术创新方面，年均增速为 10.1%，其中单位 R&D 经费支出的发明专利数表现突出，年均增速在 19.3% 以上；工业新产品占比年均增速为 9.3%，大大高于全国平均 2.5% 的水平，但是 R&D 经费投入强度呈现下降趋势。

两化融合方面提升较快，年均增速达到 17.3%。构成两化融合的各指标中，互联网普及率的年均增速为 29.9%，是促进该方面快速提升的主要因素；电子信息产业占比的年均增速为 9.6%，而全国为 -0.1%。

人力资源方面，工业职工平均工资增速为 15.7%，略高于平均增速；第二产业全员劳动生产率较快增长，平均增速为 16.5%，高于全国 7.2% 的水平。

资源环境方面，工业固体废物综合利用率和工业污染治理投资强度两项指标好于全国平均水平，年均增速分别为 4.3% 和 10.7%；但单位工业增加值能耗和工业主要污染物排放强度仍需进一步改善。

宁夏在结构调整方面表现不佳，年均增速远远低于全国平均增速。表现最好规模以上小企业主营业务收入增速较快，达 19.6%，但也低于全国平均增速；高技术产业占比和工业制成品出口占比均出现负增长，500 强企业占比没有变化。

②截面指数

表 86　2005—2013 年宁夏工业发展质量截面指数排名

	2005	2006	2007	2008	2009	2010	2011	2012	2013
速度效益	29	29	29	27	25	27	22	28	28
结构调整	25	25	30	24	29	27	30	29	29
技术创新	24	25	23	23	22	23	19	18	19
资源环境	26	18	17	10	17	24	26	19	11
两化融合	26	26	27	27	25	26	24	25	26
人力资源	6	11	9	25	21	3	18	18	24
截面指数	28	28	28	27	28	27	29	29	26

横向来看，宁夏工业发展质量截面指数多年来都处于全国落后位置，2013年截面指数为22.5，排在全国第26位，比上年提高3个位次。

2013年宁夏技术创新和资源环境处于全国中游水平，分别排在第19位和第11位。技术创新方面，单位R&D经费支出的发明专利数表现最好，排名全国第6位，位居上游水平；工业新产品占比居中等水平，排名第18位，R&D经费投入强度和R&D人员投入强度均处于下游水平。资源环境方面，单位工业增加值能耗、主要污染物排放强度和工业污染治理投资强度表现突出，均排名全国第1；工业固体废物综合利用率也位居中游水平，排名第14位。

宁夏在速度效益、结构调整、两化融合和人力资源方面均处于全国下游水平。速度效益方面，工业增加值增速排在全国第8位，属于上游水平；但是总资产贡献率、工业成本费用利润率和工业主营业务收入利润率均居全国第28位，尚需大力提升。结构调整方面，规模以上小企业主营业务收入排名全国第16位，属于中等偏下水平；但是高技术产业占比、500强企业占比和工业制成品出口占比排名都比较落后。两化融合方面，互联网普及率表现相对较好，属于全国中等偏下水平；但是工业应用信息化水平和电子信息产业占比分别排名第25位和第29位，属于下游水平，尚需大力提升。人力资源方面，第二产业全员劳动生产率表现较好，排名第9位，而工业职工平均工资增速和就业人员平均受教育年限均排名落后，需要加大提升力度。

③原因分析

2005—2013年，宁夏在资源环境方面取得较大进步，技术创新能力、两化融合水平不断提高，但是在速度效益、结构调整等方面仍需进一步努力。

速度效益方面，主要抓重点项目建设，包括400万吨煤制油项目、铝板带箔、煤基化工项目、合成氨和尿素项目等。出台了稳定工业增长17条等政策促使经济企稳回升。

结构调整方面，实施"1+3"结构调整方案，重点抓三大主导产业。煤电产业，推进宁东至浙江输电工程；煤化工产业，发展三大产业链，即煤制烯烃、煤制油和煤制天然气，打造国家级现代煤化工产业基地和烯烃重要的生产基地；石油化工产业，抓大型炼化，着力推动现代煤化工和石油化工产业融合发展。特色产业方面，重点发展数控机床等高端装备制造业、具有民族特色的清真食品和穆斯林用品产业、纺织服装产业。培育三大新兴产业，包括有色金属、碳基材料为主的新材料产业、风能、光能为主的新能源产业和以物联网、云计算为主的信息产业。

两化融合方面，重点建设了银川 IBI 育成中心和宁夏（中卫）中关村科技产业园等，引进阿里巴巴、奇虎 360 等大数据中心项目，开工建设西部云基地，提升了当地电子信息产业的发展水平。大力发展电子商务，改造提升传统商贸流通业。

技术创新方面，加大对科技和信息化资金资金投入，搭建先进铸造技术等科技创新平台，进高层次国内外专家、建立国家级引智示范点，打造西部人才高地。

资源环境方面，限制水泥、电解铝、钢铁等产能过剩行业低水平扩张，限制电石、化肥、铁合金、焦炭等行业低端产能进一步扩大。加快宁东和石嘴山循环经济示范区建设，促进固体废物、污水等综合利用。

（3）结论与展望

综合时序指数和截面指数来看，宁夏工业发展质量在全国处于下游水平。当前，在宁夏建设内陆开放型经济试验区的大背景下，要在结构调整、技术创新、两化融合等方面加大提升力度。

结构调整方面，重点培育骨干园区、龙头企业和"专精特新"中小微企业。在新型煤化工、装备制造、生态纺织、新能源、新材料和清真食品、葡萄酿酒等优势产业方面继续保持优势地位，不断扩大产业规模。延长煤化工产业链条、实现精深加工。

技术创新方面，用好科技创新专项资金，引导企业加大研发投入，鼓励企业科技经费支出占销售收入比重逐步提高。加强研发团队培养和建设，面向全国公开招聘重点关键领域高层次人才和技术研发团队。突出抓好煤化工、生态纺织、新材料、新能源和高端制造业的自主创新项目，加快使科技成果产业化。

两化融合方面，要加快建设 4G 宽带网络、大数据中心和云平台，打造国家级云计算产业基地，大力扶持信息产业，推进信息技术与制造业全面融合，用信息技术推动产业转型，重点在工业智能化技术、农业现代化技术、电子商务创新、物联网应用等领域取得突破。启动中阿网上丝绸之路建设，构筑中阿网上贸易大通道。

资源环境方面，继续淘汰电解铝、铁合金、电石、水泥等落后产能，要建立淘汰落后产能与新上先进产能挂钩考核机制。

三十、新疆

（1）总体情况

①宏观经济总体情况

2014年，新疆实现地区生产总值9264.1亿元，比上年增长10.0%。一、二、三产业增加值分别为1538.6亿元、2927.8亿元和3797.7亿元；同比增速分别为5.9%、10.8%和10.9%。

2014年，新疆全社会固定资产投资9744.8亿元，比上年增长25.2%，位居全国第2位，投资已成为新疆经济增长的主要推动力。其中，地方项目投资7726.8亿元，同比增长28.0%。基础设施投资3491.3亿元，同比增长41.3%。民间投资4066.9亿元，同比增长26.7%。民间投资主要集中在制造业、房地产业、电力、热力、燃气及水的生产和供应业等传统产业。制造业投资2028.6亿元，同比增长17.2%。其中，装备制造业投资190.1亿元，同比增长41.1%。金属制品业、专用设备制造业、铁路和其他运输设备制造业分别增长95.6%、110%和54.3%。社会消费品零售总额2279.6亿元，比上年增长11.8%。非石油工业增长12.6%，占比54%。2014年新疆货物进出口总额276.7亿美元，同比增速为0.4%。其中，出口234.8亿美元，增长15.0%；进口58.2亿美元，下降2.8%。

②工业经济运行情况

2014年，新疆实现全部工业增加值3079.0亿元，同比增速为10.0%，对经济增长的贡献率为40.0%。其中，轻工业272.5亿元，增长8.6%，重工业2806.5亿元，增长10.2%。非石油工业增加值1656.21亿元，增速为12.6%，对规模以上工业增长的贡献率为65.7%。

重点产业方面，2014年在自治区重点监测的十大产业中，工业增加值方面，汽车工业、电力工业、有色工业增长幅度大，分别同比增长260%、36.2%、33.0%，农副食品加工业增长14.2%，装备制造业、化学工业、石油工业、煤炭工业增速均在7.4%附近，钢铁工业增长1.6%，只有纺织工业下降0.2%。2014年工业企业亏损面加大，轻、重工业亏损面分别为35.4%、38.3%，亏损企业亏损额同比增长58.9%。受国际油价下行的影响，石油企业利润持续下降，化学工业盈利不断减少。钢铁工业未见好转，亏损进一步加剧。

（2）指标分析

①时序指数

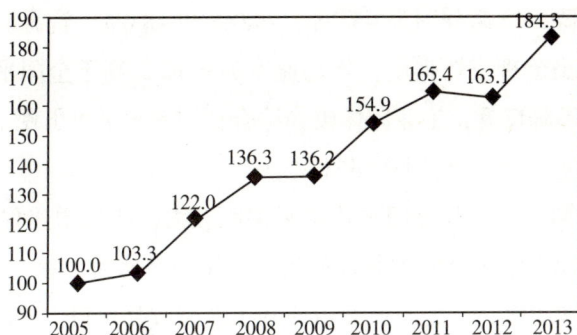

图51　新疆工业发展质量时序指数

表87　2005—2013年新疆工业发展质量时序指数

	2005	2006	2007	2008	2009	2010	2011	2012	2013	2005—2013年均增速
速度效益	100.0	119.6	121.1	110.7	87.9	108.4	108.4	102.6	100.1	0.0
结构调整	100.0	91.3	113.4	117.9	105.9	122.8	142.4	127.0	166.4	6.6
技术创新	100.0	114.5	137.1	167.0	166.1	220.0	207.8	196.6	221.9	10.5
资源环境	100.0	92.7	102.2	107.7	132.9	97.9	101.4	92.6	120.0	2.3
两化融合	100.0	100.3	142.1	188.2	198.4	248.1	278.5	302.5	309.0	15.1
人力资源	100.0	116.3	128.3	149.2	155.2	169.8	192.0	217.3	228.5	10.9
时序指数	100.0	103.3	122.0	136.3	136.2	154.9	165.4	163.1	184.3	7.9

纵向来看，新疆工业发展质量时序指数自2005年的100.0上升至2013年的184.3，年均增速为7.9%，低于全国平均增速1.4个百分点。

新疆在技术创新、两化融合和人力资源方面表现相对较好，年均增速分别为10.5%、15.1%和10.9%。技术创新方面，工业新产品占比的增速明显，达19.2%；工业R&D经费投入强度也高于平均水平，但是单位工业R&D经费支出发明专利数和R&D人员投入强度年均增速低于平均水平。两化融合方面，互联网普及率增速达到29.0%，工业应用信息化水平也远高于全国平均水平。人力资源方面，工业职工平均工资的增长较快，增速达17.3%，第二产业全员劳动生产率的增速与平均水平持平。

新疆在速度效益和资源环境方面表现不太理想，速度效益呈现零增长，环境资源方面低于全国平均水平。速度效益方面，工业增加值增速为12.1%，高于平均增速；但是总资产贡献率、工业成本费用利润率和工业主营业务收入利润率三项指标都有所下降，增速分别为 –5.7%、–9.0% 和 –8.0%。资源环境方面，表现最好的是工业污染治理投资强度，年均速度为 6.0%，高于全国平均增速；单位工业增加值能耗不降反升，工业固体废物综合利用率水平也出现了下滑，工业主要污染物排放强度要高于全国平均水平。

新疆在结构调整方面与全国平均水平差距较大，年均增速仅为 6.6%。其中表现最好的是规模以上小企业主营业务收入，年均增速为 25.8%；但是 500 强企业占比的年均增速为零，高技术产业占比和工业制成品出口占比的增速都出现下降，分别为 –8.5% 和 –1.5%。

②截面指数

表88　2005—2013年新疆工业发展质量截面指数排名

	2005	2006	2007	2008	2009	2010	2011	2012	2013
速度效益	2	2	2	2	2	1	4	2	2
结构调整	29	29	28	26	26	25	29	26	22
技术创新	30	30	29	30	29	29	29	30	29
资源环境	28	29	28	29	18	29	28	30	29
两化融合	28	27	26	25	27	25	21	21	22
人力资源	9	4	3	1	8	14	4	4	10
截面指数	23	20	20	18	22	23	19	23	24

横向来看，新疆工业发展质量截面指数多年来都处于全国偏下水平，2013 年截面指数为 24.3，排在全国第 24 位，比上年下降了 1 名。

新疆在速度效益和人力资源方面领先优势明显，2013 年分别排名第 2 位和第 10 位。速度效益方面，工业成本费用利润率和工业主营业务收入利润率表现突出，都排在第 2 位；工业增加值增速表现较好，排名第 7 位，而总资产贡献率排名 24 位，属于中等偏下水平。人力资源方面，工业职工平均工资增速和第二产业全员劳动生产率均表现不错，分别排在第 2 位和第 7 位，领先优势明显；就业人员平均受教育年限处于中游位置，排名第 15 位。

两化融合和结构调整在全国处于中下游水平，均排在第 22 名。两化融合方面，互联网普及率表现不错，位居 9 位，属于中上游水平；但是电子信息产业占比排名 30 位，大大拉低了两化融合的整体排名。结构调整方面，规模以上小企业主营业务收入排名第 2 位，属于上游水平，表现优异；但是高技术产业占比、500

强企业占比和工业制成品出口占比均处于下游水平，其中高技术产业占比排名第30位，基础较差，尚需大力提升。

技术创新和资源环境方面都表现不理想，在全国均排在第29位。技术创新方面，表现相对较好的单位R&D经费支出的发明专利数也属于中等偏下水平，其余三项指标均属于偏低水平，未来需要大力提升。资源环境方面，单位工业增加值能耗、主要污染物排放强度和工业污染治理投资强度均处于上游水平，分别排在第2、3、6位，只有工业固体废物综合利用率排在第29位，未来仍然需要加大提升力度。

③原因分析

自2005年以来，由于国家的大力扶持，新疆工业规模快速增长，经济结构不断优化。

结构调整方面，新疆重点建设国家大型油气生产加工基地、大型煤炭煤电煤化工基地、大型风电基地和天山北坡经济带。资源开发方面，重点发展资源产品精深加工。出台支持中小微企业发展的意见，发挥中小微企业对促进经济增长的促进作用。将新能源、工程机械、汽车电子商务、纺织服装业作为新的经济增长点。

两化融合方面，大力发展信息服务业、大数据、农产品电子商务等产业。云计算数据中心、亚欧信息高速公路和国内传输通道、乌鲁木齐区域性国际出入口局及智慧城市建设步伐加快。

（3）结论与展望

综合时序指数和截面指数来看，新疆工业发展质量处于全国下游水平。近些年，新疆工业在速度效益方面表现较好，结构调整取得一定成绩，但在资源环境、技术创新方面需要进一步提升。应抓住国家"一带一路"建设重大历史机遇，促进经济发展质量的全面提升。

结构调整方面，要主动适应经济新常态，使非石油工业、园区工业、中小微企业成为拉动增长的主要动力。要继续加快"三基地一通道"建设，围绕丝绸之路经济带核心区发展目标，推动进出口产业集聚区建设，发展面向国内外市场的精深加工。

技术创新方面，落实《新疆维吾尔自治区鼓励创建技术创新示范企业实施办法（试行）》等一系列政策，调动科研人员的创新积极性；要依靠创新培育制造业竞争新优势。加强技术创新平台建设，鼓励成立重点产业技术创新联盟，突破产业发展的关键技术瓶颈，加快科技成果产业化。

资源环境方面，加大钢铁等重点用能企业的节能技术改造力度。鼓励节能环保新技术、新工艺和新设备的应用，逐步淘汰落后产能。坚持资源开发的规划先行，进一步提高资源的有效利用率。

展　望　篇

第十一章 机遇与挑战

2014年5月，习近平总书记在河南考察时首次提出我们要适应新常态，保持战略上的平常心态。11月，总书记在亚太经合组织（APEC）工商领导人峰会上从速度、结构和动力方面阐述了宏观经济新常态的三大特征。12月，中央又对新常态进行了全面、深刻、系统的界定，认为我国经济发展进入新常态，经济增速向中高速增长转变，经济发展方式向质量效率型集约增长转变，经济结构向调整存量、做优增量并存的深度调整转变，经济发展动力由要素推动向创新驱动的新增长点转变。工业是发展实体经济的主战场，是稳增长、转方式、调结构的主心骨，在新常态下，工业必然呈现新特征，并在新形势下面临新的机遇和挑战。

在工业"新常态"下，党中央将更加重视工业经济发展的质量和效益，这为工业结构转型提供了难得的历史机遇。同时，由于国内外竞争加剧，我国多年来经济高速增长所累积的隐形矛盾和问题将不断凸显，工业发展也面临着严峻挑战。

第一节 机遇

一、多项改革不断深化，为市场注入新活力

一是财税改革提供工业经济新增长点。当前，各项财税改革措施加快推出，例如清理规范税收优惠政策，扩大"营改增"试点范围和行业，加强铁路、能源、水利等重大工程建设和棚户区改造，扩大社会服务供给等。这些政策的陆续推出，在很大程度上推动了公共产品有效供给的扩张，刺激新需求的不断涌现，激发市场活力，为工业经济增长领域提供难得机遇。

二是金融改革推动工业效率提升。近几年，国家通过提供多层次的金融服务支持企业发展，如支持银行通过小微支行、手机银行等为小微企业提供规范服务。同时，央行利用新型货币政策工具，加快货币市场流动性，降低小微企业财务负担，减缓企业融资难的问题，进一步推动工业效率提升和结构优化升级。

三是企业改革激发国企新活力。近年来，国家重点推进国企改革，推动国企制度和产权的多元化。国企股权流转机制和产权的不断完善，将为国企和民企创造公平的竞争环境，刺激企业不断提升经济效益。

四是价格改革促进资源集约化发展。在改革的进程中，我国已逐步取消煤、电价格双轨制，并逐步加快资源价格改革。在国家逐步推动交通、能源、环保价格改革的形势下，资源价格机制将不断完善，尤其是竞争性环节价格将会进一步放开，为传统产业节能减排和可再生能源发展提供新平台。

二、创新体系逐渐完善，为产业优化升级提供支撑

一是产业创新拓宽我国区域合作领域。当前，全球掀起新工业革命浪潮，智能融合发展成为大趋势，产业在生产经营、科研技术、管理组织等方面出现新特征。随着全国产业创新体系逐步完善，我国区域合作和对外开放领域不断拓宽，加速我国工业化进程。

二是企业创新提升工业竞争力。近年来传统生产要素的经济贡献率逐年递减，国家推动经济发展由要素驱动转变为创新驱动，在企业技术研发方面投入大量资金，以强化企业的创新主体地位，鼓励企业建立创新基金，搭建技术联盟。这将推动更多适应市场的科研成果产业化，很大程度上提升工业竞争力。

三是市场创新拓宽工业发展空间。随着消费者需求更加多样化，为满足新需求的市场科技创新不断增多，不仅扩大原有市场，还开辟了新市场。随着市场更好发挥其资源配置作用，技术研发和创新等要素将进一步提升市场化水平，为工业发展营造更广阔的发展空间。

三、经济增长动力不断增强，为工业发展提质增效

一是城市消费成为消费新增长点。随着我国城镇化进程不断加快，城市人口迅速增长，文教娱乐、养老服务、医疗保健等城市基础设施建设明显不足。未来，城市服务型消费将成为消费新增长点，推动工业形成具有较强带动力的消费品。

二是高铁出口带动装备制造业快速发展。在"一带一路"、"亚投行"等战略

措施下，国际对铁路的需求空前扩张，我国高铁建设效率和成本具有一定优势，为我国装备行业出口开辟广阔市场，拉动我国铁路轨道设备、工程机械设备等行业发展。

三是智能装备投资提升工业化水平。我国在高端装备配套以及高级形式的配套方面不断加大投资力度，创新投资机制，培育附加值高、技术密集、成长空间广阔、带动作用强的智能装备，提升装备制造业数字化、智能化、网络化，从而大幅提升我国工业化水平。

第二节　挑战

一、经济增速下滑，各类隐性风险逐步显现

一是金融风险发生概率加大。实体经济下行压力不断加大，面临贷款违约的严峻形势，出现金融风险的概率迅速增大，这又极易导致实体经济资金链断裂，从而引发连锁反应。同时，地方政府债务也进入集中偿还期，而地方政府的财政收入在不断下滑，在新常态下化解地方债务将更加艰巨。

二是产能过剩风险加剧。在持续几年的高投资之后，当前投资开始下滑，前期的大量产能难以在短期内消化，导致行业严重亏损。产能过剩已经不仅局限在传统产业，甚至蔓延到部分新兴产业，如多晶硅、风电设备等行业，新常态下化解产能过剩任务更加紧迫。

三是区域不平衡问题显现。尽管我国经济增速已进入中高速区间，但有些省市经济仍快速增长，导致先发地区和后发地区的个性化发展诉求愈加强烈，协调好区域间的不平衡将成为新常态下面临的重大难题。

二、要实现长期提质增效，短期内产业转型艰难

一是资源依赖型地区转型艰难。新常态下，长期依赖传统资源类产业的地区失去原有资源支撑，表现出经济增长动力严重不足，经济指标和财政收入大幅下滑，这些持续的压力将导致资源依赖型地区经历难以避免的转型阵痛。

二是劳动密集型行业就业压力增大。新常态下，传统劳动密集型产业向高端制造业转型，智能装备逐步取代人力，人才需求结构大规模变化，高技术人才匮乏，而大批简单劳动力却面临失业难题。

三是技术创新能力不足制约工业发展。在工业领域,我国自主创新能力缺乏,在高端技术上要依赖进口,在部分重大装备和关键零部件领域面临核心技术缺乏的严峻挑战。随着国际技术壁垒不断增强,引进国外技术的成本在不断增长,这将很大程度上制约我国工业发展。

三、供给需求双趋紧,企业经营压力加大

一是需求多样化要求企业不能盲目扩张。新常态下,消费者需求更加多样化、个性化,在国内外市场需求未满足时,企业不能简单再生产或扩大再生产,要以适应市场需求为导向,加快企业转型,这对企业提出更高的要求。

二是供给面约束趋紧加大企业资金压力。转型过程中,企业要面临资源要素成本和环保改造投入等多方面开销,这将导致企业生产经营成本上涨,而由于银行信贷约束趋紧,企业融资有限,资金压力逐步增大。随着信息化手段不断涌现,企业如何更好利用互联网寻找新的增长动力将是不小的挑战。

第十二章　政策展望

未来几年是中国经济改革和转型升级的关键之年,在进入新常态的大背景下,创新是中国经济转型的必由之路,只有通过创新驱动才能实现经济发展质量和效益的提升。中国经济要保持持续增长,在改造传统的支柱产业的基础上,还必须打造新的增长极。此外,环保问题越来越成为人们关注的焦点。要实现上述发展目标,必须充分发挥财政和货币政策的工具的作用,推进财税和金融体制改革、加快国有企业改革、推动以工业智能化为特征的产业结构升级。

第一节　启动经济发展的“双引擎”

2015年1月21日,李克强总理在出席瑞士达沃斯世界经济论坛2015年年会时,发表了题为《维护和平稳定,推动结构改革,培育发展新动能》的特别致辞。他表示,中国经济发展进入新常态,要实现中高速发展,必须用好政府和市场这“两只手”,开启“双引擎”。一是打造新引擎;二是要改造传统引擎。

一、推动全民创业创新

当前,中国经济要实现转型升级必须依靠创新,创新创业将成为推动未来经济增长的核心动力。2014年底以来国家政策频频提及鼓励创新创业。2014年12月3日国务院常务会议部署在更大范围推广中关村试点政策,加快推进国家自主创新示范区建设;2015年1月28日,李克强总理召开国务院常务会议再次提及创新创业,指出在创客空间、创新工厂等孵化模式的基础上大力发展“众创空间”。

未来政策的重点方向：一是体制创新，完善科技成果转化制度。体制创新仍然是科技创新的重要阻碍，所以首先要进行体制创新制度改革，包括加快科技成果使用和收益管理改革，扩大股权和分红激励政策实施范围，科研人员流动政策，改革科技评价、职称评定和国家奖励制度，推进科研院所分类改革，职务发创新明法律制度等。二是要大力发展众创空间。包括国家自主创新示范区、国家高新区、创业孵化园区的完善和数量增加，使自主创新示范区、高新区成为集聚创新要素的载体，构建为小微创新企业成长和个人创业提供低成本、便利化、开放式综合服务平台。2015 年 3 月，国务院国务院发布了《关于发展众创空间推进大众创新创业的指导意见》，提出了加快构建众创空间、降低创新创业门槛、鼓励科技人员和大学生创业、支持创新创业公共服务等八项重点任务。未来相关配套措施将会相继出台。

二、增加公共产品、公共服务

改造"传统引擎"，就是增加公共产品和服务供给。公共产品和服务包括，教育、医疗、卫生、体育、棚户区和危房改造以及城市地下管网、中西部铁路和公路等基础设施。未来政策将集中在增加公共产品和服务的投资方面，解决群众急需、亟待解决的民生问题，推动基本公共服务均等化。通过改革释放市场活力，让更多的人共享改革的红利。

第二节　打造经济发展的新增长极

在我国经济转型期，传统产业的增长速度和带动力在减弱，经济下行压力加大。与此同时，新的经济动力正在孕育。高端装备制造业、互联网、物联网、新的区域经济带等相关产业将成为未来中国经济增长的中坚力量。

一、鼓励中国装备"走出去"

"走出去"战略是中国企业以对外直接投资、对外工程承包、对外劳务合作等形式积极参与国际竞争与合作，实现我国经济可持续发展的现代化强国战略。我国最初的走出去主要集中在轻工、建材、电子、纺织服装等行业。在中国企业竞争力不断提升的情况下，铁路、电力、通信、工程机械以及汽车、飞机、电子等中国装备开始走向世界。高端装备走出去，将进一步构建我国全方位对外开放新格局。特别是在我国积极推动"一带一路"战略实施的大背景下，国家将出台更多的政策措施支持中国装备制造企业对外出口。

二、倡导"互联网+"行动计划

随着电子商务、互联网金融、微信等互联网应用在中国的普及，互联网在中国的地位大大提升。特别是在 2015 年政府工作报告中，第一次用大量的篇幅论述互联网，包括移动互联网、工业互联网以及制定"互联网+"行动计划等等，突出了互联网在经济结构转型当中的基础地位。"互联网+"已经无所不包，商业、金融、教育、医疗、汽车、能源、化工、农业等行业都将受到重大影响，任何产业都可以利用互联网找到创新发展的方向，所有的传统应用和服务都会被互联网改变，业务模式和商业模式都将发生变革。未来互联网政策领域，将会进一步促进电子商务、工业互联网和互联网金融等领域健康发展，引导云计算、大数据、互联网、物联网企业拓展国际国内市场。

三、构建区域发展新格局

推进区域发展总体战略，可以为国内经济转型升级提供更为广阔的空间和回旋余地。当前，我国正在积极推动"一带一路"、京津冀协同发展、长江经济带和自贸区战略，这是 2015 年我国要重点实施的四大区域战略。每一项战略都非常宏大，也就有很大的挑战性。"一带一路"战略目的是要打开外部世界的需求以及提高对外资源获取力。京津冀协同发展有助于探索出一条跨省区域合作的有效的体制机制，实现三地产业转型升级，进一步激活和带动环渤海经济圈发展。长江经济带战略可以沿长江构建一条"横向"的发展路径，形成东部产业向西转移的一个重要横向联系通道，进一步打开内需和完善内需布局。自贸区战略有助于构建多双边和区域开放合作，维护多边贸易体制，建立开放型经济新体制，实现全方位对外开放新格局。为落实这些区域发展战略，国家将采取多项措施加大对重点区域的支撑。

四、强化鼓励消费的政策

从中国经济需求结构来看，消费是最为重要的中长期稳定因素。消费增长具有稳定且变化缓慢的特点，从 2014 年 GDP 需求占比，未来消费在 GDP 中的比例还将持续提升。2013 年国务院相继印发了《关于促进信息消费扩大内需的若干意见》和《关于加快发展养老服务业的若干意见》，信息消费和养老服务被认为是能够有效拉动需求、催生新的经济增长点、促进消费升级、产业转型和民生改善的一项重要举措，提出加快发展的总体要求，将发展信息消费、养老服务作为拓展消费需求、稳定经济增长发挥重要手段。2014 年国务院发布了《关于加快发展体育产业促进体育消费的若干意见》，部署积极扩大体育产品和服务供给，推动体育产业成为经济转型升级的重要力量。其中提出优化产业布局和结构，大力发展体育服务业，挖掘体育产业潜力，培育消费热点。房地产市场在经历了一段时间的调整之后，再次成为有关部门关注的焦点。毕竟房地产对当期中国的经济的拉动力最大，在各方不断发出稳定住房消费的呼声之后，相关鼓励首套房消费以及二套房消费的政策将成为房地产救市的必然选择。因此，钢铁、水泥、玻璃、家居等行业有可能迎来复苏。从其他国家的发展经验看，要实现中国经济的顺利转型，必须将经济发展的动力从投资转向消费。未来，养老健康消费、信息消费、旅游休闲消费、住房消费、文化体育消费将继续成为国家政策的支持重点。

第三节　加快推进财税和金融体制改革

长期以来，我国靠高投资率支撑经济增长的模式给企业部门积累了大量的债务，传统制造业部门在这一过程中的杠杆率持续攀升，现在这一增长模式的基础在动摇，投资率在持续下滑。为保证经济的平稳，财政和货币政策是两大稳增长抓手，财政难点在于债务管理与稳增长的关系，财政政策要增加力度与效率，因此财税体制和金融体制改革也将加速推进。

一、推广PPP模式保证财政支出增长

2015 年我国财政赤字目标有所上升，由 2014 年的 2.1% 上升至 2.3%，赤字额度共增加 2700 亿元。2015 年财政如何化解债务危机，继续深入推进财税改革，将会是政策上十分重要的关注点，财政政策要增加力度与效率，未来将继续实施结构性减税和普遍性降费，减税降费的对象依然是中小企业为主。财税体制改革的综合政策有望加速推进以缓解短期资金矛盾，包括创新融资渠道的 PPP 模式、加速地方债厘清和发行试点、提高预算体制灵活性等政策都有望出台。2014 年 9

月 24 日，财政部发布了《关于推广运用政府和社会资本合作模式有关问题的通知》，提出推广运用政府和社会资本合作模式即 PPP 模式，是国家确定的重大经济改革任务，可以预计未来在城市基础设施及公共服务领域政府将更多地以 PPP 模式进行建设，保证财政支出的有力增长。

二、货币政策稳健与松紧适度并重

2015 年 3 月 1 日，央行下调金融机构人民币贷款和存款基准利率 0.25 个百分点并扩大存款利率浮动区间。这次降息是继 2014 年 11 月以来的第二次降息。基准利率再次下调后，一年期存款基准利率由 2.75% 下调至 2.5%；一年期贷款基准利率由 5.6% 下调至 5.35%。央行在三个月内，两次全面降息，一次全面降准，标志着宽松的货币政策已经到来。当前经济下行压力巨大，有陷入通缩的危险，有必要降息刺激经济、对抗通缩。从经济总体来看，2014 年四季度 GDP 增速 7.3%，创下近 24 年最低值。需求疲软导致 CPI、PPI 表现疲软、传统经济的重要推动力房地产正在面临熄火的危险。当前，在需求不足的背景下，我国货币供应具备维持相对宽松的条件。2015 年上半年央行的货币政策已经从 2014 年的定向转型为普惠加定向，降准降息政策年内仍会使用。今后利率将会进入一个下调通道和周期。为应对通缩压力、投资下滑和流动性缺口的压力，未来政策仍有继续宽松的空间。

三、存款保险、注册制、深港通、民营银行等一系列金融改革措施将相继出台

存款保险制度在经历了多年酝酿之后，将会很快推出。允许银行破产，取消政府对银行的隐性保护，把银行真正成为市场竞争的主体，有助于降低金融系统风险，而风险的下降有利于降低融资成本，这是我国金融领域进一步深化改革、扩大开放的重要内容。有了存款保险制度，才能实现资金使用成本由市场需求和风险来决定，利率管制才能放开，国有控股银行才可以不再享有特权，金融创新才有可能从口头、政策落到实处。

资本市场一项十分重要改革就是股票发行注册制，有望在 2015 年实行，在中国金融市场具有里程碑意义。注册制实施后，政府的审核权将下放市场，由市场决定融资的方向，将会使得我国的投融资结构逐渐向更加市场化的方向迈进，并改变中国原有的融资结构，大幅提高直接融资比例，中国将迎来股权融资的新

时代，推动投融资体制的完善和效率的提升。随着注册制的推出，要求企业连续三年盈利条件也有望被取消，将大大增加新兴的创业公司选择国内上市的可能性，融360和蚂蚁金服这类互联网金融创业公司有望在国内资本市场上市。

随着互联网金融的迅速崛起，以P2P为代表的网贷行业迅速增长，但也带来了相应的问题。网贷监管将有益于行业的长期健康发展，互联网金融的发展也需要一个更健康的环境。有关互联网金融的监管政策，央行也在牵头制定关于促进互联网金融健康发展的意见。

此外，允许民间资本依法设立中小银行等金融机构、适时启动"深港通"试点都有望施行。

第四节　愈加重视环境保护问题

2014年，"APEC蓝"成为国内一个热门词汇，在北京及周边5省市采取的一系列措施的情况下，北京的空气质量明显改善，在"APEC"期间天空也逐渐变蓝。2015年年初，一部关于中国雾霾问题的新闻片《穹顶之下》引发全民热议。社会各界对环保问题的关注日益强烈。在经历了长期以破坏环境为代价的高速增长之后，人们发现这种增长最终会对自身的健康造成伤害，而且无人能幸免。因此，加强对大气、水、土壤的治理成为人们的共识。在环保压力的倒逼下，新能源汽车、新能源等新兴产业面临重大投资机遇。

一、深入大气污染防治行动计划

国内日益严重的雾霾问题已形成了一种环境倒逼机制，迫使人们加快治理大气污染。2013年，国务院发布了《大气污染防治行动计划》。未来，政策重点集中在推动燃煤电厂超低排放改造，推广新能源汽车、治理机动车尾气，提高油品标准和质量。

二、水污染防治行动即将出台

虽然大气污染仍将是未来一段时间的治理重点，但是水污染的防治已经被提上日程。我国水质监测基础薄弱，与发达国家差距明显。早在1975年，美国已经在全国范围内成功建立了由13000多个水质监测站组成的自动连续监测网。目前我国已基本形成了国控、省控、市控三级为主的水质监测网络，人工取样监测和自动在线监测并存，但在重要支流、重大水利工程水体、国界河流断面、重要湖库、重要饮用水源地上监测断面数量少，难以满足当前环境管理的需求。未来，《水污染防治行动计划》将对外发布，重点抓饮用水源地和污染严重的劣类水体带动一般水体的水污染治理。此外，标准体系也将修订完善，监测因子偏少的问题也将改善。

三、重点支持环保产业

作为转变经济增长方式的一个载体，环保产业将迎来黄金发展期，成为一个新的经济增长点。推广新能源汽车、治理机动车尾气、提高油品标准和质量、淘汰黄标车都将有后续政策出台。风电、光伏发电、生物质能等新能源产业也将出台一系列支持政策。

第五节　推动以工业智能化、网络化为特征的产业结构升级

继德国提出工业 4.0 概念后，中国也提出了"中国制造 2025"规划，并将上升为国家战略，以智能制造、工业机器人、人工智能为核心的新一轮产业结构升级即将全面展开。未来，世界工业的竞争将更加激烈，竞争焦点从低端的劳动力成本到高端的工业物联网，不同类别国家将在不同层次上进行全方位的较量。在中国低成本优势逐渐丧失之际，国家对制造业的引导方向也在发生转移。

一、实施"中国制造2025"战略

2011 年，在汉诺威工业博览会上，德国业界提出通过物联网等技术应用来提高德国制造业水平，并于 2013 年 4 月发布了《保障德国制造业的未来：关于实施工业 4.0 战略的建议》的报告。中国紧跟制造业国际发展潮流，工信部已组织起草了"中国制造 2025"规划纲要，该规划被称为中国版的"工业 4.0"，主要包括创新驱动、质量为先、绿色发展、结构优化、人才为本等方面，其核心是创新驱动和智能转型，促进工业化和信息化深度融合，开发利用网络化、数字化、智能化等技术，实现智能生产。这种智能化生产从设计、生产到管理、服务，涵盖制造活动各个环节。"中国制造 2025"将会成为未来一段时间指导我国工业的

纲领性文件，是未来 20 年中国制造业重塑全球竞争力的关键，后续相关规划有望相继出台。

二、以高端装备、信息网络为代表的新兴产业将获得重点支持

新兴产业规模化是实现我国工业转型升级的主要任务，未来政策重点是将一批新兴产业培育成主导产业。目前，我国具有较好发展潜力新兴产业包括高端装备、信息网络、集成电路、新能源、新材料、生物医药、航空发动机、燃气轮机等，相关行业将成为我国制造业重点发展的领域。如 2015 年 2 月，由工信部牵头制定的《国家增材制造产业发展推进计划（2015—2016 年）》正式公布，提出增材制造技术已经从研发转向产业化应用，要加大对该产业的支持力度，尽快形成产业规模。为适应新工业革命的到来，推动以工业机器人为代表的人工智能大规模的普及和应用，工信部还在组织制定中国机器人技术路线图及机器人产业"十三五"规划，促进机器人产业健康发展。

第六节　加速推进新一轮国企改革

2015 年是国资改革之年。央企改革层面，央企四项改革试点方案于 2015 年 2 月份前均已获批，中粮集团、国投集团等 6 家央企正在制订实施方案；地方国企层面，有超过 25 个省区市对国企改革的方向与具体实施给出了较为明确的方向，发布改革指导政策或开始了改革试点，上市国企层面，纷纷推出改革方案，实现混合所有制、员工持股、国资整合和上市等多种形式的改革。地方指导意见的相继出台还处在先行先试的阶段，但即使走得较快的江苏和广东，国有企业改革也尚未实质性地展开，主要还是缺少中央层面的纲领性文件的出台。目前国资国企改革方案已经上报中央，最终有望以"1+N"的形式出台，即"1 个指导意见 + 多个配套方案"，届时包括放开混改门槛、重启员工持股等方案将逐步推行。

一、重点实行国有资产管理体制和混合所有制改革

改革开放以来，我国的国企改革大致经历四个阶段，取得了显著成就。到十八届三中全会，混合所有制的提出，重新开启了新一轮国企改革。2013 年 11 月，十八届三中全会的决议提出，要着力推进国有企业和混合所有制改革。国有资产

管理体制方面，未来央企可能按照国有资本运营平台、国有资本投资公司和功能性实体公司三个类别，进行分类指导。通过打造市场化运作平台，提高国有资本运营效率，扁平化的管理与低效率的资源的整合是重要方向。混合所有制改革方面，重点在完善现代企业制度，通过混合所有制引入竞争机制和激励机制使公司治理结构得到改善、经营效率得到提高。如汽车行业，很多整车企业属于国有控股，在这一轮改革浪潮中将走在前列。

二、推动国企整体上市

国资改革的政策另一个要点是推动国企整体上市或主业资产整体上市。近期很多省区市提出国资改革要以上市集团公司作为平台，梳理资产与产业结构，即上市平台将在国资资产整合中起到核心作用。整体上市的好处一是提高国资资产证券化比例，考核机制也更为量化，可操作性强；二是国资资产证券化是推进实现混合所有制的最佳形式，通过上市实现资产证券化，可以快速引入非国有资本，推进股权的混合所有制；三是国资资产证券化可以实现国有资产的保值增值。

三、试点高管股权激励和员工持股

国企改革的重要一环是改革和健全企业经营者激励约束机制。职工持股有利于激发企业活力，国际一流企业都实行了员工持股，国内一些行业龙头企业也实行了员工持股，提高了劳动生产率。员工持股还可以实现国企股权多元化，完善公司治理结构。十八届三中全会提出，"允许混合所有制经济实行企业员工持股，形成资本所有者和劳动者利益共同体"，这为国企管理层激励创造了全新的机遇。当前，财政部就金融企业提出的员工持股计划，正在征求相关意见。国资委也在会同证监会、财政部制定推进混合所有制员工持股指导意见。未来，国企高管及普通员工持股长期受到严格的监管限制的局面将会改变，国企的经营活力将进一步释放。

附　　录

附表1　2005年30个省区市工业发展质量分类指数

	速度效益	结构调整	技术创新	资源环境	两化融合	人力资源
北　京	1.43	9.42	9.21	12.44	13.53	5.74
天　津	4.05	9.73	12.53	13.29	8.95	4.49
河　北	3.29	6.44	3.92	4.71	2.80	3.06
山　西	2.69	1.55	3.51	5.45	1.94	5.91
内蒙古	5.96	5.17	4.62	1.27	2.23	7.56
辽　宁	1.29	6.16	7.31	8.33	3.66	3.88
吉　林	1.23	1.14	4.77	4.31	2.83	4.09
黑龙江	11.80	2.15	6.52	8.02	3.57	5.50
上　海	2.03	11.17	8.89	10.55	11.96	6.21
江　苏	2.20	14.36	6.60	9.94	7.78	3.28
浙　江	2.06	12.18	6.08	9.28	5.26	2.42
安　徽	2.73	3.42	5.50	4.79	2.75	2.73
福　建	2.15	7.08	6.10	12.07	6.96	2.09
江　西	2.45	3.92	7.06	4.76	2.85	1.77
山　东	4.31	11.86	5.69	8.92	5.12	2.90
河　南	3.73	5.45	4.69	5.65	2.34	3.36
湖　北	2.74	3.37	7.06	5.92	3.46	1.19
湖　南	2.25	4.34	7.46	5.79	3.46	2.15
广　东	2.43	22.23	8.11	10.80	9.08	2.46
广　西	2.96	3.14	5.49	5.70	3.34	2.65
海　南	3.50	1.70	3.20	5.73	2.15	3.22
重　庆	1.93	3.37	11.31	6.26	2.90	2.83
四　川	2.90	4.74	7.09	5.82	2.15	1.64
贵　州	1.79	2.44	4.99	4.27	0.96	3.20
云　南	3.85	2.25	3.31	4.01	2.11	2.91
陕　西	5.74	3.96	7.49	5.62	3.04	3.37
甘　肃	1.40	3.94	4.92	4.73	0.81	2.70
青　海	7.32	0.48	3.55	0.98	0.37	1.90
宁　夏	1.28	1.81	4.50	4.04	1.08	4.96
新　疆	8.95	0.80	2.41	3.72	0.82	4.06

附表2　2005年30个省区市工业发展质量分类指数排名

	速度效益	结构调整	技术创新	资源环境	两化融合	人力资源
北　京	26	7	3	2	1	4
天　津	7	6	1	1	4	7

（续表）

	速度效益	结构调整	技术创新	资源环境	两化融合	人力资源
河 北	11	9	25	23	18	16
山 西	16	27	27	19	25	3
内蒙古	4	12	23	29	21	1
辽 宁	28	10	8	9	9	10
吉 林	30	28	21	24	17	8
黑龙江	1	24	13	10	10	5
上 海	23	5	4	5	2	2
江 苏	20	2	12	6	5	13
浙 江	22	3	15	7	7	24
安 徽	15	18	17	20	19	20
福 建	21	8	14	3	6	26
江 西	17	17	11	21	16	28
山 东	6	4	16	8	8	18
河 南	9	11	22	17	20	12
湖 北	14	20	10	12	12	30
湖 南	19	14	7	14	11	25
广 东	18	1	5	4	3	23
广 西	12	21	18	16	13	22
海 南	10	26	29	15	22	14
重 庆	24	19	2	11	15	19
四 川	13	13	9	13	23	29
贵 州	25	22	19	25	27	15
云 南	8	23	28	27	24	17
陕 西	5	15	6	18	14	11
甘 肃	27	16	20	22	29	21
青 海	3	30	26	30	30	27
宁 夏	29	25	24	26	26	6
新 疆	2	29	30	28	28	9

附表3 2006年30个省区市工业发展质量分类指数

	速度效益	结构调整	技术创新	资源环境	两化融合	人力资源
北 京	1.05	10.05	9.41	12.27	13.52	6.92
天 津	4.06	9.01	9.95	11.14	8.89	6.29
河 北	3.54	4.97	4.10	4.18	2.93	2.44
山 西	2.77	2.75	4.96	6.40	2.17	3.45

（续表）

	速度效益	结构调整	技术创新	资源环境	两化融合	人力资源
内蒙古	6.33	4.75	4.81	4.01	2.14	5.01
辽 宁	1.65	7.22	7.14	7.88	3.58	3.81
吉 林	2.35	4.07	6.37	4.09	2.96	3.04
黑龙江	11.67	2.80	6.54	7.50	3.64	3.96
上 海	1.90	12.04	10.96	10.20	11.64	10.11
江 苏	2.46	17.71	7.14	9.08	8.07	3.05
浙 江	2.12	10.96	7.44	9.18	5.81	2.30
安 徽	2.75	4.53	6.28	5.07	2.88	1.68
福 建	3.09	7.80	6.08	9.06	6.76	2.37
江 西	3.05	6.26	7.91	4.37	2.90	1.66
山 东	4.22	11.11	6.12	8.17	5.01	2.87
河 南	5.17	5.31	5.67	5.61	2.38	2.48
湖 北	2.87	4.54	7.55	5.34	3.75	3.40
湖 南	3.13	4.68	7.92	5.57	3.34	1.79
广 东	2.92	22.77	10.61	10.52	8.95	2.69
广 西	3.71	3.89	4.96	4.27	3.23	2.42
海 南	5.94	3.10	3.66	8.25	2.74	4.28
重 庆	2.64	3.98	12.29	6.11	2.93	2.75
四 川	3.67	5.34	8.27	5.05	2.19	1.23
贵 州	2.30	3.58	7.22	4.59	0.67	2.23
云 南	5.15	3.45	3.66	4.01	1.90	1.45
陕 西	5.53	5.05	7.69	4.03	2.51	2.96
甘 肃	1.81	0.51	5.55	5.78	0.76	0.49
青 海	8.27	2.52	3.94	1.13	0.42	2.29
宁 夏	1.42	2.83	4.66	5.30	1.13	3.39
新 疆	10.63	2.52	2.61	2.65	0.80	5.15

附表4 2006年30个省区市工业发展质量分类指数排名

	速度效益	结构调整	技术创新	资源环境	两化融合	人力资源
北 京	30	6	5	1	1	2
天 津	10	7	4	2	4	3
河 北	13	14	26	24	16	19
山 西	19	27	22	12	23	9
内蒙古	4	15	24	27	24	5
辽 宁	28	9	13	10	11	8

（续表）

	速度效益	结构调整	技术创新	资源环境	两化融合	人力资源
吉 林	23	19	16	25	14	13
黑龙江	1	26	15	11	10	7
上 海	26	3	2	4	2	1
江 苏	22	2	14	6	5	12
浙 江	25	5	11	5	7	22
安 徽	20	18	17	19	18	26
福 建	15	8	19	7	6	21
江 西	16	10	8	22	17	27
山 东	9	4	18	9	8	15
河 南	7	12	20	15	21	18
湖 北	18	17	10	17	9	10
湖 南	14	16	7	16	12	25
广 东	17	1	3	3	3	17
广 西	11	21	23	23	13	20
海 南	5	24	28	8	19	6
重 庆	21	20	1	13	15	16
四 川	12	11	6	20	22	29
贵 州	24	22	12	21	29	24
云 南	8	23	29	28	25	28
陕 西	6	13	9	26	20	14
甘 肃	27	30	21	14	28	30
青 海	3	28	27	30	30	23
宁 夏	29	25	25	18	26	11
新 疆	2	29	30	29	27	4

附表5 2007年30个省区市工业发展质量分类指数

	速度效益	结构调整	技术创新	资源环境	两化融合	人力资源
北 京	1.26	10.08	11.51	12.03	13.50	6.85
天 津	3.94	8.00	9.74	10.55	6.78	7.48
河 北	3.13	5.07	3.66	4.20	2.50	4.26
山 西	3.34	1.88	4.67	6.91	2.04	4.99
内蒙古	7.56	3.77	4.53	3.74	2.21	8.02
辽 宁	1.89	6.64	6.92	5.08	3.60	5.28
吉 林	4.64	4.23	5.33	4.74	2.99	6.43
黑龙江	11.01	2.30	6.71	5.45	3.47	5.42

（续表）

	速度效益	结构调整	技术创新	资源环境	两化融合	人力资源
上 海	1.41	10.24	9.72	10.45	11.94	6.53
江 苏	2.36	15.08	7.60	9.49	8.23	4.22
浙 江	1.93	12.17	7.23	8.69	5.48	2.75
安 徽	2.66	4.36	6.95	5.85	3.09	3.30
福 建	3.70	6.15	5.63	8.09	6.42	3.39
江 西	3.28	6.20	7.25	4.42	2.91	2.98
山 东	4.05	8.43	6.27	8.30	4.52	4.60
河 南	5.86	3.37	5.41	5.76	2.53	4.26
湖 北	2.72	3.42	7.83	5.80	3.46	5.04
湖 南	3.88	4.09	8.35	4.98	3.34	3.49
广 东	3.61	18.54	10.95	10.15	8.88	4.04
广 西	4.04	2.83	5.70	6.39	3.07	3.54
海 南	6.66	0.80	2.45	6.28	2.16	3.72
重 庆	3.45	3.71	12.06	7.32	2.88	4.24
四 川	3.83	5.22	7.89	4.91	2.04	2.79
贵 州	2.59	2.53	6.52	2.17	0.48	2.83
云 南	4.95	1.26	4.71	3.62	1.49	1.13
陕 西	6.47	3.78	7.85	4.27	1.87	4.85
甘 肃	2.72	1.05	5.35	6.01	0.65	4.45
青 海	8.45	4.40	3.95	0.88	0.47	2.22
宁 夏	1.34	0.48	4.98	5.50	1.04	5.07
新 疆	10.36	0.97	2.76	2.99	1.29	6.88

附表6 2007年30个省区市工业发展质量分类指数排名

	速度效益	结构调整	技术创新	资源环境	两化融合	人力资源
北 京	30	5	2	1	1	4
天 津	12	7	4	2	5	2
河 北	20	12	28	25	19	15
山 西	18	25	25	10	23	11
内蒙古	4	18	26	26	20	1
辽 宁	27	8	14	19	9	8
吉 林	9	15	22	22	15	6
黑龙江	1	24	15	18	10	7
上 海	28	4	5	3	2	5
江 苏	25	2	10	5	4	18

（续表）

	速度效益	结构调整	技术创新	资源环境	两化融合	人力资源
浙 江	26	3	12	6	7	28
安 徽	23	14	13	14	13	24
福 建	15	10	19	8	6	23
江 西	19	9	11	23	16	25
山 东	10	6	17	7	8	13
河 南	7	21	20	16	18	16
湖 北	22	20	9	15	11	10
湖 南	13	16	6	20	12	22
广 东	16	1	3	4	3	19
广 西	11	22	18	11	14	21
海 南	5	29	30	12	21	20
重 庆	17	19	1	9	17	17
四 川	14	11	7	21	22	27
贵 州	24	23	16	29	29	26
云 南	8	26	24	27	25	30
陕 西	6	17	8	24	24	12
甘 肃	21	27	21	13	28	14
青 海	3	13	27	30	30	29
宁 夏	29	30	23	17	27	9
新 疆	2	28	29	28	26	3

附表 7 2008 年 30 个省区市工业发展质量分类指数

	速度效益	结构调整	技术创新	资源环境	两化融合	人力资源
北 京	0.87	9.90	13.90	11.58	13.50	6.52
天 津	4.87	8.66	10.73	9.95	6.75	6.07
河 北	4.24	5.05	2.98	4.02	2.64	4.00
山 西	3.34	1.95	4.64	5.80	2.12	4.73
内蒙古	7.55	3.34	4.35	3.17	1.77	6.35
辽 宁	3.03	6.98	5.96	4.59	3.65	5.16
吉 林	4.30	5.39	4.41	4.05	2.69	3.77
黑龙江	12.89	4.06	5.82	4.84	3.34	4.61
上 海	1.80	11.01	8.36	9.49	12.16	5.99
江 苏	4.59	18.28	7.13	8.64	8.49	3.58
浙 江	2.55	11.06	7.38	7.95	5.77	2.54
安 徽	4.79	4.27	6.90	5.46	2.98	2.31

（续表）

	速度效益	结构调整	技术创新	资源环境	两化融合	人力资源
福 建	4.65	6.21	5.53	7.59	6.99	2.73
江 西	5.80	5.02	6.05	3.98	2.55	1.58
山 东	5.06	8.54	6.85	7.74	4.82	2.95
河 南	7.21	4.44	5.17	5.26	2.47	3.50
湖 北	5.21	4.75	7.69	5.28	3.74	3.74
湖 南	5.65	3.93	7.93	4.85	3.31	1.95
广 东	3.92	18.78	10.96	9.43	9.62	3.24
广 西	3.90	3.63	4.80	4.67	2.99	1.33
海 南	3.49	0.87	2.86	6.02	2.22	2.73
重 庆	4.90	4.81	11.64	6.79	3.21	3.07
四 川	4.47	5.52	7.04	4.11	2.37	2.09
贵 州	3.50	2.38	6.58	3.14	0.45	3.58
云 南	4.81	2.03	3.74	3.33	1.40	2.37
陕 西	9.44	6.04	6.95	3.69	1.98	2.49
甘 肃	1.67	1.44	5.20	3.66	0.53	4.38
青 海	10.47	3.61	2.16	0.83	0.98	2.17
宁 夏	2.21	2.94	4.54	6.25	1.22	2.24
新 疆	11.20	2.10	2.15	2.69	1.49	6.82

附表 8　2008 年 30 个省区市工业发展质量分类指数排名

	速度效益	结构调整	技术创新	资源环境	两化融合	人力资源
北 京	30	5	1	1	1	2
天 津	12	6	4	2	6	4
河 北	19	13	27	22	17	10
山 西	24	28	22	12	22	7
内蒙古	5	23	25	27	24	3
辽 宁	25	8	16	19	10	6
吉 林	18	12	24	21	16	11
黑龙江	1	19	17	17	11	8
上 海	28	4	5	3	2	5
江 苏	16	2	9	5	4	13
浙 江	26	3	8	6	7	21
安 徽	14	18	12	13	15	24
福 建	15	9	18	8	5	19
江 西	7	14	15	23	18	29

（续表）

	速度效益	结构调整	技术创新	资源环境	两化融合	人力资源
山 东	10	7	13	7	8	18
河 南	6	17	20	15	19	15
湖 北	9	16	7	14	9	12
湖 南	8	20	6	16	12	28
广 东	20	1	3	4	3	16
广 西	21	21	21	18	14	30
海 南	23	30	28	11	21	20
重 庆	11	15	2	9	13	17
四 川	17	11	10	20	20	27
贵 州	22	25	14	28	30	14
云 南	13	27	26	26	26	23
陕 西	4	10	11	24	23	22
甘 肃	29	29	19	25	29	9
青 海	3	22	29	30	28	26
宁 夏	27	24	23	10	27	25
新 疆	2	26	30	29	25	1

附表 9 2009 年 30 个省区市工业发展质量分类指数

	速度效益	结构调整	技术创新	资源环境	两化融合	人力资源
北 京	3.15	12.29	10.35	11.33	13.52	4.96
天 津	6.09	8.28	9.39	11.40	6.54	5.39
河 北	4.59	6.15	3.12	4.21	2.90	3.38
山 西	0.96	0.98	4.85	6.97	2.42	3.30
内蒙古	10.52	4.43	3.39	3.57	2.04	7.27
辽 宁	4.09	7.83	5.70	4.82	4.33	3.66
吉 林	5.74	5.72	6.79	4.76	3.11	4.04
黑龙江	11.53	3.86	6.12	5.41	3.74	5.73
上 海	2.62	11.21	9.99	9.95	12.06	6.06
江 苏	4.84	19.89	7.58	8.70	8.43	2.76
浙 江	2.73	12.85	6.99	8.35	5.85	1.64
安 徽	6.51	5.85	7.01	5.84	3.44	1.93
福 建	6.17	7.77	5.56	8.24	7.34	2.30
江 西	6.17	6.38	5.34	4.11	2.62	4.96
山 东	6.52	12.68	6.20	7.94	5.42	4.08
河 南	9.35	4.52	5.01	5.12	2.95	2.66

（续表）

	速度效益	结构调整	技术创新	资源环境	两化融合	人力资源
湖 北	6.34	5.44	7.44	6.80	4.17	3.57
湖 南	7.38	5.77	11.51	5.04	3.60	2.65
广 东	5.07	20.89	11.17	9.67	9.25	2.77
广 西	4.25	4.08	4.21	5.02	3.03	2.29
海 南	10.32	1.79	3.83	5.57	2.18	4.35
重 庆	5.06	5.44	10.47	7.35	3.71	3.66
四 川	6.53	7.37	6.04	3.46	2.79	2.14
贵 州	4.17	4.10	6.33	3.96	0.50	0.86
云 南	6.78	2.86	2.90	3.74	1.57	0.96
陕 西	9.76	6.29	6.66	5.73	2.18	3.59
甘 肃	2.60	2.38	4.09	5.34	0.98	1.39
青 海	6.94	1.31	2.01	2.93	1.20	0.84
宁 夏	3.93	1.18	4.28	5.25	1.61	2.35
新 疆	10.71	2.05	2.16	5.16	1.42	4.21

附表10 2009年30个省区市工业发展质量分类指数排名

	速度效益	结构调整	技术创新	资源环境	两化融合	人力资源
北 京	26	5	4	2	1	6
天 津	16	7	6	1	6	4
河 北	21	13	27	24	18	15
山 西	30	30	21	10	21	16
内蒙古	3	20	26	28	24	1
辽 宁	24	8	17	22	9	11
吉 林	17	16	11	23	15	10
黑龙江	1	23	15	15	11	3
上 海	28	6	5	3	2	2
江 苏	20	2	7	5	4	18
浙 江	27	3	10	6	7	26
安 徽	12	14	9	12	14	25
福 建	14	9	18	7	5	22
江 西	15	11	19	25	20	5
山 东	11	4	14	8	8	9
河 南	6	19	20	19	17	19
湖 北	13	18	8	11	10	14
湖 南	7	15	1	20	13	20

（续表）

	速度效益	结构调整	技术创新	资源环境	两化融合	人力资源
广 东	18	1	2	4	3	17
广 西	22	22	23	21	16	23
海 南	4	27	25	14	23	7
重 庆	19	17	3	9	12	12
四 川	10	10	16	29	19	24
贵 州	23	21	13	26	30	29
云 南	9	24	28	27	26	28
陕 西	5	12	12	13	22	13
甘 肃	29	25	24	16	29	27
青 海	8	28	30	30	28	30
宁 夏	25	29	22	17	25	21
新 疆	2	26	29	18	27	8

附表 11 2010 年 30 个省区市工业发展质量分类指数

	速度效益	结构调整	技术创新	资源环境	两化融合	人力资源
北 京	2.31	10.27	11.73	10.86	13.55	6.18
天 津	7.68	6.88	9.93	11.73	6.72	4.76
河 北	3.20	5.71	2.96	3.83	3.05	2.92
山 西	5.04	4.50	4.24	5.57	2.54	5.48
内蒙古	9.93	1.77	3.12	3.40	2.10	6.56
辽 宁	4.24	6.84	5.27	4.81	4.93	4.49
吉 林	5.49	3.81	5.34	5.29	3.27	4.55
黑龙江	9.47	5.65	7.16	5.78	3.81	4.91
上 海	4.63	11.22	10.14	12.01	11.92	4.29
江 苏	3.03	17.58	8.33	9.33	8.94	3.16
浙 江	2.04	13.23	7.79	8.91	6.16	3.23
安 徽	7.13	5.40	7.63	5.94	3.66	2.47
福 建	6.14	7.36	6.13	9.02	7.78	3.99
江 西	5.95	5.81	4.41	5.28	2.40	3.25
山 东	4.23	10.20	6.76	8.47	5.78	3.48
河 南	7.02	4.14	4.99	5.72	3.14	1.34
湖 北	6.69	5.35	7.70	7.50	4.50	4.69
湖 南	8.25	5.20	10.35	5.98	3.80	2.36
广 东	4.25	19.03	11.86	11.02	9.71	3.06
广 西	6.94	4.06	3.65	4.80	3.19	1.23

（续表）

	速度效益	结构调整	技术创新	资源环境	两化融合	人力资源
海 南	8.13	2.83	4.50	5.87	2.23	3.88
重 庆	5.45	4.81	10.81	7.90	4.23	2.92
四 川	6.63	5.08	5.42	3.66	3.21	2.85
贵 州	4.50	4.55	7.45	3.55	0.52	2.90
云 南	5.79	3.34	2.93	4.27	1.46	2.91
陕 西	10.33	4.66	6.99	7.46	2.94	1.85
甘 肃	1.58	1.95	3.87	6.23	1.13	0.82
青 海	8.07	2.19	1.53	1.19	1.56	3.82
宁 夏	2.64	2.61	4.20	4.12	1.86	5.75
新 疆	10.37	3.09	2.41	2.51	2.09	3.81

附表12　2010年30个省区市工业发展质量分类指数排名

	速度效益	结构调整	技术创新	资源环境	两化融合	人力资源
北 京	28	5	2	4	1	2
天 津	8	8	6	2	6	6
河 北	25	11	27	25	19	20
山 西	19	20	22	18	21	4
内蒙古	3	30	26	28	24	1
辽 宁	23	9	18	21	9	9
吉 林	17	23	17	19	15	8
黑龙江	4	12	12	16	12	5
上 海	20	4	5	1	2	10
江 苏	26	2	7	5	4	18
浙 江	29	3	8	7	7	17
安 徽	9	13	10	14	14	25
福 建	14	7	15	6	5	11
江 西	15	10	21	20	22	16
山 东	24	6	14	8	8	15
河 南	10	21	19	17	18	28
湖 北	12	14	9	10	10	7
湖 南	5	15	4	13	13	26
广 东	22	1	1	3	3	19
广 西	11	22	25	22	17	29
海 南	6	26	20	15	23	12
重 庆	18	17	3	9	11	21

（续表）

	速度效益	结构调整	技术创新	资源环境	两化融合	人力资源
四　川	13	16	16	26	16	24
贵　州	21	19	11	27	30	23
云　南	16	24	28	23	28	22
陕　西	2	18	13	11	20	27
甘　肃	30	29	24	12	29	30
青　海	7	28	30	30	27	13
宁　夏	27	27	23	24	26	3
新　疆	1	25	29	29	25	14

附表 13　2011 年 30 个省区市工业发展质量分类指数

	速度效益	结构调整	技术创新	资源环境	两化融合	人力资源
北　京	2.78	8.92	14.22	11.31	13.58	5.30
天　津	8.82	6.93	9.83	11.34	7.10	4.32
河　北	5.36	5.35	3.43	3.22	3.01	2.14
山　西	6.29	4.14	4.21	5.12	2.50	4.15
内蒙古	11.06	2.90	3.18	5.36	2.25	6.21
辽　宁	4.89	5.63	5.90	4.10	5.33	2.78
吉　林	7.28	4.68	4.89	5.12	3.23	2.78
黑龙江	11.16	3.25	7.16	6.31	3.49	3.13
上　海	3.45	10.30	10.84	11.16	12.26	4.89
江　苏	5.05	16.90	9.18	9.43	9.64	3.26
浙　江	3.53	11.97	8.74	8.87	6.29	2.71
安　徽	6.84	5.66	9.08	6.11	3.87	1.72
福　建	7.39	6.45	7.19	8.25	8.34	3.77
江　西	7.14	3.79	3.62	4.91	2.48	1.99
山　东	6.26	11.30	7.94	9.10	5.98	2.58
河　南	8.21	4.31	4.61	6.11	3.38	0.92
湖　北	6.67	4.77	8.28	5.95	5.30	2.73
湖　南	8.54	4.58	10.15	5.14	3.88	3.37
广　东	4.36	17.79	12.88	10.72	10.74	2.48
广　西	6.64	3.87	4.45	4.50	3.57	1.37
海　南	5.76	3.76	4.46	6.92	2.16	2.21
重　庆	6.47	4.44	11.30	7.89	5.58	1.80
四　川	7.87	5.07	3.30	4.52	4.18	1.25
贵　州	7.88	3.81	3.37	6.06	0.35	1.82

（续表）

	速度效益	结构调整	技术创新	资源环境	两化融合	人力资源
云　南	7.72	2.60	3.42	5.06	1.13	1.54
陕　西	12.38	2.86	6.46	6.36	4.30	5.34
甘　肃	3.43	2.29	3.06	5.22	1.11	2.03
青　海	10.05	4.60	0.66	3.33	2.00	1.57
宁　夏	5.37	1.45	4.45	4.24	2.36	2.29
新　疆	10.80	1.47	2.56	3.79	2.64	5.25

附表 14 2011 年 30 个省区市工业发展质量分类指数排名

	速度效益	结构调整	技术创新	资源环境	两化融合	人力资源
北　京	30	6	1	2	1	3
天　津	6	7	6	1	6	6
河　北	23	11	23	30	20	20
山　西	19	19	21	20	22	7
内蒙古	3	25	27	17	25	1
辽　宁	25	10	15	27	10	12
吉　林	13	14	16	21	19	13
黑龙江	2	24	13	12	17	11
上　海	28	5	4	3	2	5
江　苏	24	2	7	5	4	10
浙　江	27	3	9	7	7	15
安　徽	15	9	8	13	15	25
福　建	12	8	12	8	5	8
江　西	14	22	22	23	23	22
山　东	20	4	11	6	8	16
河　南	8	18	17	14	18	30
湖　北	16	13	10	16	11	14
湖　南	7	16	5	19	14	9
广　东	26	1	2	4	3	17
广　西	17	20	20	25	16	28
海　南	21	23	18	10	26	19
重　庆	18	17	3	9	9	24
四　川	10	12	26	24	13	29
贵　州	9	21	25	15	30	23
云　南	11	27	24	22	28	27
陕　西	1	26	14	11	12	2

（续表）

	速度效益	结构调整	技术创新	资源环境	两化融合	人力资源
甘 肃	29	28	28	18	29	21
青 海	5	15	30	29	27	26
宁 夏	22	30	19	26	24	18
新 疆	4	29	29	28	21	4

附表 15　2012 年 30 个省区市工业发展质量分类指数

	速度效益	结构调整	技术创新	资源环境	两化融合	人力资源
北 京	4.28	9.15	14.15	12.23	13.67	6.78
天 津	9.92	7.88	9.62	10.58	6.87	6.52
河 北	5.56	5.14	3.20	2.70	3.88	3.26
山 西	4.36	3.14	3.29	5.16	2.89	4.19
内蒙古	10.57	2.26	3.07	3.05	1.78	7.43
辽 宁	4.46	5.70	4.96	4.08	5.66	4.56
吉 林	7.09	4.36	4.14	5.29	2.09	5.17
黑龙江	11.11	4.74	6.01	5.72	3.15	5.12
上 海	3.25	9.68	10.73	11.29	12.55	5.31
江 苏	5.88	18.13	8.87	9.11	10.18	4.33
浙 江	3.43	13.04	9.37	9.06	7.10	3.45
安 徽	7.31	4.50	9.04	6.27	2.57	2.70
福 建	7.62	7.19	6.97	9.52	8.06	3.84
江 西	8.35	5.39	2.56	4.46	3.24	0.68
山 东	7.43	12.52	7.39	8.43	5.14	3.93
河 南	8.14	4.64	3.62	5.88	2.94	2.37
湖 北	6.49	6.35	7.71	5.79	4.91	3.69
湖 南	8.42	3.80	11.34	5.35	4.36	3.81
广 东	4.42	17.97	12.53	10.64	11.02	4.34
广 西	7.05	3.90	3.66	4.65	4.46	3.09
海 南	7.09	2.10	3.77	7.58	2.00	4.10
重 庆	5.60	6.39	9.04	8.20	5.85	3.81
四 川	8.15	6.84	4.72	4.06	4.19	3.17
贵 州	11.20	5.58	4.56	4.40	0.59	1.81
云 南	7.51	4.50	2.71	4.72	0.26	2.75
陕 西	13.60	5.28	5.32	5.51	3.12	3.58
甘 肃	3.63	4.48	3.25	6.67	0.65	3.38
青 海	7.79	2.51	1.08	2.11	1.68	4.96

（续表）

	速度效益	结构调整	技术创新	资源环境	两化融合	人力资源
宁 夏	3.54	2.26	4.29	5.19	1.81	3.75
新 疆	11.27	3.00	0.99	2.08	2.75	5.77

附表 16 2012 年 30 个省区市工业发展质量分类指数排名

	速度效益	结构调整	技术创新	资源环境	两化融合	人力资源
北 京	26	6	1	1	1	2
天 津	6	7	5	4	7	3
河 北	22	16	25	28	15	23
山 西	25	25	23	20	20	12
内蒙古	5	28	26	27	26	1
辽 宁	23	12	15	25	9	9
吉 林	17	22	19	18	23	6
黑龙江	4	17	13	15	17	7
上 海	30	5	4	2	2	5
江 苏	20	1	9	6	4	11
浙 江	29	3	6	7	6	21
安 徽	15	20	7	12	22	27
福 建	12	8	12	5	5	15
江 西	8	14	28	23	16	30
山 东	14	4	11	8	10	14
河 南	10	18	22	13	19	28
湖 北	19	11	10	14	11	19
湖 南	7	24	3	17	13	17
广 东	24	2	2	3	3	10
广 西	18	23	21	22	12	25
海 南	16	30	20	10	24	13
重 庆	21	10	8	9	8	16
四 川	9	9	16	26	14	24
贵 州	3	13	17	24	29	29
云 南	13	19	27	21	30	26
陕 西	1	15	14	16	18	20
甘 肃	27	21	24	11	28	22
青 海	11	27	29	29	27	8
宁 夏	28	29	18	19	25	18
新 疆	2	26	30	30	21	4

附表 17 2013 年 30 个省区市工业发展质量分类指数

	速度效益	结构调整	技术创新	资源环境	两化融合	人力资源
北 京	4.29	7.94	13.67	12.55	13.39	6.29
天 津	9.03	7.72	9.12	10.23	7.55	5.27
河 北	5.18	4.51	3.66	3.30	4.03	2.00
山 西	2.11	1.98	3.74	4.72	3.47	2.06
内蒙古	9.18	1.59	3.56	4.04	2.24	6.06
辽 宁	4.26	4.79	5.63	3.91	6.36	3.80
吉 林	5.96	3.01	2.13	5.90	2.93	4.51
黑龙江	7.92	3.51	6.09	5.90	3.23	3.93
上 海	4.97	8.64	11.42	10.43	12.20	5.17
江 苏	6.40	16.16	9.05	9.34	9.74	4.89
浙 江	4.37	12.17	10.03	9.28	7.39	2.52
安 徽	7.02	3.87	9.56	6.96	4.53	0.66
福 建	7.66	6.57	7.30	9.25	8.13	2.75
江 西	9.37	5.30	2.88	4.58	4.21	4.53
山 东	7.94	9.78	7.12	8.09	5.27	3.18
河 南	8.08	4.80	4.43	6.10	3.42	0.73
湖 北	6.25	5.79	7.71	5.69	4.42	2.81
湖 南	7.05	4.06	11.01	4.92	4.55	2.54
广 东	4.56	18.97	12.66	10.24	11.11	2.72
广 西	6.24	4.01	5.17	4.69	4.29	2.98
海 南	4.76	1.73	7.05	4.73	3.07	3.22
重 庆	7.48	7.78	7.94	8.34	7.98	3.57
四 川	6.63	6.67	5.88	3.51	5.21	2.81
贵 州	8.48	4.00	6.39	2.72	2.24	2.48
云 南	6.84	3.29	3.04	3.62	0.08	2.27
陕 西	12.94	6.31	6.83	5.03	3.76	3.11
甘 肃	3.47	2.05	3.00	3.87	1.12	2.29
青 海	6.76	2.66	0.13	1.51	2.57	2.95
宁 夏	4.08	1.73	5.49	6.47	2.30	2.48
新 疆	10.11	3.29	1.70	2.45	3.14	3.62

附表 18 2013 年 30 个省区市工业发展质量分类指数排名

	速度效益	结构调整	技术创新	资源环境	两化融合	人力资源
北 京	26	6	1	1	1	1
天 津	5	8	7	4	7	3

（续表）

	速度效益	结构调整	技术创新	资源环境	两化融合	人力资源
河 北	21	16	23	27	17	28
山 西	30	27	22	19	19	27
内蒙古	4	30	24	22	27	2
辽 宁	27	15	18	23	9	9
吉 林	20	24	28	14	24	7
黑龙江	9	21	16	13	21	8
上 海	22	5	3	2	2	4
江 苏	17	2	8	5	4	5
浙 江	25	3	5	6	8	22
安 徽	13	20	6	10	13	30
福 建	10	10	11	7	5	19
江 西	3	13	27	21	16	6
山 东	8	4	12	9	10	13
河 南	7	14	21	12	20	29
湖 北	18	12	10	15	14	18
湖 南	12	17	4	17	12	21
广 东	24	1	2	3	3	20
广 西	19	18	20	20	15	15
海 南	23	28	13	18	23	12
重 庆	11	7	9	8	6	11
四 川	16	9	17	26	11	17
贵 州	6	19	15	28	28	23
云 南	14	23	25	25	30	26
陕 西	1	11	14	16	18	14
甘 肃	29	26	26	24	29	25
青 海	15	25	30	30	25	16
宁 夏	28	29	19	11	26	24
新 疆	2	22	29	29	22	10

参考文献

[1]OECD. Green Growth: Overcoming the Crisis and Beyond. 2009.

[2]UNIDO. Industrial Development Report 2011—Industrial Energy Efficiency for Sustainable Wealth Creation: Capturing Environmental, Economic and Social Dividends. 2011.

[3]陈佳贵等：《中国工业化进程报告——1995—2005 年中国省域工业化水平评价与研究》，社会科学文献出版社 2007 年版。

[4]工业和信息化部运行监测协调局：《2013 年电子信息产业统计公报 [EB/OL]》http://www.miit.gov.cn/n11293472/n11293832/n11294132/n12858462/15909429.html。

[5]罗文、徐光瑞：《中国工业发展质量研究》，《中国软科学》2013 年第 1 期。

[6]罗文：《工业新常态呈现四大特征》，《中国电子报》2014 年 12 月 30 日。

[7]工业和信息化部赛迪智库工业经济发展形势分析课题组：《2014 年我国工业经济发展形势前瞻》。

[8]国家统计局：《2013 年我国循环经济发展指数为 137.6》，http://www.stats.gov.cn/tjsj/zxfb/201503/t20150318_696673.html。

[9].国家统计局：《2013 年中国创新指数为 152.8》，http://www.stats.gov.cn/tjsj/zxfb/201503/t20150302_687853.html。

[10]王永瑜、郭立平：《绿色 GDP 核算理论与方法研究》，《统计研究》2010 年第 11 期。

[11]徐国祥：《统计指数理论及应用》，中国统计出版社 2005 年版。

[12]曾五一、庄赟：《中国现代化进程的统计考察》，《中国统计》2003 年第 1 期。

[13]赵彦云：《中国产业竞争力研究》，经济科学出版社 2009 年版。

[14]中国互联网络信息中心（CNNIC）：《中国互联网络发展状况统计报告》，http://www.cnnic.net.cn/hlwfzyj/hlwxzbg/。

[15]中国社会科学院工业经济研究所课题组:《中国工业绿色转型研究》,《中国工业经济》2011年第4期。

[16]中国科学院可持续发展战略研究组:《中国可持续发展战略报告——实现绿色的经济转型》,科学出版社2011年版。

[17]向书坚、郑瑞坤:《中国绿色经济发展指数研究》,《统计研究》2013年第3期。

[18]王军、耿建:《中国绿色经济效率的测算及实证分析》,《经济问题》2014年第4期。

[19]钱争鸣、刘晓晨:《我国绿色经济效率的区域差异及收敛性研究》,《厦门大学学报》2014年第1期。

[20]徐光瑞:《中国工业发展质量的现状与对策》,《经济纵横》2014年第11期。

[21]张厚明、刘世磊:《电子信息产业的有序转移》,《高科技与产业化》2014年第7期。

[22]张厚明、文芳:《发展新能源汽车亟待破除地方保护主义》,《中国经济时报》2014年5月13日。

[23]乔宝华:《传统制造业如何借"双11"突围效益增长困境》,《中国经济时报》2014年1月27日。

[24]赛迪智库工业发展质量研究课题组:《从发展质量新视角看中国工业经济》,《中国经济时报》2014年7月22日。

[25]赛迪智库工业发展质量研究课题组:《从结构调整看我国地区工业发展质量》,《中国财经报》2014年8月5日。

[26]徐光瑞:《探求我国工业经济的"合理增长区间"》,《统计科学与实践》2014年第10期。

[27]乔宝华、徐光瑞:《提高PMI预判工业走势效果的探索与思考》,《工业经济论坛》2015年第1期。

[28]曹志娟:《新常态 新亮点 新方向——2014年中央经济工作会议解读》,《决策探索(下半月)》2014年第12期。

[29]李成刚:《增强创新能力应构建现代产业体系》,《中国经济时报》2013年4月25日。

[30]齐建国:《中国经济"新常态"的语境解析》,《西部论坛》2014年第12期。

[31]全国及各省(区、市)2014年统计公报。

后 记

呈现在读者面前的是赛迪智库专业评价我国工业发展质量的蓝皮书。历时近一年的研究，经形成研究思路、大量收集资料，数次讨论、计算、修改和完善，本书的出版，凝结了赛迪智库工业经济研究所课题组全体研究人员的辛勤劳动和集体智慧。

本书由王鹏担任主编，文芳和徐光瑞担任副主编，负责书稿的部分写作和全书的统稿。全书共分为四篇，其中：综合篇由徐光瑞（第一章、第三章部分、第四章、第五章部分）、文芳（第二章、第五章部分）、乔宝华（第五章部分）、韩力（第五章部分）、张厚明（第五章部分）、刘世磊（第五章部分）、张文会（第六章）编写；行业篇由徐光瑞（第七章）、韩力（第八章部分）、王昊（第八章部分）编写；区域篇由徐光瑞（第九章）、韩力（第十章部分）、乔宝华（第十章部分）、张厚明（第十章部分）、刘世磊（第十章部分）编写；展望篇由张文会（第十一章）、刘世磊（第十二章）编写。同时，本书在研究和编写过程中得到了工业和信息化部各级领导以及行业协会和企业专家的大力支持与指导，在此一并表示衷心的感谢。

当前，我国工业发展逐步进入新常态，希望我们的研究能够为探索国家工业转型升级的路径提供一些思考，为早日实现《中国制造2025》的发展目标提供一种监测途径。

赛迪智库

面向政府 服务决策

研究，还是研究
才使我们见微知著

信息化研究中心	工业化研究中心	规划研究所
电子信息产业研究所	工业经济研究所	产业政策研究所
软件与信息服务业研究所	工业科技研究所	财经研究所
信息安全研究所	装备工业研究所	中小企业研究所
无线电管理研究所	消费品工业研究所	政策法规研究所
互联网研究所	原材料工业研究所	世界工业研究所
军民结合研究所	工业节能与环保研究所	工业安全生产研究所

编 辑 部：赛迪工业和信息化研究院
通讯地址：北京市海淀区万寿路27号电子大厦4层
邮政编码：100846
联 系 人：刘颖 董凯
联系电话：010-68200552 13701304215
010-68207922 18701325686
传　　真：010-68200534
网　　址：www.ccidthinktank.com
电子邮件：liuying@ccidthinktank.com

赛迪智库

面向政府 服务决策

思想，还是思想
才使我们与众不同

《赛迪专报》	《两化融合研究》	《装备工业研究》
《赛迪译丛》	《互联网研究》	《消费品工业研究》
《赛迪智库·软科学》	《信息安全研究》	《工业节能与环保研究》
《赛迪智库·国际观察》	《电子信息产业研究》	《工业安全生产研究》
《赛迪智库·前瞻》	《软件与信息服务研究》	《产业政策研究》
《赛迪智库·视点》	《工业和信息化研究》	《中小企业研究》
《赛迪智库·动向》	《工业经济研究》	《无线电管理研究》
《赛迪智库·案例》	《工业科技研究》	《财经研究》
《赛迪智库·数据》	《世界工业研究》	《政策法规研究》
《智说新论》	《原材料工业研究》	《军民结合研究》
《书说新语》		

编 辑 部：赛迪工业和信息化研究院
通讯地址：北京市海淀区万寿路27号电子大厦4层
邮政编码：100846
联 系 人：刘颖 董凯
联系电话：010-68200552 13701304215
　　　　　010-68207922 18701325686
传　　真：010-68200534
网　　址：www.ccidthinktank.com
电子邮件：liuying@ccidthinktank.com